Radregion

Rund um Salzburg

Die 16 schönsten Radtouren im Salzburger Land, Berchtesgadener Land und Chiemgau

VERLAGESTERBAUER

bikeline®-Radtourenbuch kompakt
Rund um Salzburg

A-3751 Rodingersdorf, Hauptstr. 31
Tel.: +43/2983/28982-0, Fax: -500
E-Mail: bikeline@esterbauer.com
www.esterbauer.com
1. Auflage 2021
ISBN: 978-3-85000-953-9

Bitte geben Sie bei jeder Korrespondenz die Auflage und die ISBN an!

Umschlagbilder: Bild gr.: Sonja Birkelbach - stock.adobe.com; Bild kl. oben: ttinu - stock.adobe.com; Bild kl. unten: and.one - stock.adobe.com
Bildnachweis: s. S. 19

Das *bikeline*-Team: Birgit Albrecht-Walzer, Katharina Amon-Schneider, Sabine Bacher-Baumgartner, Beatrix Bauer, Michael Binder, Veronika Bock, Petra Bruckmüller, Roland Esterbauer, Dagmar Güldenpfennig, Martina Kreindl, Ingrid Leidinger, Gregor Münch, Mario Nakić, Karin Neichsner, Carmen Paradeiser, Manuel Randa, Petra Schartner, Sonja Schleifer, Petra Schnetz, Christian Thoren, Isabella Tillich, Martin Trippmacher, Daniel Welser, Carina Winkelhofer, Martin Wischin, Wolfgang Zangerl

Kartographie erstellt mit axpand
(www.axes-systems.com)

Vorwort

Das Land Salzburg steht für Vielfalt: Bergpanoramen, warme Badeseen, idyllische Täler und viel Kultur. Die Mozartstadt Salzburg – ein architektonisches Gesamtkunstwerk – lockt mit einer Vielfalt an kulturellen Sehenswürdigkeiten. Von der Feste Hohensalzburg über Schloss Hellbrunn zur Salzach, über glitzernde Seenlandschaften und malerische Täler mit atemberaubenden Klammen bis zur beeindruckenden Hochgebirgswelt des steinernen Meeres und der Hohen Tauern. Ein unvergleichlicher Landstrich inmitten saftig-grüner Voralpenlandwiesen, beschaulicher Seenlandschaft und imposanter Berge.

Einzig das teils feuchte Klima der alpinen Randregion mag ein Wermutstropfen für das Radlergemüt sein. Demgegenüber steht jedoch die regionale Gastfreundschaft, die gut ausgebaute Radinfrastruktur und ... eine wetterfeste Ausrüstung.

Präzise Karten, zahlreiche Stadt- und Ortspläne, Hinweise auf das kulturelle und touristische Angebot der Region und ein umfangreiches Übernachtungs- und Serviceverzeichnis – in diesem Buch finden Sie alles, was Sie zu einer Radtour in Salzburg brauchen – außer gutem Radlwetter, das können wir Ihnen nur wünschen.

Kartenlegende

Radrouten (cycling routes)

Hauptroute, wenig KFZ-Verkehr
- asphaltiert
- nicht asphaltiert
- schlecht befahrbar

Hauptroute, autofrei / Radweg
- asphaltiert
- nicht asphaltiert
- schlecht befahrbar

Ausflug od. Variante, wenig KFZ-Verkehr
- asphaltiert
- nicht asphaltiert
- schlecht befahrbar

Ausflug od. Variante, autofrei / Radweg
- asphaltiert
- nicht asphaltiert
- schlecht befahrbar

Sonstiges
- sonstige Radroute

verkehrsreiche Radroute

Kopfsteinpflaster

Einbahnführung

Fährverbindung

unbekannter Belag

Tunnel

Schiebestrecke

Zugverbindung

Radweg in Planung

Radweg gesperrt

Radstreifen mit Verkehr

Radstreifen, straßenbegleitender Radweg

Straße für Radfahrer gesperrt

Beschriebene Fahrtrichtung

5 Wegpunkt

Steigungen / Entfernungen

starke Steigung

leichte bis mittlere Steigung

2,4 Entfernung in Kilometern, gerundet

Maßstab 1 : 50.000

1 cm ≙ 500 m 1 km ≙ 2 cm

0 1 2 3 4 5

Radinformationen

- Fahrradwerkstatt*
- Fahrradvermietung*
- überdachter Abstellplatz*
- abschließbarer Abstellplatz*
- E-Bike Ladestation
- Infotafel*
- Gefahrenstelle
- Text beachten
- Treppe
- Tragestrecke
- Engstelle*
- 17 42 Knotenpunktnummer der Wegweisung*

- Stadt-, Ortsplan (city map)

Nur in Ortsplänen (symbols only in the city maps)

- Parkhaus* (garage*)
- Theater* (theatre*)
- Post* (post office*)
- Apotheke* (pharmacy*)
- Krankenhaus* (hospital*)
- Feuerwehr* (fire-brigade*)
- Polizei* (police*)

* Auswahl (* selection)

Sehenswertes / Einrichtungen

- Kirche; Kapelle
- Kloster
- Synagoge; Moschee
- Schloss, Burg; Ruine
- Turm; Leuchtturm
- Wassermühle; Windmühle
- Kraftwerk
- Bergwerk; Höhle
- Flughafen; Denkmal

- sonstige Sehenswürdigkeit
- Museum
- Ausgrabungen; röm. Objekte
- Tierpark; Natur-Information
- Naturschutzgebiet, -denkmal
- sonstige Natursehenswürdigkeit
- Aussichtspunkt*
- Tourist-Information; Gasthaus
- Hotel, Pension; Jugendherberge
- Camping-; Naturlagerplatz*
- Einkaufsmöglichkeit*; Kiosk*
- Rastplatz*; Unterstand*
- Freibad; Hallenbad
- Naturbad; Thermal-/Erlebnisbad
- Brunnen*; Parkplatz*
- Schönern sehenswertes Ortsbild
- Einrichtung im Ort vorhanden

Topographische Informationen

- Kirche; Kapelle
- Kloster
- Synagoge; Moschee
- Schloss, Burg; Ruine
- Turm; Leuchtturm
- Wassermühle; Windmühle
- Kraftwerk; Solarkraftwerk
- Bergwerk; Höhle
- Denkmal; Hügelgrab
- Flughafen; Flugplatz
- Windkraftanlage
- Funk- und Fernsehanlage
- Umspannwerk, Trafostation
- Wegkreuz; hist. Grenzstein
- Sportplatz, Stadion
- Golfplatz; Tennisplatz
- Schiffsanleger; Schleuse
- Quelle; Kläranlage
- Staatsgrenze mit Übergang
- Landesgrenze
- Kreis-, Bezirksgrenze
- Naturschutzgebiet, -park, Nationalpark
- Truppenübungsplatz, Sperrgebiet
- Höhenlinie 100m/50m
- UTM-Gitter (in km; 2 km-Gitter)
- A13 B12 Autobahn; Schnellstraße
- B236 Fernverkehrsstraße
- Hauptstraße
- untergeordnete Hauptstraße
- Nebenstraße; Fahrweg
- Weg; Fähre
- Straße geplant/in Bau
- Eisenbahn/Bahnhof; S-Bahnhof
- Eisenbahn stillgelegt; geplant
- Schmalspurbahn
- Bergbahn; Seilbahn
- Wald; Parkanlage
- Sumpf; Heide
- Weinbau; Gartensiedlung*
- Steinbruch, Tagebau*
- Friedhof; Düne, Strand
- Watt; Gletscher
- Felsen; Geröll
- Gewächshäuser*, Plantage*
- Gewerbe-, Industriegebiet
- Siedlungsfläche; öffentl. Gebäude
- Stadtmauer, Mauer
- Damm, Deich
- Kanal
- Fluss/Staumauer/See

* Auswahl (* selection)

Inhalt

Stadtpläne

Rund um Salzburg

Die Stadt Salzburg, der Geburtsort von Wolfgang Amadeus Mozart, hat einiges zu bieten: Die weltberühmten Salzburger Festspiele, das herrliche Panorama, zahlreiche Museen und die engen Gassen und weiten Plätze der Altstadt, die zum UNESCO-Weltkulturerbe zählen. Das Land Salzburg kann vor allem mit Natur aufwarten: Enge Täler mit zahlreichen Klammen und Wasserfällen, wie dem Gollinger Wasserfall, aber auch beeindruckende Bergpanoramen, wie das Steinerne Meer und die Hohen Tauern, begegnen Ihnen auf den Touren durch das Land. Durch die spezielle geografische Lage ist das Land Salzburg auch mit den bayerischen Landkreisen Berchtesgadener Land und Traunstein vereint, besonders Freilassing und Bad Reichenhall sind eng mit Salzburg verbunden. So finden Sie in diesem Buch auch Touren, die Sie u. a. zum Chiemsee oder zum Königssee führen. Das Salzburger Land bietet ein gut ausgebautes Radwege-Netz. Auf großen und kleinen Rad-Touren können Sie das Land entdecken. Radler können bei den Salzach-Runden kilometerlang auf beiden Seiten entlang der Salzach fahren. Über die Hellbrunner Allee gelangt man bis zum Schloss Hellbrunn mit seinen berühmten Wasserspielen und dem angrenzenden Tiergarten. Der Glemmtal Radweg führt entlang der Saalach über Saalbach, Hinterglemm und Viehhofen. Die sanfte Hügellandschaft des Alpenvorlandes mit Wallersee, Mattsee, Grabensee und Obertrumer See bietet abwechslungsreiche Touren im Salzburger Seenland. Bei einigen Touren lässt sich auch die weitere Umgebung Salzburgs erkunden. Der Tauernradweg etwa führt entlang der Salzach nach Hallein, Golling oder Zell am

See, der Mozart-Radweg begleitet Sie durch das Salzburger Land und Bayern und der Salzkammergut-Radweg bietet idyllische Naturbadeplätze auf sechs Seen entlang der Strecke.

Streckencharakteristik

Länge

Die Gesamtlänge der 16 Touren beträgt rund 925 Kilometer. Die kürzeste der Touren hat eine Länge von 11 Kilometern, die längste ist 128 Kilometer lang. Zusätzlich finden Sie Ausflüge und Varianten von insgesamt 23 Kilometern.

Wegequalität, Verkehr und Steigungen

Die Wegequalität aller im Buch beschriebenen Touren ist gut. Meist verlaufen die Routen auf asphaltierten Rad- oder Güterwegen und Nebenstraßen. Beachten Sie bitte, dass das Verkehrsaufkommen rund um die Seen und zur Badesaison auf den Straßen meist erhöht ist. Aufgrund der landschaftlichen Gegebenheiten (Engstellen zwischen Seen und Bergen) ist es an einigen wichtigen Verbindungsstrecken nicht möglich, eigene Radwege zu bauen – wodurch einige Teilstücke im Verkehr zurückzulegen sind.

Beschilderung

Für alle im Buch beschriebenen Touren gibt es eine Beschilderung. Im Land Salzburg finden Sie einheitliche grün-rote Radwegschilder, beispielsweise den „Salzkammergutradweg“, den „Wallersee Rundweg“ und die „Trumer Seen Route“. Eine neue Beschilderung der Radrouten im Salzburger Seenland ist in Umsetzung. Im Zuge dessen kann es stellenweise zu kleineren Änderungen kommen. Zu Redaktionsschluss lagen uns noch keine konkreten Neuerungen vor. Korrekturen und aktuelle Änderungen finden Sie im LiveUpdate.

Tourenplanung

Wichtige Telefonnummern

Internationale Vorwahl für Österreich: 0043

Zentrale Infostellen

Salzburger Land Tourismus,
Wiener Bundesstr. 23, A-5300 Hallwang, ✆ 0662/6688-0,
Fax: 0662/6688-66,
www.salzburgerland.com,
info@salzburgerland.com

Salzkammergut Tourismus,
Salinenpl. 1, A-4820 Bad Ischl,
✆ 06132/26909,
Fax: 06132/2690914,
www.salzkammergut.at,
info@salzkammergut.at

Salzburger Seenland Tourismus,
Seeweg 1, 5164 Seeham,
✆ 06217/20220,
info@salzburger-seenland.at,
www.seenland-velodrom.at

Salzburgrad, ✆ 0662/80424491,
office@salzburgrad.at,
www.salzburgrad.at

Die radinfo.at, ✆ 0662/80722735,
info@radinfo.at, www.radinfo.at

Chiemsee-Alpenland Tourismus,
Felden 10, 83233 Bernau/Chiemsee,
✆ 08051/965550,
info@chiemsee-alpenland.de,
www.chiemsee-alpenland.de

An- und Abreise mit der Bahn

Salzburg ist mit allen internationalen Zügen wie InterCity, EuroCity und mit Regionalzügen leicht erreichbar. Es liegt auf der direkten Verbindungsstrecke der Westbahn und wird im Halbstundentakt von Zügen aus Wien angefahren. Von den großen deutschen Bahnhöfen verkehren Züge im Stundentakt nach Salzburg. Zwischen Salzburg und Freilassing verkehren diverse S-Bahnen und Regionalzüge. Aufgrund der sich ständig ändernden Preise und Bedingungen für Fahrradtransport bzw. -mitnahme empfehlen wir Ihnen, sich bei nachfolgenden Infostellen über Ihre ganz persönliche Anreise mit der Bahn zu informieren.

Informationsstellen

Deutsche Bahn AG, Reise-Service:
✆ 0180/6996633 (€ 0,20 pro Anruf aus dem Festnetz, Tarif bei Mobilfunk max. € 0,60 pro Anruf), Mo-So 0-24 Uhr, Auskünfte über Zugverbindungen, zur

Fahrradmitnahme, Fahrpreise im In- und Ausland, Buchung von Tickets und Reservierungen, www.bahn.de, www.bahn.de/bahnundbike

Automatische DB-Fahrplanauskunft: ✆ 0800/1507090 (gebührenfrei aus dem Festnetz)

Österreichische Bundesbahnen:
ÖBB Kundenservice ✆ 05/1717 (österreichweit zum Ortstarif),
www.oebb.at

Westbahn: ✆ 01/89900,
meinenachricht@westbahn.at,
https://westbahn.at/

Berchtesgadener Land Bahn,
✆ 0180/1231236 (D),
✆ 0800/660660 (AT),
office@blb.info, www.blb.info

Südostbayernbahn, Service-Rufnummer: ✆ 08631/609333, sob-kundendialog@deutschebahn.com,
www.suedostbayernbahn.de

Fahrradversand

Deutsche Bahn AG (innerhalb Deutschlands sowie zwischen Deutschland und Österreich).

Wenn Sie mit der DB an- und abreisen, können Sie den Gepäckservice der DB nutzen. Ihr Rad oder E-Bike wird im Haus-zu-Haus-Versand an den vereinbarten Zielort gebracht, wenn Sie im Besitz einer entsprechenden Bahnfahrkarte sind. Fahrrad oder E-Bike müssen verpackt werden und dabei roll- und lenkbar bleiben, Gewicht max. 31,5 kg. Kostenlos kann eine Fahrradverpackung zugebucht werden, bei E-Bikes muss der Akku ausgebaut sein. Informationen und aktuelle Preise finden Sie unter www.gepaeckservice-bahn.de.

Mit dem **ÖBB Haus-Haus-Gepäck Service** können Sie auch in Österreich ihr Fahrrad von zu Hause abholen und ans Reiseziel transportieren lassen, Gewicht max. 30 kg. Informationen unter www.oebb.at/de/reiseplanung-services/vor-ihrer-reise/haus-haus-gepaeck.

An- und Abreise mit dem Fernbus

Mittlerweile bieten viele Fernbusunternehmen wie FlixBus auf ihren Strecken eine Radmitnahme an. Aufgrund der großen Anzahl von Fernbuslinien und -unternehmen informieren Sie sich bitte im Internet z. B. unter www.fernbusse.de.

An- und Abreise mit dem Auto

Mit dem Auto erreichen Sie Salzburg über die Westautobahn (A 1), von Deutschland gelangen Sie über die A 8 nach Salzburg. In der Stadt Salzburg gibt es vier Park & Ride Parkplätze. Das Kombiticket um € 15,00 beinhaltet die Parkplatzgebühr sowie die Tages-Netzkarte für den öffentlichen Verkehr.

Rad & Bahn

Bei manchen Touren gibt es die Möglichkeit, auf die Bahn umzusteigen. Zum Beispiel können Sie von Salzburg aus direkt nach Bischofshofen, Saalfelden, Straßwalchen, Traunstein, Laufen, Berchtesgaden oder Bad Reichenhall fahren. In der S-Bahn und den Regionalzügen ist die Fahrradmitnahme möglich wenn genügend Platz ist, eine Reservierung ist nicht möglich. Zwischen Salzburg und Freilassing ist die Fahrradmitnahme gratis. Bei der BLB (Berchtesgadener Land Bahn) und der SOB (Südostbayernbahn) ist die Fahrradmitnahme grundsätzlich kostenlos.

Rad & Bus

In der Stadt Salzburg ist die Fahrradmitnahme grundsätzlich möglich, aber von den Gegebenheiten abhängig, Fahrgäste und Kinderwägen haben Vorrang.

In den Niederflur-Linienbussen (OBUS und Albus) im Stadtverkehr Salzburg ist die Mitnahme von Fahrrädern Mo–Fr ab 9 Uhr und Sa, So, Fei ganztägig gratis. Bei allen anderen Verkehrsunternehmen ist die Mitnahme des Fahrrades kostenpflichtig. In den Postbussen ist die Fahrradmitnahme nicht möglich.

Übernachtung

Übernachtungsmöglichkeiten sind in Salzburg in jeder Kategorie und Preislage zahlreich vorhanden. Der Andrang – vor allem zur Ferienzeit – ist jedoch ebenso groß. Sollten Sie also in den Sommermonaten unterwegs sein, dann ist dringend anzuraten, schon im Voraus die Quartiere zu bestellen. Wenn Sie lieber flexibel reisen möchten, so sollten Sie für Notfälle auch das Zelt im Gepäck mitführen.

Bei unseren Recherchen haben wir eine größtmögliche Auswahl für Sie zusammengestellt. Für alle, die Alternativen oder einfach noch mehr Anbieter suchen, gibt es nachfolgende Internet-Adressen, die auch Beherbergungen anderer Art anbieten:

Der ADFC-Dachgeber funktioniert nach dem Gegenseitigkeitsprinzip: Hier bieten Radfreunde anderen Tourenradlern private Schlafplätze an. Mehr darüber unter www.dachgeber.de

Das **Deutsche Jugendherbergswerk** stellt sich unter www.djh.de mit seinen vierzehn Landesverbänden vor.

Auch die **Naturfreunde** bieten mit ihren **Naturfreundehäusern** eine Alternative zu anderen Beherbergungsarten an, mehr unter www.naturfreunde.de

Die Plattform Airbnb bietet die Möglichkeit, weltweit private Unterkünfte zu suchen und zu buchen. Infos dazu und Anbieter finden Sie auf: www.airbnb.com

Unter www.camping.info finden Sie flächendeckend den **Campingplatz** nach Ihrem Geschmack.

Weiterhin bietet **Bett+Bike** unter www.bettundbike.de zusätzliche Informationen zu den beim ADFC gelisteten Beherbergungsbetrieben in ganz Deutschland.

Reisezeit

Die besten Monate für Fahrradtouren in Salzburg sind Mai, Juni, September und Oktober. Im Juli und August haben die Orte Hochsaison, was mehr Verkehr an den Straßen und Probleme bei den Quartieren für eine Nacht bedeutet.

Mit Kindern unterwegs

Die Touren 1, 2, 4, 6, 10 und 15 empfehlen sich besonders für das Radwandern mit Kindern, wobei es bei Tour 4 anfangs bergauf geht. In diesen Gebieten gibt es wenig Steigungen und kaum Verkehr, so dass Sie sich ohne große Sorgen mit Ihrem Nachwuchs auf die Straßen wagen können. Die übrigen Radtouren sind mit kleineren Kindern nicht zu empfehlen.

In Österreich besteht für Kinder bis zum 12. Geburtstag eine Radhelmpflicht!

Radreiseveranstalter

Eurobike, Mühlstr. 20, 5162 Obertrum am See, ✆ 0043/6219/7444, eurobike@eurobike.at, www.eurobike.at

Hagleitner Touristik, Josef-Grani-Str. 7, 5700 Zell am See, ✆ 0664/2041379, office@hagleitner-touristik.at, www.hagleitner-touristik.at

Salzkammergut Touristik, Götzstr. 12, 4820 Bad Ischl, ✆ 06132/240000, office@salzkammergut.co.at, www.salzkammergut.co.at

Pedalo, Kickendorf 1a, 4710 Grieskirchen, ✆ 0800/2400999 (gebührenfrei aus A+D+CH), ansonsten ✆ 0043/7248/635840, info@pedalo.com, www.pedalo.com
Austria Radreisen, J. Haydn Str. 8, 4780 Schärding, ✆ 0043/7712/55110, office@austria-radreisen.at, www.austria-radreisen.at
Rad & Reisen GmbH, Schickg. 9, 1220 Wien, ✆ 0043/1/40538730, office@radreisen.at, www.radreisen.at
Salzbike, Käferheimerstr. 5, 5071 Wals Siezenheim, ✆ 0677/62961385, office@salzbike.com, www.salzbike.com
Dahoam Radeln, D-83317 Teisendorf, Traunsteiner Str. 16, ✆ 0049/159/01930815, info@dahoam-radeln.de, dahoam-radeln.de

Zu diesem Buch

Dieser Radreiseführer enthält alle Informationen, die Sie für Ihren Radurlaub in der Region um Salzburg benötigen: Exakte Karten, ein ausführliches Übernachtungs- und Serviceverzeichnis, Stadt- und Ortspläne und die wichtigsten Informationen zu touristischen Attraktionen und Sehenswürdigkeiten. Und das alles mit der **bikeline-Garantie**: die Routen in unseren Büchern sind von unserem professionellen Redaktionsteam auf ihre Fahrradtauglichkeit geprüft worden.

Um höchste Aktualität zu gewährleisten, nehmen wir nach der Befahrung Korrekturen von Lesern bzw. offiziellen Stellen bis Redaktionsschluss entgegen, die dann jedoch teilweise nicht mehr an Ort und Stelle verifiziert werden können.

Die Karten

Die Detailkarten sind im Maßstab 1:50.000 erstellt. Dies bedeutet, dass 1 Zentimeter auf der Karte einer Strecke von 500 Metern in der Natur entspricht. Zusätzlich zum genauen Routenverlauf informieren die Karten auch über die Beschaffenheit des Bodenbelages (befestigt oder unbefestigt), Steigungen (leicht oder stark), Entfernungen sowie über kulturelle, touristische und gastronomische Einrichtungen entlang der Strecke.

Beachten Sie, dass die empfohlene Hauptroute immer in Rot und Violett, Varianten und Ausflüge hingegen in Orange dargestellt sind. Die genaue Bedeutung der einzelnen Symbole wird in der Legende auf den Seiten 4, 5 und 6 erläutert.

Höhen- und Streckenprofil

Das in der Einleitung dargestellte Höhen- und Streckenprofil gibt Ihnen einen grafischen Überblick über die Steigungsverhältnisse, die Länge und die wichtigsten Orte entlang der Radroute. Es können in diesem Überblick nur die markantesten Höhenunterschiede dargestellt werden, jede einzelne kleinere Steigung wird in dieser grafischen Darstellung nicht berücksichtigt. Die Steigungs- und Gefälleverhältnisse entlang der Route finden Sie im Detail mit Hilfe der Steigungspfeile in den genauen Karten.

Der Text

Der Textteil beinhaltet kurze Ortsinfos und Ortsbeschreibungen sowie kompakte Textpassagen mit relevanten Streckeninformationen. Unter dem jeweiligen Ortsbalken finden Sie folgende Informationen aufgelistet: Adresse der Einrichtung, Öffnungszeiten-Kategorie, Telefonnummer, Weblink und Kurzbeschreibung

Öffnungszeiten – Kategorien

- Öffnungszeiten
- frei zugänglich
- täglich
- häufig (5-6 Tage/Wo.)
- durchschnittlich (3-4 Tage/Wo.)
- selten (bis 2 Tage/Wo.)
- nach tel. Anfrage

Diese Angaben gelten während der Radsaison und dienen als Orientierungshilfe. Die tagesaktuellen Öffnungszeiten finden Sie über den Weblink.

Weblink

Im Ortsdatenblock bei dem jeweiligen touristischen Eintrag befindet sich nach dem @ Symbol eine sechsstellige Zahlen- und Buchstabenkombination ***(z. B. @ abc123)***. Die Eingabe dieser Weblink-ID auf unserer Internetseite www.esterbauer.com leitet Sie direkt auf die entsprechende Webseite weiter und ersetzt somit die mühsame Eingabe ellenlanger Webadressen.

Übernachtungs- und Serviceverzeichnis

Auf den letzten Seiten dieses Radtourenbuches sind zu fast allen Orten entlang der Strecke eine Vielzahl von Übernachtungsmöglichkeiten aufgelistet, vom einfachen Zeltplatz bis zum 5-Sterne-Hotel. Zusätzlich finden Sie umfangreiche Informationen zu Radwerkstätten und Radverleihstationen.

Bildnachweis: Atelier Oczlon, 244; © Bwag/Wikimedia Commons: 69; carinthian - stock.adobe.com: 186, 194; Comofoto - stock.adobe.com: 112; © dzain - Fotolia, 106; elena_suvorova - stock.adobe.com: 262; frangipani.s - stock.adobe.com: 168; Isnurnfoto - stock.adobe.com: 38; JFL Photography - stock.adobe.com: 114, 134, 230; JGS2584 - stock.adobe.com: 94; Jochen Netzker - stock.adobe.com: 162, 116; kacege - stock.adobe.com: 52; Kur-GmbH: 120; Kur-GmbH Bad Reichenhall / Bayerisch Gmain: 122; Lukas - stock.adobe.com: 248; Mario - stock.adobe.com: 144; milosk50 - stock.adobe.com: 198; mojolo - stock.adobe.com: 43; © mRGB - Fotolia, 216, 88; mw-luftbild.de - stock.adobe.com: 167; NatBud - stock.adobe.com: 250; Pixabay: 25, 64, 70, 152, 160, 236, 258; Rechitan Sorin - stock.adobe.com: 220; saiko3p - stock.adobe.com: 28, 40; serkat Photography - stock.adobe.com: 32; Sina Ettmer - stock.adobe.com: 126; sophie1404 - stock.adobe.com: 210; Stadt Traunstein: 156; © Stefanie F. - Fotolia: 218; Stefan - stock.adobe.com: 66; tdezenzio - stock.adobe.com: 78; Touristinformation Marktschellenberg: 110; travelview - stock.adobe.com: 146; TRFilm - stock.adobe.com: 227; © utamaria - Fotolia: 140; Werner100359, CC BY-SA 4.0 <https://creativecommons.org/licenses/by-sa/4.0>, via Wikimedia Commons: 58; Wolfgang - stock.adobe.com: 46, 182; wolfpara - stock.adobe.com: 176

Tour 1 Salzach-Runde 1 36,2 km

HM/km: ↗ 1,1 (39m) ↘ 1,1 (39m) Radweg: 90 % Unbefestigt: 28 % Verkehr: 1 %

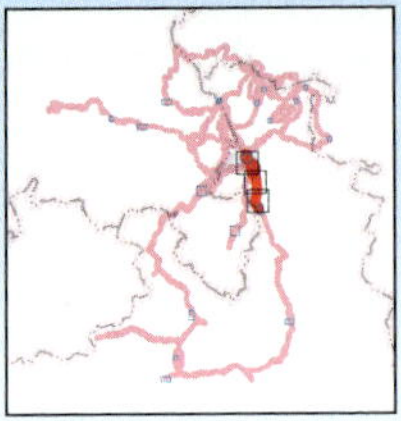

Die Rundtour startet in Salzburg und führt über Schloss Hellbronn zur Salzach. Entlang des linken Salzachufers radeln Sie dann flussaufwärts nach Hallein. Hier queren Sie über die Pernerinsel den Fluss und fahren am Ostufer der Salzach flussabwärts zurück nach Salzburg. Durch die geringen Steigungen und die Routenführung abseits von Verkehr eignet sich diese Tour ausgezeichnet für Familien mit Kindern.

Charakteristik

Start/Ziel: Salzburg Hauptbahnhof

Wegbeschaffenheit: Die Route verläuft hauptsächlich auf befestigten bzw. asphaltierten Radwegen. Nur wenige Teilstücke sind gekiest.

Verkehr: Der Radweg verläuft großteils auf Radwegen und ruhigen Straßen. Nur auf kurzen Teilstücken fahren Sie im Verkehr.

Beschilderung: Bis Schloss Heilbronn Mozart-Radweg, Salzach bis Hallein und zurück Tauernradweg.

Steigungen: Die Strecke verläuft steigungsfrei.

Anschlusstour(en): 2, 8 ,16

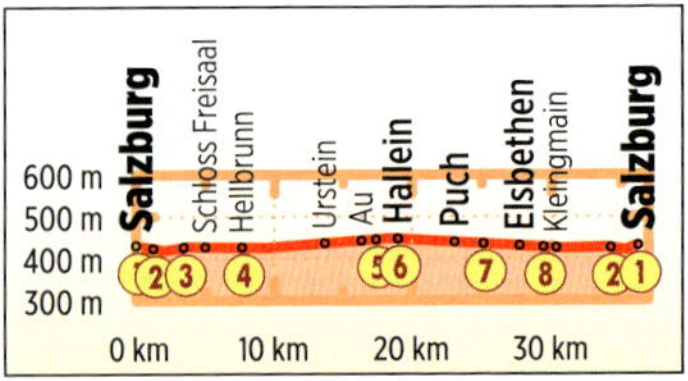

1 Salzburg

Vorwahl: 0662

Tourist Info Hauptbahnhof, Südtiroler Pl. 1, Bahnhofshalle, ☎ 88987340, @ xxb316

Tourist Info Mozartplatz, Mozartpl. 5, ☎ 88987330

Mozart Geburtshaus, Getreideg. 9, ☎ 844313 Hier wurde W. A. Mozart am 27.1.1756 geboren. Wohnung der Familie Mozart mit Dokumenten, Bildern und Instrumenten aus seinem Leben und Schaffen. Zur Eintrittskarte gibt es einen kostenlosen Audioguide mit vielen Musikbeispielen. @ luv245

Domgrabungsmuseum, Residenzpl., ☎ 6208080, ☎ 845295 Ausgrabungen des mittelalterlichen Domes und römischer Gebäudereste. @ fej354

Dommuseum, Dompl. 1a, ☎ 80422109 Domschatz, Kunst aus der Erzdiözese Salzburg vom Mittelalter bis zur Gegenwart, fürsterzbischöfliche Kunst- und Wunderkammer. @ ltp483

DomQuartier Salzburg, Residenzpl. 1, ☎ 80422109 2000 beeindruckende Exponate über 1300 bewegte Jahre auf 15000 m² - erlebnisreicher Rundgang durch die Prunkräume der Residenz, Residenzgalerie, Dombogenterrasse, Nordoratorium, Domorgelempore, Dommuseum, Kunst- und Wunderkammer, Lange Galerie, Museum St. Peter, Blick in den Chor der Franziskanerkirche. @ jjc567

Gwandhaus Gössl, Morzger Str. 31, ☎ 06246/46966600 Zahlreiche Exponate dokumentieren die Entstehungsgeschichte der Tracht und ihrer wertvollen Handarbeit. @ lrl753

Haus der Natur, Museumspl. 5, ☎ 8426530 Museum für Natur und Technik, Aquarium, Reptilienzoo, Weltraumhalle, Kristalle. Reise durch den menschlichen Körper, Science Center. @ oaw331

Marionettenmuseum, Mönchsberg 34, Festung Hohensalzburg, ☎ 849555 Exponate aus der Sammlung des Salzburger Marionettentheaters und aus verschiedenen Ländern. @ hpu117

Mozart-Wohnhaus, Makartpl. 8, ☎ 87422740 Hier lebte Mozart in der Zeit von 1773-1780, im historischen Tanzmeistersaal sind einige von Mozarts Originalinstrumenten sowie das berühmte Familienporträt ausgestellt. @ wbg162

Museum der Moderne Mönchsberg, Mönchsberg 32, ✆ 842220403 Ⓢ Kunst des 20. und 21. Jhs. @ qyl787

Museum der Moderne Salzburg – Rupertinum, Wiener-Philharmoniker-G. 9, ✆ 842220451 Ⓢ Malerei, Graphik, Plastik und Fotografie des 20. und 21. Jhs. @ ael756

Rot-Kreuz Museum, Sterneckstr. 32, ✆ 8144-11330, ✆ 0664/9593394 Ⓢ Elf Oldtimer, Ausrüstungsgegenstände und Dokumente von den Anfängen bis in die heutige Zeit bieten Einsicht in das Rot-Kreuz-Leben. @ yfm435

Salzburg Museum-Neue Residenz, Mozartpl. 1, ✆ 620808700 Ⓢ Salzburg persönlich, Mythos Salzburg, Schatzkammer Archäologie u. Mittelalter, Sonderausstellungen. @ ekf736

Spielzeug Museum, Bürgerspitalg. 2, ✆ 620808300 Ⓢ, @ myw514

Weihnachtsmuseum, Mozartpl. 2, ✆ 843523 Ⓢ Einzigartige kulturhistorische Sammlung mit Exponaten rund um die Zeit zwischen Advent und Neujahr, aus der Zeit von 1840 - 1940. @ msg781

Dom zu Salzburg, Dompl. 1a, ✆ 80471800 Ⓢ Monumentalster Frühbarockbau nördlich der Alpen. @ xwx631

Erzabtei Stift St. Peter, St. Peter-Bezirk 1, ✆ 844576 Ⓢ Das Herz des Klosters, die Stiftskirche, wurde 1147 eingeweiht und im Laufe der Zeit vielfach umgestaltet. Am Rand des Friedhofs von St. Peter befinden sich auch die Felshöhlen im Mönchsberg, die seit dem 17. Jh. fälschlicherweise als Katakomben bezeichnet werden. @ cnu781

Festung Hohensalzburg mit Festungsmuseum und Rainermuseum, Mönchsberg 34, ✆ 84243011 Ⓢ Mit der Festungsbahn oder zu Fuß erreichbar, größte vollständig erhaltene Burg Mitteleuropas, 1077 erbaut und später ausgebaut. Das Festungsmuseum dokumentiert anhand von archäologischen Grabungsfunden, originaler Burgküche, historischen Möbeln und Kunsthandwerk sowie Waffen

Salzburg
Schallmoos
Gnigler Str.
Samerg.
Sylvester-Oberberger-Str.
Jahnstraße
Karl-Wurmb-Str.
Lastenstr.
Breitenfelderstr.
Röcklbrun
Roseng.
Siebenstädterstr.
Schießstattstr.
Makartkai
Josef-Mayburger-Kai
Stauffenstr.
Hanspergstr.
Plainstr.
Elisabethstr.
Rainerstr.
Hauptbahnhof
Weißenhofstr.
Hans-Sachs-Gasse
Ignaz-Harrer-Str.
Lehner Br.
Saint-Julien-Str.
Paracelsusstr.
P.-Harpff-Str.
Bayerhamerstr.
Funkestr.
Vogelweiderstr.
Roittnerstr.
Roseggerstr.
I.-Morath-Pl.
Gaswerkg.
C.-Doppler-Str.
Franz-Josef-Kai
Elisabethkai
Gabelsberger Straße
Weitmoserstr.
Pauernfeindstr.
Wilhelmsederstr.
Struberg.
Humboldtstr.
Haydnstr.
Lasserstr.
Rot-Kreuz Museum
Sterneckstr.
Wallnerg.
Ernest-Thun-Str.
Dr.-Karl-Renner-Str.
M.-Sittikus-Straße
Auerspergstr.
Faberstr.
Weiserstr.
Stelzhamerstr.
Grillparzerstr.
Müllner Hauptstr.
Salzach
Mirabellpl.
Hubert-Sattler-G.
Franz-Josef-Str.
Rupertgasse
Bäreng.
Schloss Mirabell
Schranneng.
Wolf-Dietrich-Str.
Virgilg.
Lindhofstr.
Müllnerstr.
Vierthalerstr.
Schallmooser Hauptstr.
Augustinergasse
Paris-Lodron-Str.
Glockeng.
Müllner
Marionettentheater
Dreifaltigkeitsg.
Linzer Gasse
Kapuzinerb
Zillnerstr.
Augustinerg.
Mönchsberg
Hauptstr.
Schwarzstraße
Mozart Wohnhaus
Stefan-Zweig-Weg
Haus der Natur
Basteiw.
Museum der Moderne Mönchsberg
Griesg.
Steing.
Mönchsbergaufzug
Rudolfskai
Imbergstr.
Arenbergstr.
Getreideg.
Mozarts Geburtshaus
Münzg.
Universitätsplatz
Sigmund-Haffner-G.
Alter M.
Judeng.
Giselakai
Spielzeug Museum
Pferdeschwemme
Residenz
Goldg.
Mozartst.
Reichenhaller Str.
Hübnergasse
Glockenspiel
Bürglsteinstr.
Salzburg Museum
Ignaz-Rieder-Kai
Hermann-Bahr-Pr
Neutorstr.
Untersbergstr.
Rupertinum
Kaig.
Kapitelg.
Krotachg.
Pfeiferg.
DomQuartier
Dom
Dr.-Herbert-Klein-W.
Moosstr.
Leopoldskronstr.
Rainbergstr.
Johann-Wolf-Str.
Karolinenhöhe
Friedhof St. Peter
Kajetanerpl.
Erzabtei und Katakomben
FestungsBahn
Franz-Hinterholzer-Kai
Steinbruchstr.
Ernst-Sompek-Str.
Bucklreuthstr.
Nonnbergg.
Petersbrunnstr.
Hellbrunner Str.
Mönchsberg
Festung Hohensalzburg
Marionettenmuseum
Nonnberggasse
Josef-Preis-Allee
Sinnhubstr.
B150

und Rüstungen die Geschichte und das Wohnen auf der Burg. @ tkk131

Residenz, Residenzpl. 1, ✆ 80422690 Seit 1120 Sitz der Salzburger Erzbischöfe. Neubau in den Jahren 1600-1727 mit von Lukas von Hildebrandt ausgestatteten Prunkräumen sowie mit Fresken und Deckenbilder von J. M. Rottmayr und M. Altomonte. Residenzgalerie: Europäische Malerei des 16.-19. Jhs. @ bvf666

Schloss Freisaal, Freisaalweg 31. Das kleine Wasserschloss wurde 1392 erstmals urkundlich erwähnt, es befindet sich in Privatbesitz.

Schloss Frohnburg, Hellbrunner Allee 53. Das typische Salzburger Landschloss wurde um 1620 vom Freiherrn Kuenburg erbaut. 1670/80 wurde es von Johann Josef Graf von Kuenburg neu gestaltet und erweitert. Heute ist das Schloss Teil der Universität Mozarteum.

Schloss Mirabell und Mirabellgarten, Mirabellpl., ✆ 80720 Das Schloss, ursprünglich als Schloss Altenau um 1606 erbaut, wurde 1721-27 von Lukas von Hildebrandt umgestaltet. Im Garten finden sich Skulpturen aus der griechischen Mythologie und eine Orangerie. Heute befindet sich die Stadtverwaltung im Schloss, nur der Garten kann besichtigt werden. @ yil312

Salzburger Marionettentheater, Schwarzstr. 24, ✆ 872406, @ fmj755

FestungsBahn, Festungsg. 4, ✆ 88849750 Die heute elektrische Standseilbahn wurde bis 1959 als „Tröpferlbahn“ mit Wasser aus dem Almkanal betrieben. In weniger als einer Minute ist man auf der Festung Hohensalzburg, von wo aus man einen atemberaubenden Blick auf die Stadt Salzburg genießen kann. @ jnp641

Friedhof St. Peter, Sankt-Peter-Bezirk 1, ✆ 8445760 Der Friedhof von St. Peter gehört zu den schönsten Friedhöfen der Welt. Auf diesem Gottesacker, der vielleicht schon seit der Spätantike belegt wird, haben die Mönche des Klosters und viele Salzburger Familien ihre letzte Ruhestätte. Dort ruhen Musiker wie Michael Haydn und seine Frau Magdalena,

Nannerl Mozart, Architekten wie Santino Solari oder Wolfgang Hagenauer und Politiker wie Hans Lechner und US Generalmajor Harry J. Collins. @ tlr478

- **Funktaxi mit Fahrradbeförderung**, Bayerhamerstr. 31, ✆ 8111, ✆ 1715. Voranmeldung erforderlich. @ ksx154
- **Hangar-7**, Wilhelm-Spazier-Str. 7a, ✆ 21970 Das architektonische Kunstwerk beherbergt die historischen Flugzeuge der Flying Bulls, die alle flugtauglich sind, sowie Formel 1 Boliden. Eine Begegnungsstätte von Technik, Kunst und Kulinarik. @ mip618
- **Helmut's Kultur-Radeln**, Gabelsbergerstr. 20, ✆ 884839, ✆ 0676/3033639. Info & Buchung bei Helmut Ebergassner - Salzburgs reizvollste Plätze und Fotomotive per geführter Radtour entdecken. @ pws143
- **Jedermann-Aufführung**, ✆ 8045500. Im Rahmen der Salzburger Festspiele wird jedes Jahr von Ende Juli bis Ende August der „Jedermann" von Hugo v. Hofmannsthal aufgeführt. @ srk287

☒ **Mönchsbergaufzug**, Gstätteng. 13, ✆ 88849772 Ⓣ In 30 Sek. von der Altstadt auf den Mönchsberg. @ qtu677

☒ **Pferdeschwemme**, Herbert-von-Karajan-Pl., Sigmundstor. Die Marstallschwemme wurde 1696 nach Entwürfen von Fischer von Erlach erbaut. @ vwh582

☒ **Salzburger Glockenspiel**, Mozartpl. 1, ✆ 620808-722. Spielzeiten: Mo-So 7, 11, 18 Uhr. Die 35 Glocken stammen aus Antwerpen, das Glockenspiel wurde unter Fürsterzbischof Johann Ernest Graf Thun Ende des 17. Jhs errichtet. 1702 wurde der Antriebsmechanismus und die Messingwalze hergestellt sowie der Turmbau beendet. @ mml678

☒ **Stadtführungen**, ✆ 840406. Verschiedenste Themenführungen (u a. Gruselführung, Salzburger Ausblicke) sowie Kultur- und Stadtführungen. @ ckn874

☒ **Stiegl-Brauwelt**, Bräuhausstr. 9, ✆ 0501/4921492 Ⓣ Tägl. Führungen durch die Brauerlebniswelt mit Verkostung, im Stiegl-Museum wird die Geschichte der Stieglbrauerei präsentiert. @ kjq413

Von der Stadt Salzburg geht – nicht zuletzt durch die Tatsache, dass hier Wolfgang Amadeus Mozart geboren wurde – ein Zauber aus. Allein die Innenstadt ist ein Gesamtkunstwerk. Glücklich ist, wer von einem der detailreich verzierten Häuschen oder gar von einem Domizil am Mönchsberg auf das rastlose Treiben in den Gassen blicken kann. Er wird unweigerlich von dieser Stadt schwärmen, die seinerzeit unter Kennern und Gönnern als „Rom nördlich der Alpen“ gegolten hat.

Beginnend im Barock und seit der Zeit Mozarts in steigendem Maße hat die Salzburg-Begeisterung der Welt von Jahr zu Jahr zugenommen, um in unserem Jahrhundert, dem Jahrhundert der Festspiele, einen kaum mehr überbietbaren Höhepunkt zu erreichen.

Im Sommer sind die Auslagenscheiben der Innenstadtboutiquen so blank, dass sich die Gesichter der Stars zur Festspielzeit darin mühelos spiegeln können: wenn Hofmannsthals „Jedermann“ die Kulturekstase auf die Spitze treibt, wirft sich Salzburg in Schale.

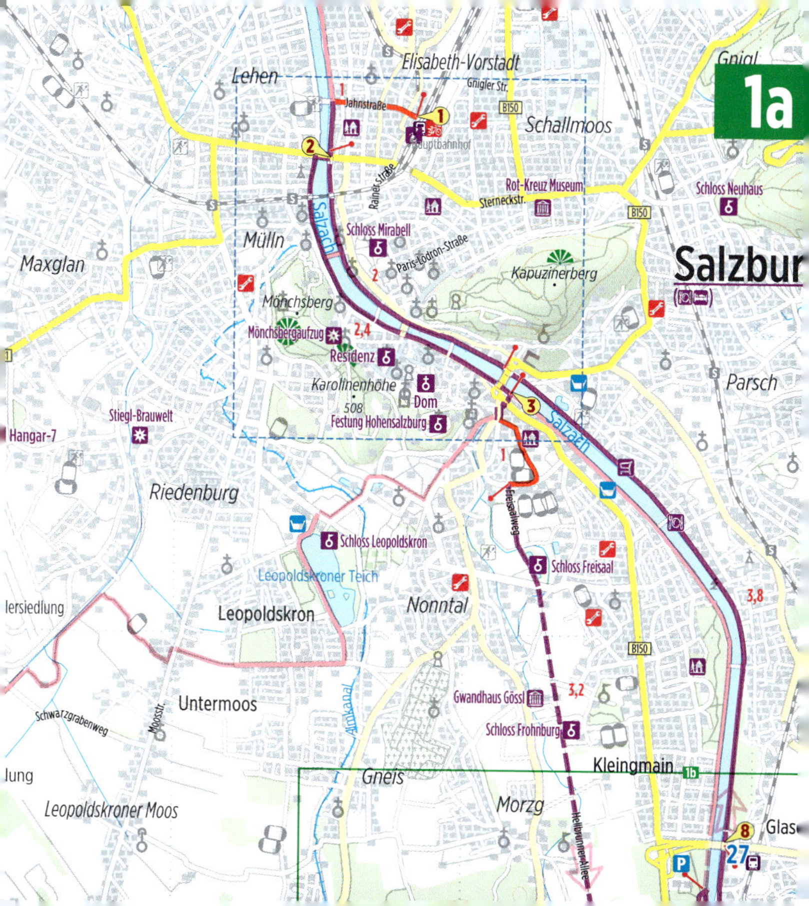
1a
Salzbur
Elisabeth-Vorstadt
Lehen
Gnigl
Gnigler Str.
B150
Schallmoos
Jahnstraße
Hauptbahnhof
Rainer-Straße
Rot-Kreuz Museum
Sterneckstr.
Schloss Neuhaus
Salzach
Schloss Mirabell
Paris-Lodron-Straße
Müllн
Maxglan
Kapuzinerberg
Mönchsberg
Mönchsbergaufzug
Residenz
Karolinenhöhe
508
Dom
Festung Hohensalzburg
Parsch
Stiegl-Brauwelt
Hangar-7
Riedenburg
Freisaalweg
Schloss Leopoldskron
Leopoldskroner Teich
Schloss Freisaal
Nonntal
Leopoldskron
3,8
3,2
Gwandhaus Gössl
Schloss Frohnburg
Untermoos
Schwarzgrabenweg
Moosstr.
Almkanal
Kleingmain
1b
Gneis
Morzg
Hellbrunner Allee
Leopoldskroner Moos
Glas
27
2,4

Wer abseits des Festspieltaumels und der Touristenstoßzeiten hinter die sakrosankte Kulisse der Mozartstadt blickt, erlebt das „echte Salzburg" mit dem lebhaften Wochenmarkt auf dem Mirabell- oder Universitätsplatz und dem blassvioletten Licht der späten Nachmittagsstunden über den kostbaren Altstadthäusern, riecht den einladenden Duft von frischem Backwerk, der den feinen Konditoreien und den beschaulichen Kaffeehäusern entströmt, und kann den persönlichen, nicht den weltmännischen Geist der Stadt auf sich wirken lassen.

TIPP **2** An der Gabelung links halten und über die **Lehener Brücke** ans andere Ufer der Salzach wechseln.

TIPP **3** Nach Unterquerung der Karolinenbrücke rechts und bis Hellbrunn dem **Mozartradweg** folgen.

4 Hellbrunn (Salzburg)

Volkskunde Museum, Hellbrunner Berg, Monatsschlössl Hellbrunn, ✆ 0662/620808500 Das von Erzbischof Markus Sittikus 1615 erbaute Schlössl beherbergt volkskundliche Sammlungen, historische Perchten- und Schauspielmasken, religiöse Kleinkunst, Möbel, Keramik uvm. @ lvo243

Schloss Hellbrunn, Fürstenweg 37, ✆ 0662/820372 Manieristisch-frühbarockes Lustschloss mit Wasserspielen. @ wjj643

Schloss Hellbrunn

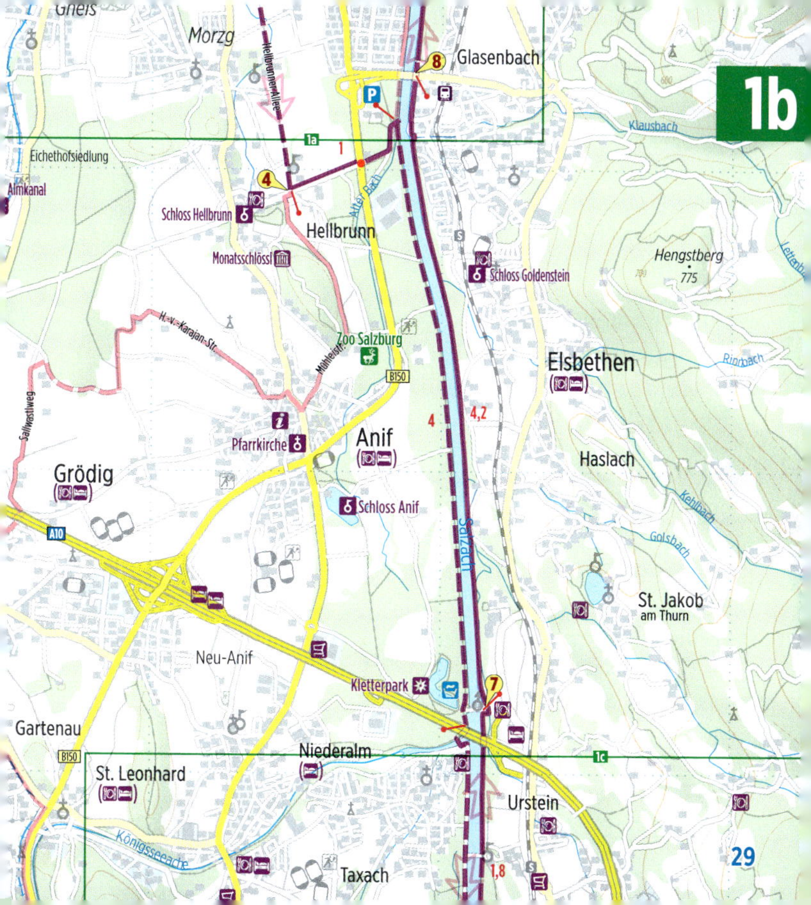

1b
Morzg
Glasenbach
Klausbach
Hellbrunner Allee
1a
1
Eichethofsiedlung
Almkanal
Schloss Hellbrunn
Hellbrunn
Alter Bach
Monatsschlössl
Schloss Goldenstein
Hengstberg
775
H.-v.-Karajan-Str.
Zoo Salzburg
Mühleistr.
B150
Elsbethen
Rinnbach
Sallwastlweg
4
4,2
Pfarrkirche
Anif
Haslach
Grödig
Schloss Anif
A10
Kehlbach
Golsbach
Salzach
St. Jakob
am Thurn
Neu-Anif
Kletterpark
7
Gartenau
B150
Niederalm
1c
St. Leonhard
Urstein
Königsseeache
Taxach
1,8

TIPP **4** Beim Schloss links in den **Fürstenweg** und diesem bis zur Salzach folgen. An der Salzach rechts und ab hier dem **Tauernradweg** folgen.

Anif s. S. 105

Niederalm (Anif)

5 Kaltenhausen (Hallein)

Vorwahl: 06245

Hofbrauerei Kaltenhausen, Salzburger Str. 67, ✆ 7955267. Das Hofbräu Kaltenhausen ist die älteste Brauerei des Salzburger Landes. 1986 wurde hier auch ein Museum eingerichtet, um dem Besucher den alten Beruf des Fassbinders näherzubringen. Führungen nur für Gruppen gegen Voranmeldung. @ tgc542

6 Hallein

Vorwahl: 06245

Tourismusverband, Mauttorpromenade 6, Pernerinsel, ✆ 85394, @ sop224

Keltenmuseum, Pflegerpl. 5, ✆ 80783 Das Museum gewährt einen Einblick in das älteste eigenständige Kulturschaffen Mitteleuropas. Anhand von verschiedenen Exponaten wird dem Besu-

cher die Welt der Kelten, das Salzwesen und die Bergbautechnik in einem rekonstruierten Stollen nähergebracht. @ tll854

Stille Nacht Museum, Gruberpl. 1, ✆ 8078330, ✆ 0662/66880 Das Museum zeigt die komplette Dokumentation des Weihnachtsliedes sowie Mobiliar und Gegenstände aus Grubers persönlichem Nachlass. Franz Xaver Gruber hat selbst

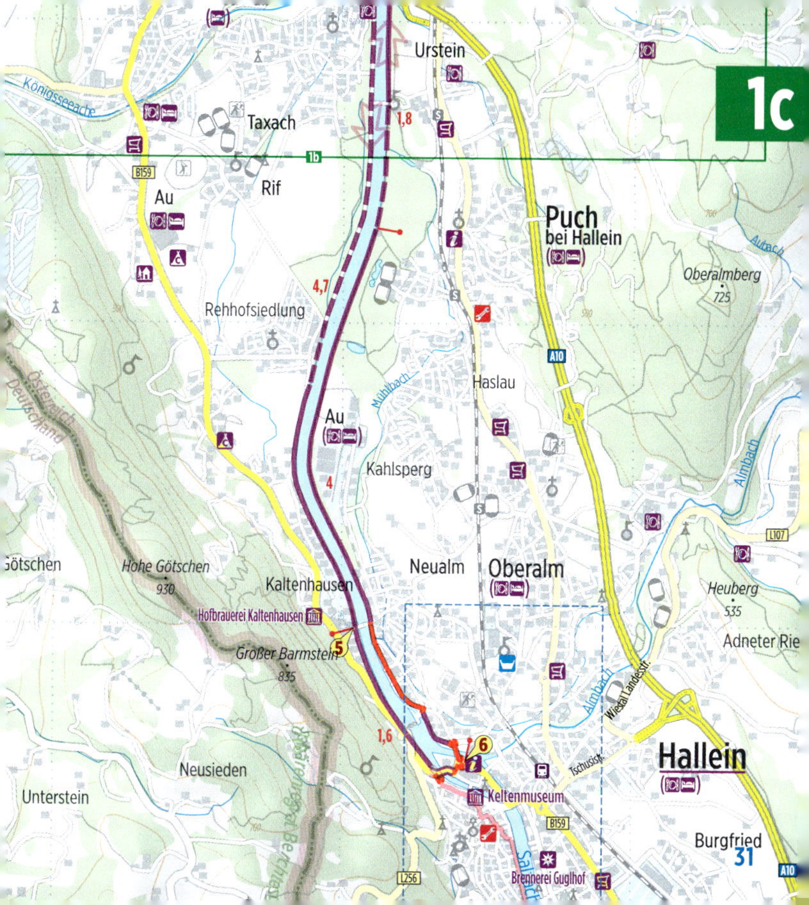
1c
1b
Urstein
Königsseeache
Taxach
Rif
Au
B159
Puch
bei Hallein
Oberalmberg
725
Aubach
Rehhofsiedlung
1,8
4,7
Haslau
Mühlbach
A10
Au
Kahlsperg
4
Almbach
Österreich
Deutschland
L107
Götschen
Hohe Götschen
930
Kaltenhausen
Neualm
Oberalm
Heuberg
535
Hofbrauerei Kaltenhausen
5
Großer Barmstein
835
Adneter Rie
Almbach
Wiestal Landesstr.
1,6
6
Hallein
Neusieden
Tschusistr.
Unterstein
Keltenmuseum
B159
Burgfried
31
L256
Brennerei Guglhof
A10

28 Jahre in dem Mesner- und Chorregentenhaus gelebt. @ dsy672

- Brennerei Guglhof, Davisstr. 13a, ✆ 80621 Im ehemaligen Getreidespeicher des Guglhofs werden seit 1928 Edelbrände destilliert und Liköre hergestellt. @ lhi751
- **Schlossbad Wiespach**, Wiespachstr. 5, ✆ 806790, @ nas665

Die Bedeutung von Hallein steht in engem Zusammenhang mit der Salzgewinnung und dem Transport des Salzes auf der Salzach. Die Altstadt zeugt noch heute von der reichen Vergangenheit der Stadt. Der Stadtkern ist zwar mittelalterlich, doch später sind die Häuser durchwegs barockisiert worden.

Weit zurück reichen die ersten Spuren menschlicher Besiedelung. Neben Hallstatt ist Hallein die bedeutendste Fundstelle prähistorischer Kultur in Österreich. Die ältesten Funde stammen aus der Zeit um 2500 v. Chr. Grund für die frühe Besiedelung durch die Kelten war natürlich das Salz. Es wurde zu jener Zeit noch im Trockenabbau aus den Salzlagerstätten des Dürrnberges geholt.

Puch bei Hallein

Vorwahl: 06245

Tourismusverband, Halleiner Landesstr. 111, ✆ 80694, @ cwu623

7 Urstein (Puch bei Hallein)

8 Elsbethen

Schloss Goldenstein, Goldensteinstr. 2. Als erster nachweisbarer Besitzer von Goldenstein wird Hans von Haunsperg im Jahr 1417 genannt. 1710 wurde das Schloss dem Stift St. Peter verkauft. Dieses verwendete es im 18. und 19. Jh. als Verwaltungssitz und Erholungsort. Seit 1897 gehört das Schloss den Augustiner Chorfrauen, die es als Kloster und Privatschule betreiben. @ rpe361

1 Salzburg s. S. 21

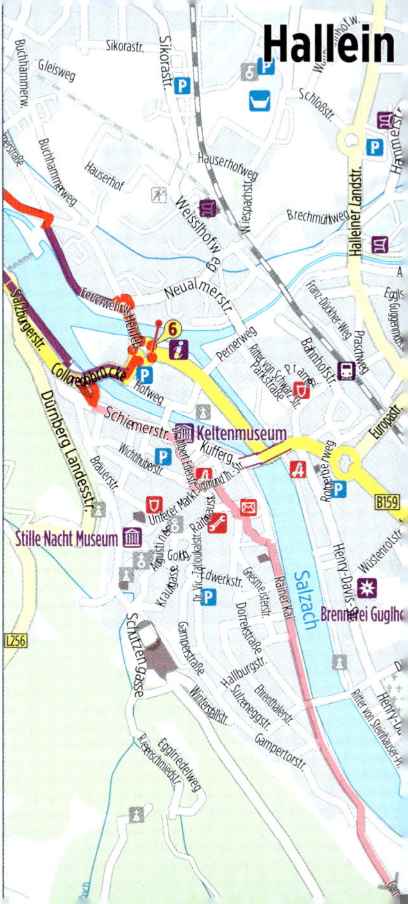

Tour 2 Salzach-Runde 2 44,2 km

HM/km: ↗1,5 (67m) ↘1,5 (67m) Radweg: 58 % Unbefestigt: 34 % Verkehr: 1 %

Vom Hauptbahnhof geht es über die Jahnstraße zur Salzach. Am rechten Salzachufer radeln Sie flussabwärts nach Oberndorf und über die historische Salzachbrücke nach Laufen in Deutschland. Durch den Rupertiwinkel geht es nach Freilassing und in Folge zur Salzach. Am linken Salzachufer fahren Sie schließlich zurück nach Salzburg.

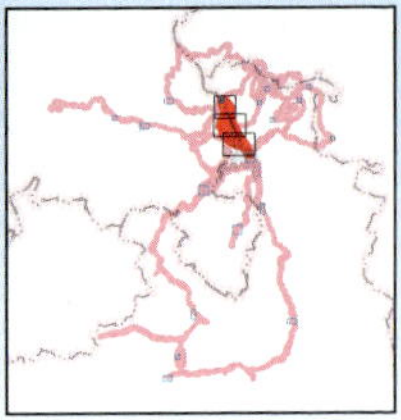

Charakteristik

Start/Ziel: Salzburg Hauptbahnhof

Wegbeschaffenheit: Die Route führt zum Gutteil über asphaltierte Radwege und Straßen. Entlang der Bahn nach Oberndorf und am linken Flussufer hinter Laufen sind die Radwege jedoch gekiest.

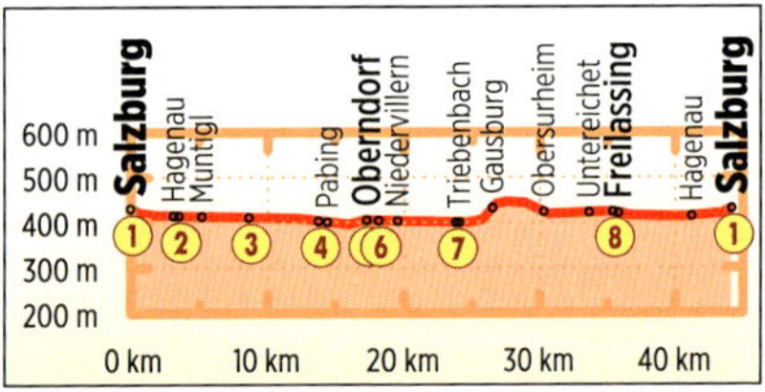

Verkehr: Der Radweg verläuft fast ausschließlich auf ruhigen Radwegen und Nebenstraßen. Nur in Oberndorf fahren Sie kurzzeitig im Verkehr.

Beschilderung: Tauernradweg nach Oberndorf (ab Nußdorf-Pabing auch Mozart RW), Mozart Radweg zurück nach Salzburg.

Steigungen: Bis auf einen leichten Anstieg bei Gausburg verläuft die Strecke steigungsfrei.

Anschlusstour(en): 1, 3, 7, 10, 12

1 Salzburg s. S. 21

2 Bergheim

Vorwahl: 0662

Welt der Gifte, Metzgerstr. 54A, ✆ 0677/63421700 Im kleinsten Zoo Österreichs erfahren Sie etwas über Gifte in Alltag, Medizin und Weltgeschichte und können Giftnattern und Skorpione sehen. @ lmc557

Bergxi, Iselstr. 20, ✆ 451592, @ ood124

TIPP **3** Hier können Sie mit Tour 3 (Seen-Runde) oder Tour 7 (Salzkammergut Radweg) fortsetzen.

4 Pabing

5 Oberndorf bei Salzburg

Vorwahl: 06272

Tourismusverband, Stille-Nacht-Pl. 7, ✆ 4422, @ vqn335

Stille Nacht Museum, Stille-Nacht-Pl. 5, im alten Pfarrhaus, ✆ 21660 Exponate zur Verbreitung von „Stille Nacht! Heilige Nacht!“, sowie zur Salzachschifffahrt und zur Ortsgeschichte werden gezeigt. @ dso742

Wallfahrtskirche Maria Bühel, Maria Bühel-Str. 4, ✆ 43110. Im Inneren finden sich

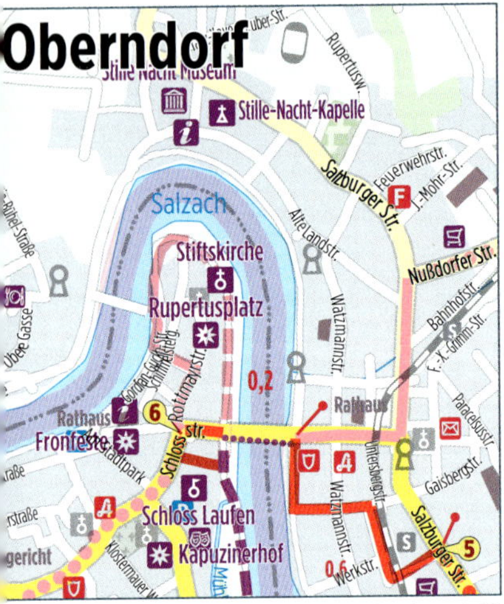

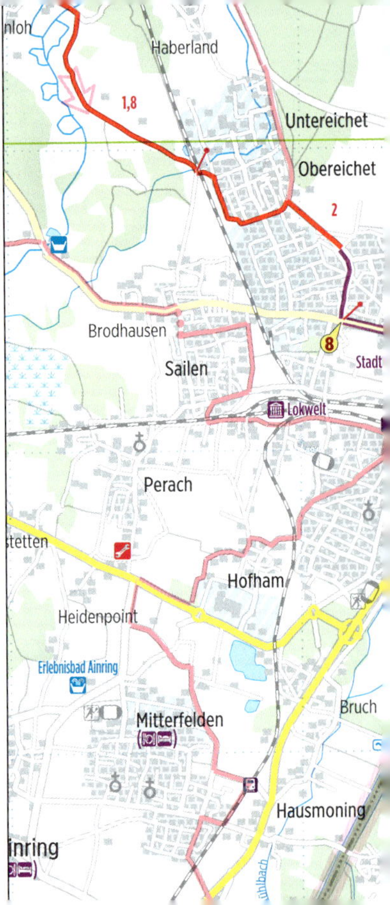

Werke des kaiserlichen Hofmalers J. M. Rottmayr aus der Zeit des Spätbarock bis zu den frühen Anfängen des Rokoko, um 1670 erbaut. @ yns764

Stille-Nacht-Kapelle, Stille-Nacht-Pl. 1, ✆ 4422 Ⓡ An der Stelle dieser 1937 geweihten Kapelle stand bis 1905 die St. Nikolaus-Kirche, in der 1818 „Stille Nacht! Heilige Nacht!" uraufgeführt wurde. @ lvt534

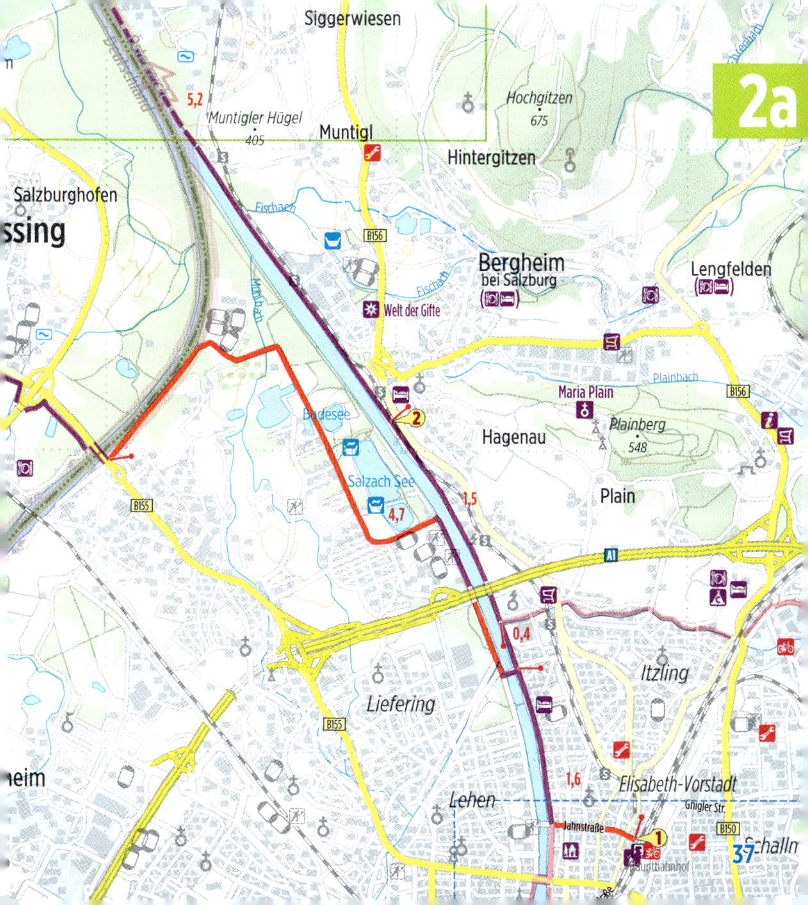
2a
Siggerwiesen
Muntigler Hügel
405
Muntigl
Hochgitzen
675
Hintergitzen
Salzburghofen
ssing
Fischach
B156
Bergheim
bei Salzburg
Lengfelden
Welt der Gifte
Mühlbach
Plainbach
Maria Plain
Badesee
Plainberg
548
Hagenau
Salzach See
4,7
1,5
Plain
B155
A1
0,4
Itzling
Liefering
B155
heim
1,6
Elisabeth-Vorstadt
Lehen
Gnigler Str.
Jahnstraße
B150
Schalln
37
Hauptbahnhof
5,2
1
2

In Oberndorf entstand das weltberühmte Weihnachtslied „Stille Nacht! Heilige Nacht!". Die Anregung zu diesem Lied kam von Joseph Mohr, der kurz vor Weihnachten des Jahres 1818 gemeinsam mit Franz Xaver Gruber „etwas für die Heilige Nacht" verfassen wollte. Mohr hatte bereits den Text und überreichte ihn seinem Freund Gruber mit der Bitte, ihn passend für zwei Solostimmen und Chor mit Gitarrenbegleitung zu vertonen. Gruber tat dies erst am

Salzachbrücke zwischen Laufen und Oberndorf

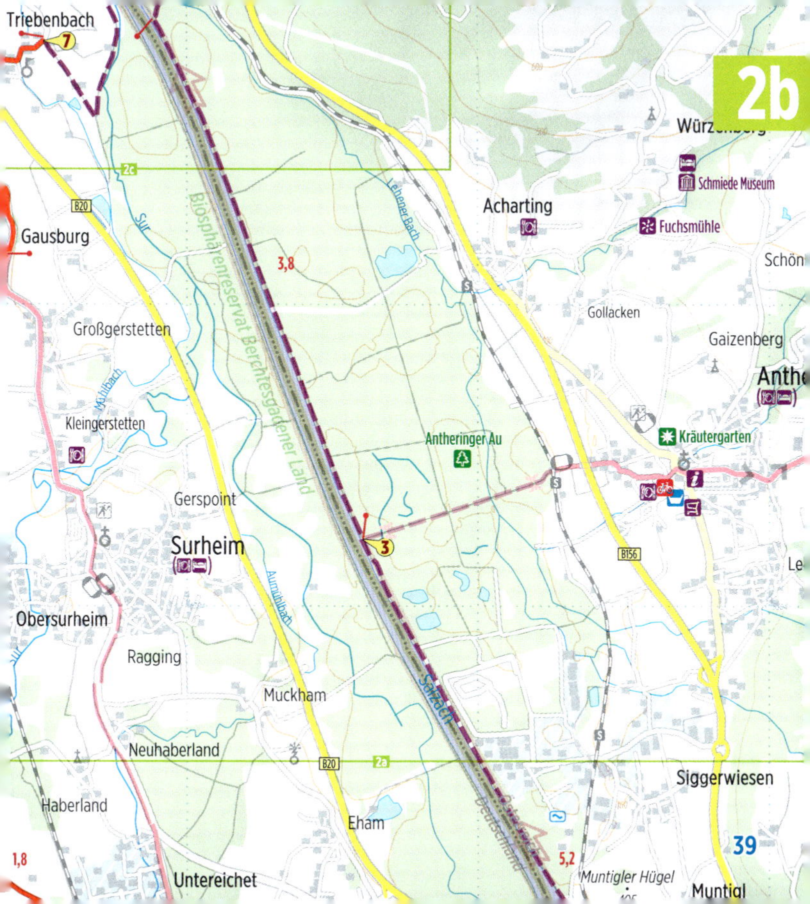
2b
Triebenbach
Würzenberg
Schmiede Museum
Acharting
Fuchsmühle
2c
B20
Gausburg
Sur
Biosphärenreservat Berchtesgadener Land
Lehener Bach
3,8
Schön
Gollacken
Großgerstetten
Gaizenberg
Anthe
Mühlbach
Kleingerstetten
Antheringer Au
Kräutergarten
Gerspoint
Surheim
B156
Obersurheim
Aumühlbach
Ragging
Salzach
Muckham
Neuhaberland
2a
Siggerwiesen
Haberland
Eham
Deutschland
1,8
5,2
Untereichet
Muntigler Hügel
Muntigl
39

Salzburg, Residenzplatz

Morgen des 24. Dezember, und trotzdem wurde das Lied noch am selben Abend „uraufgeführt". Bevor es Weltberühmtheit erlangte, musste es jedoch noch den Umweg über Amerika machen, erst dann wurde es auch im deutschsprachigen Raum zum bekanntesten Weihnachtslied.

6 Laufen Ⓓ s. S. 140

7 Triebenbach (Laufen) Ⓓ

Saaldorf-Surheim Ⓓ

8 Freilassing Ⓓ

Vorwahl: 08654

Lokwelt Freilassing, Westendstr. 5, ✆ 3099320 Faszination Bahn auf 17 Gleisen und speziell für Kinder die „Kleine Lokwelt". @ mrn718

Stadtmuseum, Herrmann-Ober-Pl. 1a, ✆ 4806303, ✆ 1675 Stadtgeschichte im ehem. Feuerwehrhaus, von der Ur- u. Frühgeschichte über die Entwicklung der Eisenbahn bis zu Handel und Industrie. @ ojj876

Freibad Brodhausen, Wasserburger Str. 62, ✆ 3099721, @ epg575

1 Salzburg s. S. 21

Maria Bühel
Stille Nacht Museum
Salzach
Totenberg
Kemating
Göming
2c
Oberndorf
bei Salzburg
Salzburger Str.
Oichten
Dreimühlen
Fronfeste
Schloss Laufen
Laufen
0,2
0,6
6
5
Wimm
B156a
Salzburger Straße
Schröck
Teisendorfer Straße
Obervillern
Gastein
Weitwörth
Niedervillern
2,5
Moosham
Mayerhofen
Pabing
Oberheining
Lepperding
5,5
B20
B156
Salzburger Allee
Daring
Fisching
Freilassinger Str.
Salzach
4
Rettbach
0,8
Thannberg
Niederheining
0,6
Gastag
2b
Triebenbach
7
Abtsdorf
Thannhausen
2,2
Oberholzen
41

Tour 3 Seen-Runde 72,1 km

HM/km: ↗ 6,1 (443m) ↘ 6,1 (443m) Radweg: 39 % Unbefestigt: 7 % Verkehr: 5 %

Von Salzburg-Itzling radeln Sie über Eugendorf nach Henndorf am Wallersee. Danach geht es über Schleedorf nach Mattsee. In Folge umrunden Sie den Obertrumer See, wo Sie einen Badestopp einlegen können. Über Obertrum am See und Anthering geht es zur Salzach. Entlang des Flusses radeln Sie schließlich zurück zum Ausgangspunkt der Tour, nach Itzling.

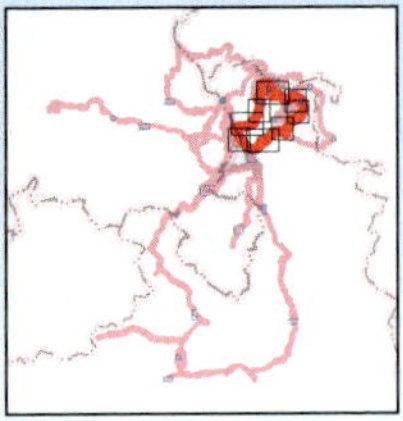

Charakteristik

Start/Ziel: S-Bhf. Salzburg Maria Plain-Plainbrücke in Itzling

Wegbeschaffenheit: Die Route verläuft auf befestigten bzw. asphaltierten Radwegen und verkehrsarmen Straßen.

Verkehr: Sie fahren meist auf ruhigen Radwegen und Straßen.

Beschilderung: Mozart Radweg bis Anthering, R 2 zur Salzach, Tauernradweg und R 2 zurück nach Salzburg.

Steigungen: Die Strecke birgt einige, teils auch kräftige, Steigungen.

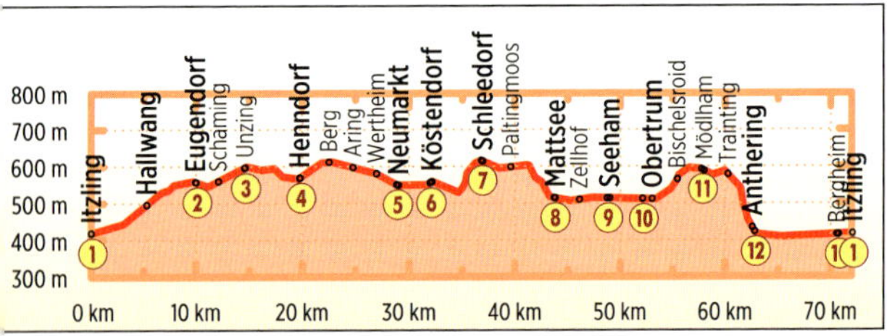

An- und Abreise: S 1, S 11

Anschlusstour(en): 2, 4, 5, 7, 12

1 Itzling (Salzburg)

Vorwahl: 0662

Wallfahrtsbasilika Maria Plain, Plainbergweg 38, ✆ 4501940. Die Wallfahrtskirche wurde 1674 eingeweiht, 1952 wurde sie durch Papst Pius XII. zur Basilica minor erhoben. @ itt136

Söllheim (Hallwang)

Schloss Söllheim, Söllheim 1. 1689–1702 ließ Johann Kaufmann den ursprünglich mittelalterlichen Wohnturm zu einem Barockschloss ausbauen, gleichzeitig ließ er die Antonius-Kapelle errichten. Das Schloss befindet sich in Privatbesitz.

Hallwang

Oberesch (Hallwang)

2 Eugendorf

Vorwahl: 06225

Tourismusverband, Salzburger Str. 7, ✆ 8424, @ pao828

Pfarrkirche St. Martin, Dorf 21, ✆ 8217. Die 1736/37 erneuerte Kirche geht auf das Jahr 788 zurück. Die Kreuzigungsgruppe stammt vom Barockbildhauer Meinrad Guggenbichler. @ vnl734

Itzling, Maria Plain

Die älteste urkundliche Erwähnung von Eugendorf stammt aus dem Jahr 736 und erfolgte unter Herzog Hubert von Bayern. Vor allem während des Hochmittelalters siedelten in Eugendorf viele verschiedene Adelsgeschlechter Im 12. Jahrhundert sowie im 20. und 21. Jahrhundert nahm die Bevölkerung stark zu. Eugendorf erlebte daraufhin einen starken wirtschaftlichen Aufschwung, indem sich viele Firmen hier ansiedelten. Heute gilt Eugendorf, nachdem es 1987 zur Marktgemeinde ernannt wurde, als das „Tor nach Salzburg". Es ist ein beliebtes Golferparadies, da es zwei der schönsten und modernsten Golfanlagen Österreichs zu bieten hat. Für Sportbegeisterte werden hier aber noch viele weitere Aktivitäten wie z. B. Reiten, Radfahren, Tennis, Squash und Kegeln geboten. Auch die Pflege des Brauchtums wird hier groß geschrieben: während des Sommers finden Platzkonzerte und Straßentheater statt, außerdem werden verschiedene Feste und kulinarische Veranstaltungen abgehalten.

Schaming (Eugendorf)

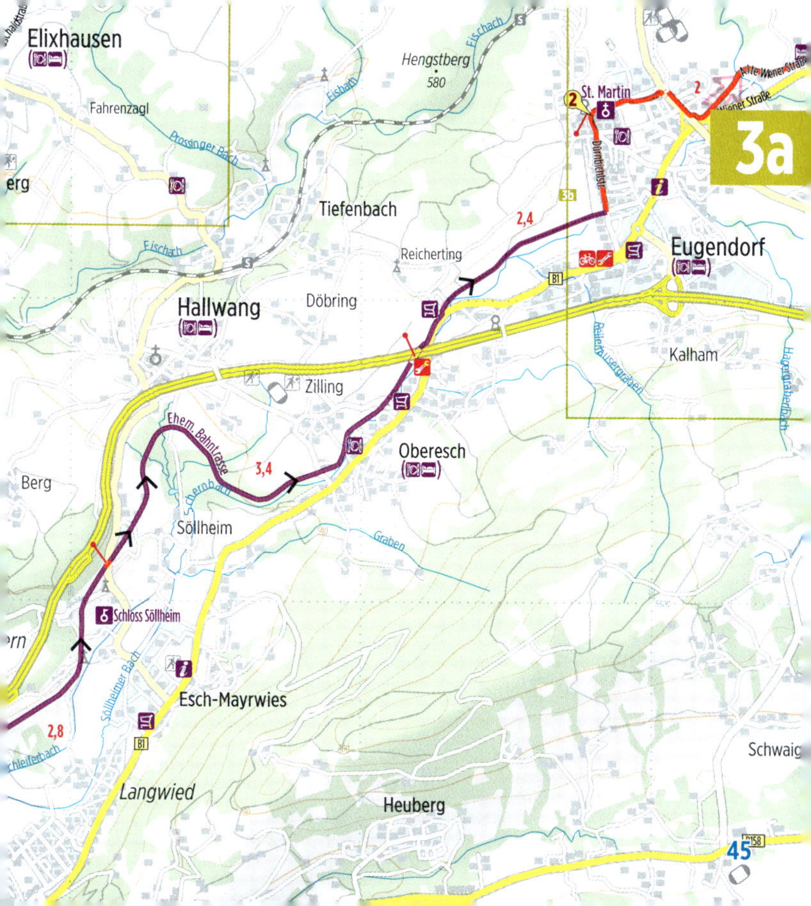

3a
Elixhausen
Fahrenzagl
Prossinger Bach
Fischach
Eisbach
Hengstberg
580
Tiefenbach
Reicherting
St. Martin
Dornbichlstr.
2,4
Eugendorf
Kalham
Alte Wiener Straße
Wiener Straße
Hallwang
Döbring
Zilling
Oberesch
Ehem. Bahntrasse
3,4
Berg
Söllheim
Schloss Söllheim
Söllheimer Bach
Esch-Mayrwies
2,8
Langwied
Heuberg
Schwaig
Graben
B1
45

3 Unzing (Eugendorf)

TIPP 3 Hier können Sie mit Tour 7, dem Salzkammergut Radweg, fortsetzen.

4 Henndorf am Wallersee

Vorwahl: 06214

Tourismusverband, Hauptstr. 65, ✆ 6011, @ nlr465

Literaturhaus, Franz-Stelzhamer-Str. 10, ✆ 0660/7966054 Das Geburtshaus des Dichters Johannes Freumbichler, der Großvater Thomas Bernhards, informiert über die Henndorfer Schriftsteller. Die bewegte kulturelle Vergangenheit des Ortes kann bei einem Literarischen Spaziergang erkundet werden - zahlreiche Literaten, Dichter und Sänger sind hier geboren oder haben hier gelebt. @ dgh187

Ruine Lichtenthann, Berg 27. Die Burg wurde im 13. Jh. von den Herren von Tann, einem der bedeutendsten Salzburger Adelsgeschlechter des Mittelalters, errichtet.

Gasthof Caspar Moser Bräu, Hauptstr. 61, ✆ 20614, ✆ 0664/4197816 Eines der ältesten Gasthäuser in Österreich, nach einem Brand 1893 neu errichtet. Einstiges Stammlokal Carl Zuckmayers und vieler Künstler. Auch heute noch wird die traditionelle „Carl-Zuckmayer-Jause" auf dessen Stammplatz serviert. @ ikr847

Ice Ätsch Erlebnisweg. Zwei verschiedene Routen, der „Gipfelweg" und der

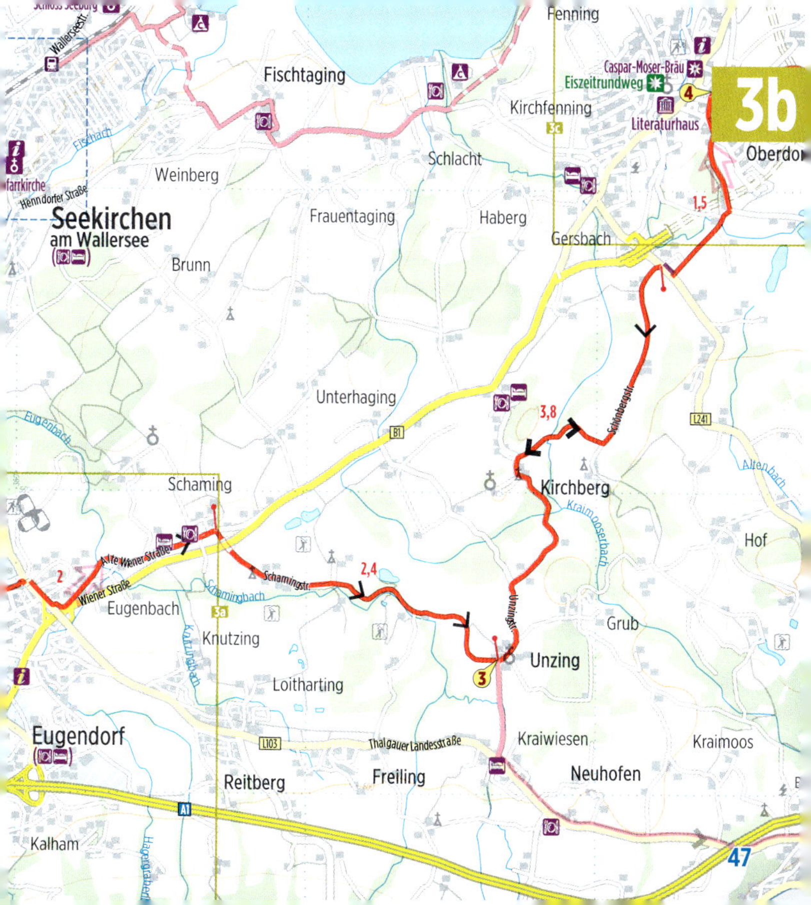
3b
Fenning
Caspar-Moser-Bräu
Eiszeitrundweg
4
Kirchfenning
Literaturhaus
3c
Oberdo
Fischtaging
Wallerseestr.
Fischach
Weinberg
Schlacht
farrkirche
Henndorfer Straße
Seekirchen
am Wallersee
Frauentaging
Haberg
1,5
Gersbach
Brunn
Unterhaging
B1
3,8
Schönbergstr.
L241
Eugenbach
Altenbach
Schaming
Kirchberg
Kraimooserbach
Hof
Alte Wiener Straße
2
Wiener Straße
Schamingstr.
2,4
Schamingbach
Eugenbach
3a
Knutzing
Knutzingbach
Unzingstr.
Grub
Unzing
3
Loitharting
Eugendorf
L103
Thalgauer Landesstraße
Kraiwiesen
Kraimoos
Reitberg
Freiling
Neuhofen
A1
Kalham
Hagergraben
47

„Burgweg", führen zum Gipfel der Großen Plaike, die knapp über 1000 m liegt. Kinder finden entlang des Weges interessante Wissens- und Erlebnisstationen von der Eiszeit und den Steinzeitmenschen über das Mittelalter bis in die heutige Zeit. Dazu gibt es ein Rätselrally-Heft. @ gdy675

Gut Aiderbichl, Berg 20, ✆ 0662/625395, ✆ 0662/0800/5676373 Gut Aiderbichl ist eine Begegnungsstätte zwischen Mensch und Tier und soll als Zufluchtsort für Tiere dienen. Das Gut wurde 2000 gegründet und bietet zusammen mit seinen 25 Außenhöfen mittlerweile Platz für 5.000 Tiere, die sich in einer aussichtslosen Situation befunden hatten. @ udg684

Eiszeitrundweg. 15 bzw. 21 Stationen vermitteln das „Erbe der Eiszeit" und erzählen über die Landschaftsentstehung. Geführte Expertentour - Anmeldung unter: ✆ 0699/12476604. Ausgangspunkt ist die Schule. @ xiu622

Seebad Henndorf, Fenning 7b, ✆ 8204, ✆ 0664/5808307, @ mhm711

Sighartstein (Neumarkt am Wallersee)

Schloss Sighartstein, Sighartstein 1. Erstmals urkundl. 1297 erwähnt. Das heutige Aussehen entstand im Barock (1714), heute in Privatbesitz. @ lir333

5 Neumarkt am Wallersee

Vorwahl: 06216

Tourismusverband, Hauptstr. 30, ✆ 6907, @ uta712

Museum Fronfeste, Hauptstr. 27, ✆ 5704, ✆ 0660/7389834 Themen: Gerichtswesen, Römer, Hutmacherei, Lederwerkstatt und Gerberei, div. Sonderausstellungen. @ qcf684

Die Mozarts machten zweimal Halt in der Posttaverne, dem heutigen Gasthaus Gerbl, um auf dem Weg nach Wien die Pferde zu wechseln und am nächsten Tag die Reise fortzusetzen. Auf dem sogenannten „Kranzingerhaus" an der Hauptstr. Nr. 21 erinnert eine Abbildung einer solchen Postkutsche daran. Es wird berichtet, dass Mozart, neben seinen beiden Aufenthalten in den Jahren 1767 und 1773, zu Gast im Schloss Sighartstein war, und bei einer Soiree musiziert haben soll.

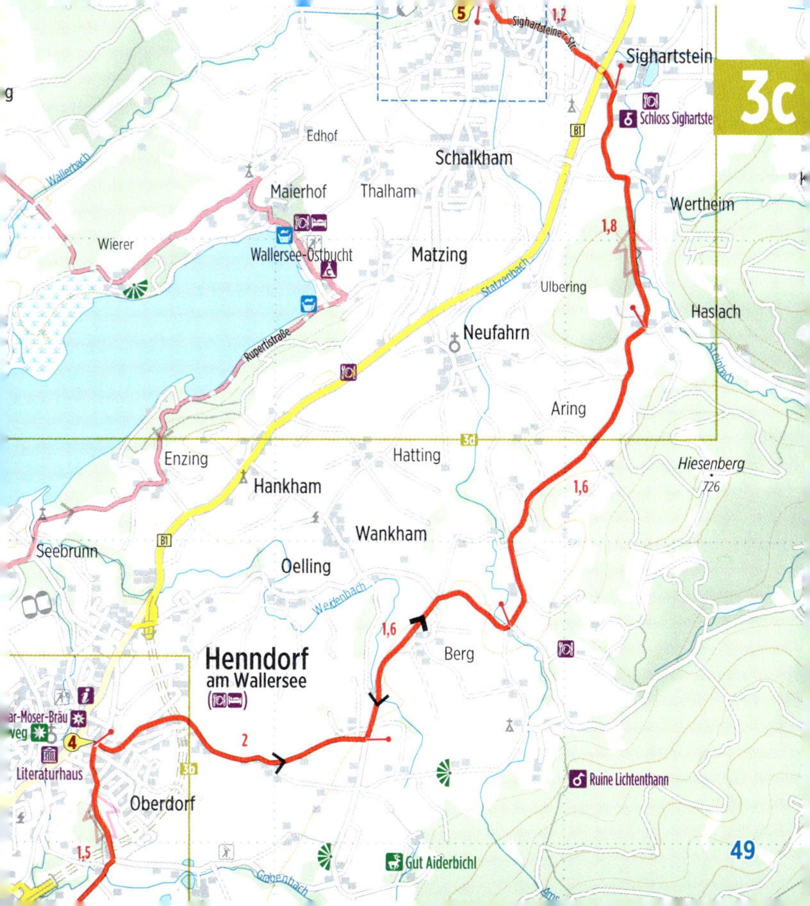
3c
Sighartstein
Sighartsteiner Str.
1,2
5
Schloss Sighartstein
B1
Edhof
Schalkham
Wallerbach
Maierhof
Thalham
Wertheim
1,8
Wierer
Wallersee-Ostbucht
Matzing
Statzenbach
Ulbering
Haslach
Rupertistraße
Neufahrn
Steinbach
Aring
3d
Enzing
Hatting
Hiesenberg
726
Hankham
1,6
Wankham
Seebrunn
B1
Oelling
Weidenbach
1,6
Berg
Henndorf
am Wallersee
ar-Moser-Bräu
veg
4
Literaturhaus
2
3b
Oberdorf
Ruine Lichtenthann
1,5
Gut Aiderbichl
Grabenbach

Neumarkt am Wallersee

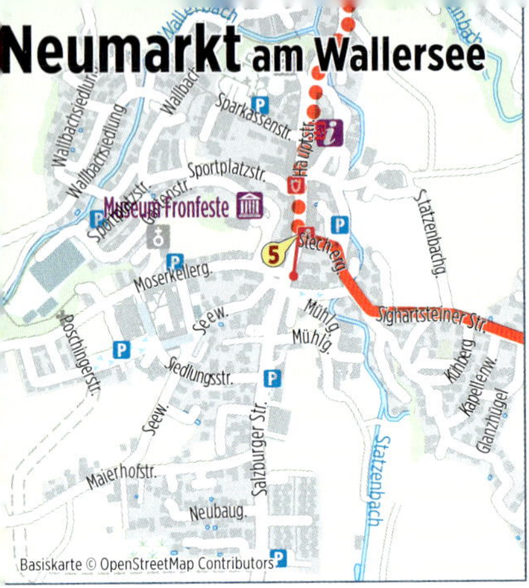

In Neumarkt wird jedes Jahr im September der traditionelle Bauernherbst abgehalten. Dabei wird das Einbringen der Ernte gefeiert. Während dieser Tage werden bäuerliche Produkte entweder direkt vom Bauern angeboten oder sie werden zu traditionellen Gerichten verarbeitet. Dabei erhält man Einblick in die Sitten und Bräuche der Bauern und kann typische Erzeugnisse wie z. B. Bauerngeselchtes, Vogelbeerschnaps oder „Knoflkas" verkosten.

6 Köstendorf

Vorwahl: 06216

Tourismusbüro, Kirchenstr. 5, ✆ 531320, ✆ 0664/4535478, @ lvv153

Heimatmuseum Kohbauernhaus, Museumsstr. 2, ✆ 6554, ✆ 0699/10779597. Das Museum bietet Informationen über die Geschichte von Köstendorf, den Maler Joseph Mösl, Handwerk, Trachten, Jagd, landwirtschaftliche Geräte und die Volkskunst. @ pty222

Dekanatspfarrkirche, Am Dechanthof 1, ✆ 5308. Die im 15. Jh. errichtete Kirche war vom Spätmittelalter bis ins 18. Jh. eine bedeutende Marien-Wallfahrtskirche. @ afj822

Wenger Moor, Weng 4, ✆ 0664/1431008. Das Natur- und Vogelschutzgebiet ist das größte naturnah erhaltene Moorgebiet des Salzburger Alpenvorlandes. Es stellt ein wichtiges Brut- und Rastgebiet für unzählige Vogelarten dar und beheimatet gefährdete Pflanzenarten. Tipp: geführte Wanderung. @ gsa321

7 Schleedorf

Vorwahl: 06216

Tourismusverband, Dorf 95, ✆ 4100, @ noq828

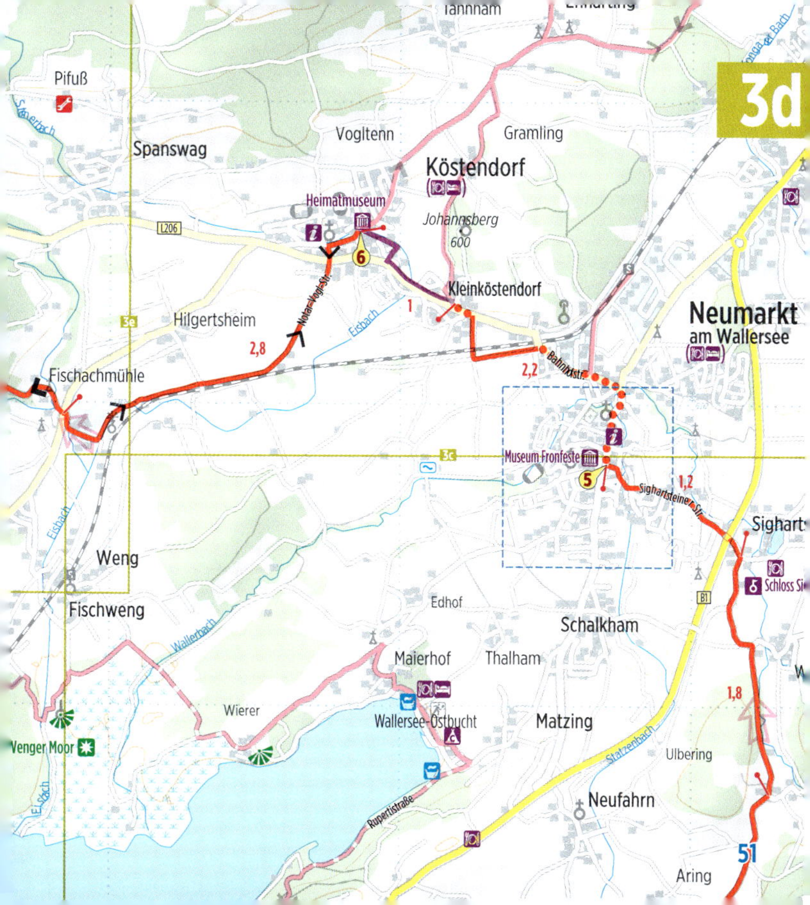
3d
Tannham
Pifuß
Spanswag
Vogltenn
Gramling
Köstendorf
Heimatmuseum
Johannsberg
600
L206
Kleinköstendorf
Notar-Vogl-Str.
Eisbach
Hilgertsheim
3e
2,8
1
Neumarkt
am Wallersee
Fischachmühle
2,2
Bahnhofstr.
Museum Fronfeste
3c
5
6
1,2
Sighartsteiner Str.
Weng
Fischweng
Edhof
Schalkham
B1
Wallerbach
Maierhof
Thalham
Wierer
Wallersee-Ostbucht
Matzing
1,8
Venger Moor
Ulbering
Statzenbach
Neufahrn
Rupertistraße
Aring

Puppenfenster, Dorfpl. „Kleider machen Leute“ nennt sich das künstlerisch anspruchsvoll gestaltete Puppenfenster am Dorfplatz, das von außen ganzjährig frei zu besichtigen ist. 60 ausdrucksstarke, bewegliche Tonpuppen vermitteln auf amüsante Weise den Werdegang unserer „zweiten Haut“. @ kim821

Wimmer schneidert, Dorf 96, ✆ 6562 Vom Dirndl über die Festtagstracht bis hin zur sämischgegerbten, handbestickten Lederhose wird alles nach Maß gefertigt. Besucher können den Schneiderinnen über die Schulter schauen und sich über Tracht informieren. @ nre513

Tiefsteinklamm (24) Die romantische Tiefsteinklamm mündet in einen beeindruckenden Wasserfall. @ kog263

Obetrumer See

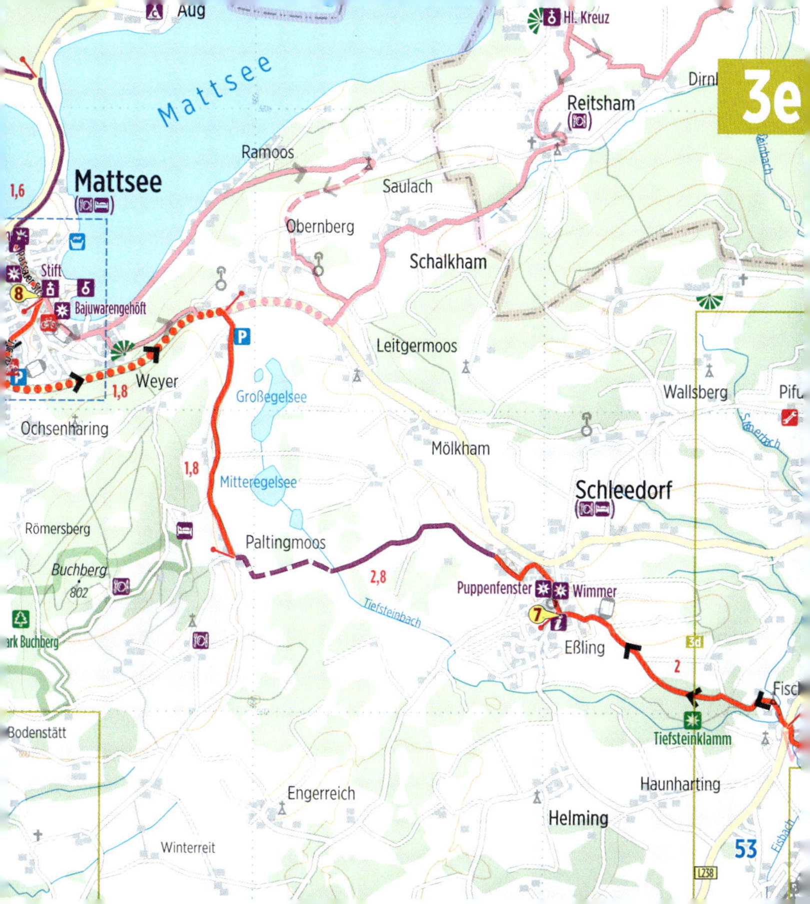

3e
Mattsee
Mattsee
Aug
Hl. Kreuz
Reitsham
Dirnl
Ramoos
Saulach
Obernberg
Schalkham
Stift
Bajuwarengehöft
Passauer Str.
Leitgermoos
Weyer
1,6
1,8
Ochsenharing
Großegelsee
Wallsberg
Mölkham
1,8
Mitteregelsee
Schleedorf
Römersberg
Paltingmoos
Buchberg
802
2,8
Puppenfenster
Wimmer
Tiefsteinbach
Eßling
2
Tiefsteinklamm
Haunharting
Bodenstätt
Engerreich
Helming
Winterreit
L238

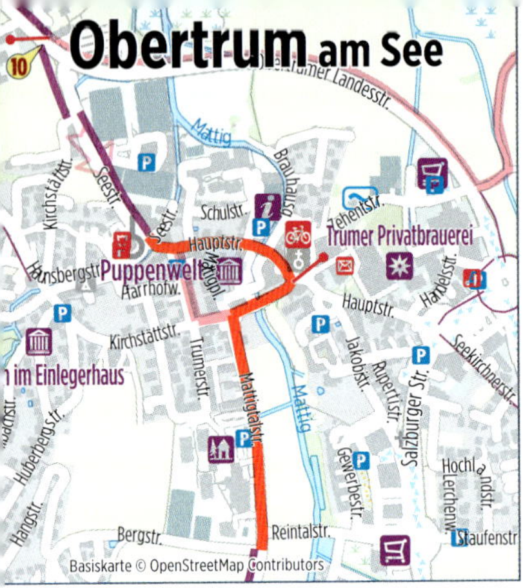

8 Mattsee s. S. 61

Fraham (Seeham)

9 Seeham

Vorwahl: 06217

- **Tourismusverband**, Dorf 12, ✆ 5493, @ jwp871
- **Steiner Nautic**, Seestr. 23, ✆ 5432. Linienschifffahrt Mattsee-Seeham-Obertrum-Seeham-Mattsee, es sind auch Teilstrecken möglich. @ ctf748
- **Strandbad**, Dorf 12, ✆ 5493, @ lfn264

Seeham kann auf eine über 150-jährige Tourismustradition zurückblicken. Bereits Mitte des 19. Jahrhunderts kamen Gäste zu den „Anwendkuren" des „Wunderdoktors" David Schwarz. Der Zustrom Heilungs- und Erholungssuchender führte zum Bau der ersten Hotelpension im Flachgau (heute Dorfwirtshaus Eberl). Diese gehörte Josef Sigl, Besitzer des Altwirts und Begründer des Fremdenverkehrs, der 1870 die erste Badeanstalt errichtete. Mit dem Bau der Westbahn kamen dann auch adelige Gäste aus Wien, die vom Bahnhof Seekirchen mit Kutschen abgeholt wurden. Heute betreiben mehr als 60 Prozent der Bauern in Seeham eine ökologische und nach biologischen Grundsätzen ausgerichtete Landwirtschaft.

Matzing (Seeham)

Vorwahl: 06217

- **Drei Seen Galerie**, Matzing 14, ✆ 5594, ✆ 0664/4142734 In der Kunstgalerie werden laufend Bilder und Objekte renommierter Künstler in den verschiedensten Techniken präsentiert. @ xsd173

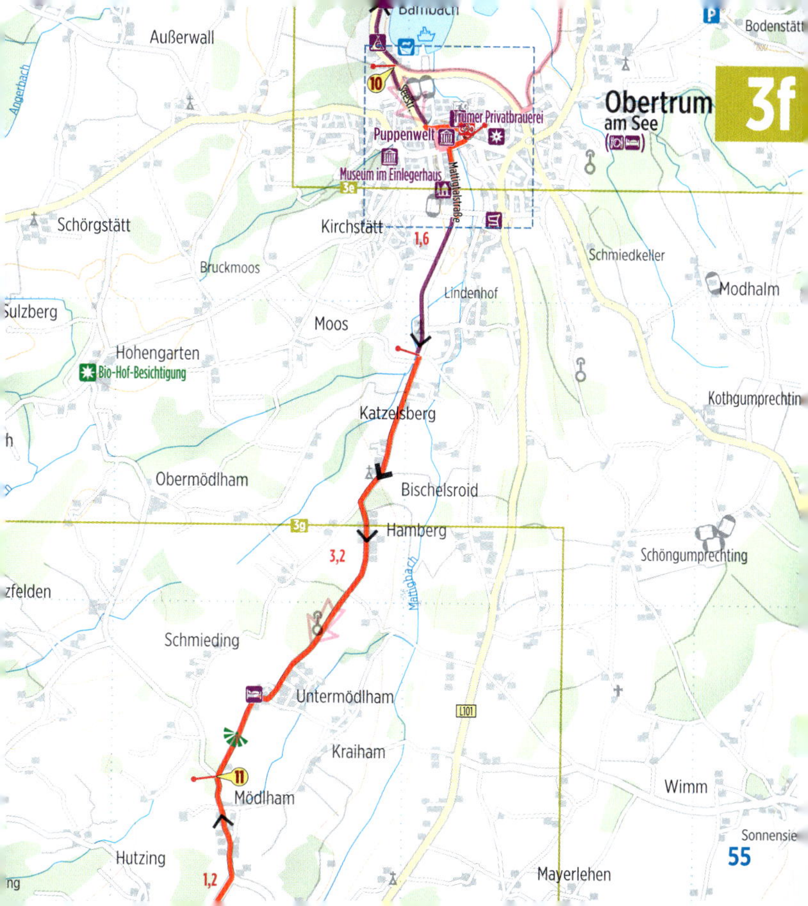
Bambach
Bodenstätt
Außerwall
Angerbach
10
Seestr.
Trumer Privatbrauerei
Obertrum
am See
3f
Puppenwelt
Museum im Einlegerhaus
3e
Mattigtalstraße
Schörgstätt
Kirchstätt
1,6
Schmiedkeller
Bruckmoos
Lindenhof
Modhalm
Sulzberg
Moos
Hohengarten
Bio-Hof-Besichtigung
Kothgumprechting
Katzelsberg
Obermödlham
Bischelsroid
3g
Hamberg
3,2
Schöngumprechting
Mattigbach
zfelden
Schmieding
Untermödlham
L101
Kraiham
11
Mödlham
Wimm
Sonnensie
Hutzing
1,2
Mayerlehen

✻ **Wildkar-Wasserfall und Kugelmühle,** Teufelsgraben, ✆ 0664/5327156 Der Wasserfall lässt den Teufelsgrabenbach über zwei Felsstufen in die Tiefe stürzen. Die Kugelmühle aus dem 16. Jh. ist eine von zwei noch funktionsfähigen und produzierenden Kugelmühlen im Land Salzburg. @ rin467

✻ **Naturerlebnisweg Teufelsgraben,** Tobelmühlstr. Auf 2,5 km informieren 17 Stationen über geologische und naturwissenschaftliche Besonderheiten, Highlight ist das Naturdenkmal Wildkarwasserfall.

✻ **Hochseilpark Seeham,** Tobelmühlstr. 25, ✆ 29029 Erlebnis für Groß und Klein bei 7 Parcours in 5 Ebenen und der 600 m langen Europarutsche in 45 m Höhe. @ jwm126

10 Obertrum am See

Vorwahl: 06219

Tourismusbüro, Schulstr. 2, ✆ 6307, @ xsp781

Museum im Einlegerhaus, Kirchstättstr. 23, ✆ 6582, ✆ 0676/7256374 Themen: Bauernkeramik, Flachsverarbeitung, Rauchkuchl u. v. m. @ ddx174

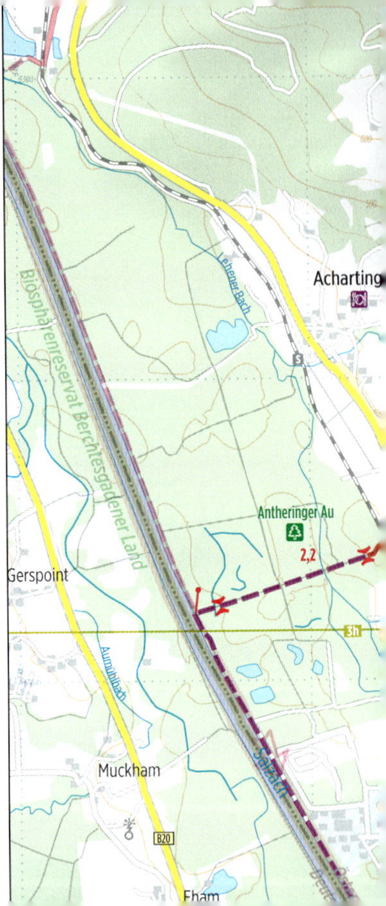

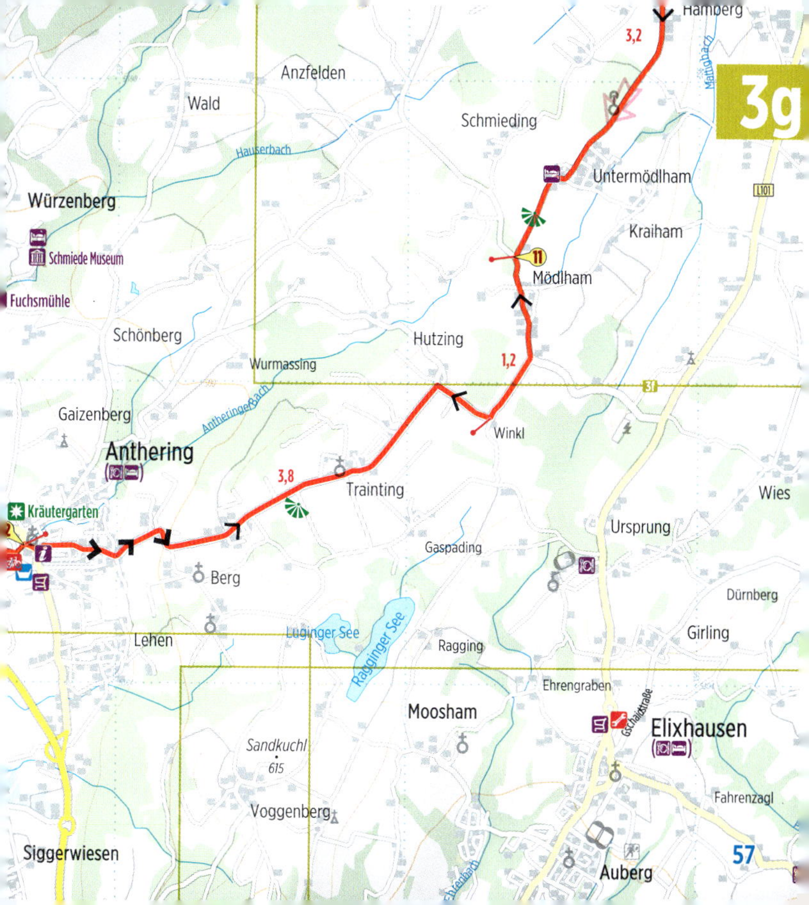
Hamberg
3,2
3g
Matigbach
Anzfelden
Wald
Schmieding
Hauserbach
Untermödlham
L101
Würzenberg
Schmiede Museum
Kraiham
11
Mödlham
Fuchsmühle
Schönberg
Hutzing
Wurmassing
1,2
31
Antheringerbach
Gaizenberg
Winkl
Anthering
3,8
Trainting
Wies
Kräutergarten
Ursprung
Gaspading
Berg
Dürnberg
Lehen
Luginger See
Ragginger See
Ragging
Girling
Ehrengraben
Moosham
Gschaidstraße
Elixhausen
Sandkuchl
615
Fahrenzagl
Voggenberg
Siggerwiesen
Auberg
Ehrenbach

Puppenwelt, Mattigpl. 2, ✆ 6307, ✆ 0664/4304723 Thema: Porzellanpuppen und Kunsthandwerk. @ lak714

Bio-Hof-Besichtigung, Hohengarten 3, ✆ 6291 Führungen durch den landw. Bio-Betrieb; Backstube, Milchverarbeitung, Rinder-, Schweine- und Hühnerhaltung, Streuobstwiese und das traditionelle Bauernhaus. Hofladen. @ amb546

Anthering, Pfarrkirche

Trumer Privatbrauerei, Brauhausg. 2, ✆ 74110 Führung durch die Trumer Welt der Pilsbiere mit Verkostung. @ dmb342

Strandbad, Seestr. 8, ✆ 6435, @ sar621

11 Mödlham (Seekirchen am Wallersee)

12 Anthering s. S. 95

Bergheim

Vorwahl: 0662

Welt der Gifte, Metzgerstr. 54A, ✆ 0677/63421700 Im kleinsten Zoo Österreichs erfahren Sie etwas über Gifte in Alltag, Medizin und Weltgeschichte und können Giftnattern und Skorpione sehen. @ lmc557

Bergxi, Iselstr. 20, ✆ 451592, @ ood124

13 Itzling (Salzburg)

Vorwahl: 0662

Wallfahrtsbasilika Maria Plain, Plainbergweg 38, ✆ 4501940. Die Wallfahrtskirche wurde 1674 eingeweiht, 1952 wurde sie durch Papst Pius XII. zur Basilica minor erhoben. @ itt136

3h
Muckham
euhaberland
B20
Eham
3g
Salzach
Siggerwiesen
Vogg
Untereichet
Obereichet
Muntigler Hügel
405
Muntigl
Hochgitze
675
Hintergitzen
Salzburghofen
Freilassing
Fischach
6,5
B156
Bergheim
bei Salzburg
Fischach
Welt der Gifte
Mühlbach
Stadtmuseum
Lokwelt
Badesee
Hagenau
Salzach See
B155
1
13
0,4
59
3a
Bruch
Liefering

Tour 4 Trumer Seen Route 25,1 km

HM/km: ↗ 5,1 (127m) ↘ 5,1 (127m) Radweg: 48 % Unbefestigt: 4 % Verkehr: 3 %

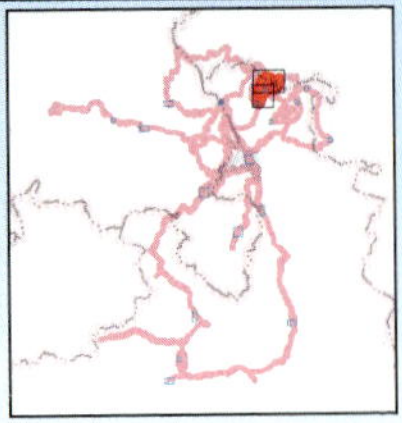

Eines der schönsten Gebiete des Salzburger Alpenvorlands ist das Trumer Seenland. Obertrumer See, Mattsee und Grabensee bilden landschaftlich eine harmonische Einheit. Die drei Seen sind im Sommer ein wahres Freizeitparadies. Die Tour startet in Mattsee und führt gegen den Uhrzeigersinn entlang des Ostufers vom Mattsee nach Wichenham. Sie fahren über weitläufige Felder nach Gransdorf und weiter durch den Wald entlang des unverbauten Grabensees nach Seeham. Vorbei an kleinen Feldern und Wiesen geht es nach Obertrum. Entlang der Südseite des Obertrumer Sees gelangen Sie schließlich zurück zum Ausgangspunkt in Mattsee.

Charakteristik

Start/Ziel: Mattsee

Wegbeschaffenheit: Die Route verläuft auf asphaltierten Radwegen und Straßen, nur ein kurzes Stück beim Mattsee führt sie auf einem Feldweg.

Verkehr: Im Sommer ist rund um die Seen erhöhtes Verkehrsaufkommen möglich, kurze Stücke fahren Sie auf Hauptstraßen.

Beschilderung: Als Trumer Seen Route ausgeschildert.

Steigungen: Anfangs geht es etwas kräftiger bergauf, danach birgt die Tour nur wenige leichte Steigungen.

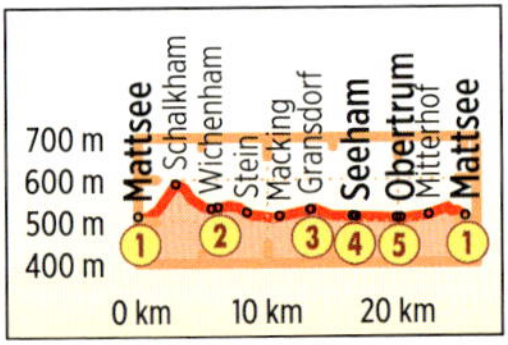

An- und Abreise: Der Regionalbus 120 verkehrt zwischen Salzburg Hbf. und Mattsee.

Anschlusstour(en): 3, 5, 7, 12

1 Mattsee

Vorwahl: 06217

Tourismusbüro Mattsee, Passauer Str. 30, im fahr(T)raum - Gebäude, ✆ 6080, @ dhh114

Seenland Schifffahrt, Seestr. 23, ✆ 5432 Die „Seenland" befährt die zwei durch die Johannisbrücke verbundenen Seen, Mattsee und Obertrumer See. @ wxc285

Stiftsmuseum, Stiftspl. 1, ✆ 5202 Das Museum informiert über die Schätze, die Kunst und die Geschichte des Stiftes. Zu sehen sind Urkunden, eine Bibliothek, ein eingerichtetes Tafelzimmer, sowie sakrale Kunst. @ bul358

Stift Mattsee, Stiftspl. 1, ✆ 5202. Das 740-50 erbaute Benediktinerkloster wurde von Tassilo von Bayern gegründet. Um 1765 wurde die Anlage spätbarock ausgebaut und mit einem Turm versehen. @ ncr671

Schloss Mattsee, Schlossberg 1, ✆ 59222. Erbaut wurde das Schloss um 1100 von Bischöfen aus Passau. Heute befinden sich das Schlosscafe und die Leonardo Kunstakademie darin. Der Milleniumsweg

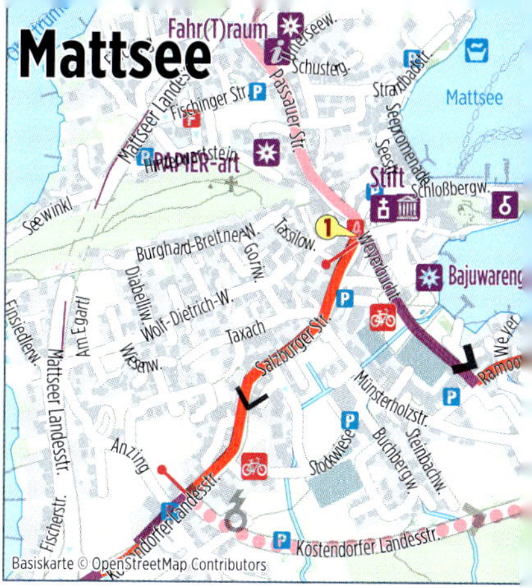

rund um den Schlossberg informiert mittels Schautafeln über die örtliche Natur- und Kulturgeschichte. @ hej176

Bajuwarengehöft, Weyerbucht 5, ✆ 0699/81520938. Das Gehöft mit Natur- und Kulturwerkstatt und Schaugarten veranschaulicht die Lebensweise der Bajuwaren von 500 bis 800 n. Chr. @ lkk236

Fahr(T)raum, Passauerstr. 30, ✆ 59232 In der Ferdinand Porsche Erlebniswelt erleben Sie Technik zum Angreifen, die

Besucher jeden Alters begeistert - Nostalgie und technischer Fortschritt in interaktiv gestalteten Räumen und einem eigenen Spielbereich für Kinder. @ snn328

- **PAPIER-art**, Passauer Str. 13, ✆ 0676/4863872, ✆ 0676/4401811 Herstellung von Pflanzenpapieren und in Handarbeit gefertigter Unikate. Workshops zum Papierschöpfen finden das ganze Jahr über statt. @ nhc176
- **Naturpark Buchberg**, Hiab 1, ✆ 0664/9682325. Themenwege, Keltengräber, E-Bike Touren, Baumhaus, Erlebnisführungen, Findlingspark, uvm. @ rui328
- **Strandbad**, Strandbadstr. 16, ✆ 788520, ✆ 0680/5004820, @ qrp166

Die ersten Besiedelungen von Mattsee lassen sich bis in die Jungsteinzeit zurückverfolgen. Das Stift wurde 770 vom Bayernherzog Tassilo III. gegründet und im 11. Jh. in ein weltpriesterliches Collegiatstift umgewandelt. Mattsee entwickelte sich später zu einem Tourismusort. 1869 wurden die ersten Seebadkabinen und ein Jahr spä-

4a
Heming
Eidenham
Astätt
Mundenham
kreith
Elexlochen
Hiltenwiesen
Macking
Rödhausen
Singham
Wichenham
Rackersing
Niedertrum
Haag
Stein
Gebertsham
Aug
Hl. Kreuz
llhof
Dirnham
Mattsee
Reitsham
4b
Ramoos
Saulach
Mattsee
Obernberg
Stift
Bajuwarengehöft
Schalkham
Leitgermoos
Weyer
Großegelsee
63
Wallsberg

Mattsee

ter das Wallmansbad errichtet. Daraufhin besuchten die ersten Sommergäste den Ort, um hier ihren Urlaub zu verbringen. Nachdem 1903 das Moorbad eröffnet wurde, folgte 1928 das Strandbad. 1935 wurde Mattsee schließlich zum Markt erhoben. Heute ist Mattsee ein beliebter Badeort, der durch die Nähe zur Stadt Salzburg einen besonderen Kulturschwerpunkt entwickelt hat. Highlights sind der Diabelli-Sommer und die Schlossbergspiele.

Gebertsham (Lochen am See)

Hl. Kreuz Nach Freilegung der Wandmalereien und mit dem Flügelaltar des Meisters Gordian Guckh stellt der Sakralbau (um 1500) ein gotisches Kulturdenkmal dar. @ nfc883

Strandbad, ✆ 0664/5855568, @ obh248

2 Wichenham (Lochen am See)

Stein (Lochen am See)

Singham (Palting)

Rödhausen (Perwang am Grabensee)

Edt (Perwang am Grabensee)

Strandbad, Edt 4, ✆ 06217/8288, @ cpw731

3 Gransdorf (Berndorf bei Salzburg)

TIPP 3 Hier können Sie mit Tour 12, der Bajuwaren Tour, fortsetzen oder einen Abstecher nach Perwang (s. S. 177) machen.

Fraham (Seeham)

Seeham

Vorwahl: 06217

Tourismusverband, Dorf 12, ✆ 5493, @ jwp871

Steiner Nautic, Seestr. 23, ✆ 5432. Linienschifffahrt Mattsee-Seeham-Obertrum-Seeham-Mattsee, es sind auch Teilstrecken möglich. @ ctf748

Strandbad, Dorf 12, ✆ 5493, @ lfn264

Seeham kann auf eine über 150-jährige Tourismustradition zurückblicken. Bereits Mitte des 19. Jahrhunderts kamen Gäste zu den „Anwendkuren" des „Wunderdoktors" David Schwarz. Der Zustrom Heilungs- und Erholungssuchender führte zum Bau der ersten Hotelpension im Flachgau (heute Dorfwirtshaus Eberl). Diese gehörte Josef Sigl, Besitzer des Altwirts und Begründer des Fremdenverkehrs, der 1870 die erste Badeanstalt errichtete. Mit dem Bau der Westbahn kamen dann auch adelige Gäste aus Wien, die vom Bahnhof Seekirchen mit Kutschen abgeholt wurden. Heute betreiben mehr als 60 Prozent der Bauern in Seeham eine ökologische und nach biologischen Grundsätzen ausgerichtete Landwirtschaft.

Matzing (Seeham)

Vorwahl: 06217

Drei Seen Galerie, Matzing 14, ✆ 5594, ✆ 0664/4142734 In der Kunstgalerie werden laufend Bilder und Objekte renommierter Künstler in den verschiedensten Techniken präsentiert. @ xsd173

Wildkar-Wasserfall und Kugelmühle, Teufelsgraben, ✆ 0664/5327156 Der Wasserfall lässt den Teufelsgrabenbach über zwei Felsstufen in die Tiefe stürzen.

Mattsee

Die Kugelmühle aus dem 16. Jh. ist eine von zwei noch funktionsfähigen und produzierenden Kugelmühlen im Land Salzburg. @ rin467

Naturerlebnisweg Teufelsgraben, Tobelmühlstr. Auf 2,5 km informieren 17 Stationen über geologische und naturwissenschaftliche Besonderheiten, Highlight ist das Naturdenkmal Wildkarwasserfall.

Hochseilpark Seeham, Tobelmühlstr. 25, ✆ 29029 Erlebnis für Groß und Klein bei 7 Parcours in 5 Ebenen und der 600 m langen Europarutsche in 45 m Höhe. @ jwm126

4 Obertrum am See s. S. 56

Mitterhof (Mattsee)

1 Mattsee s. S. 61

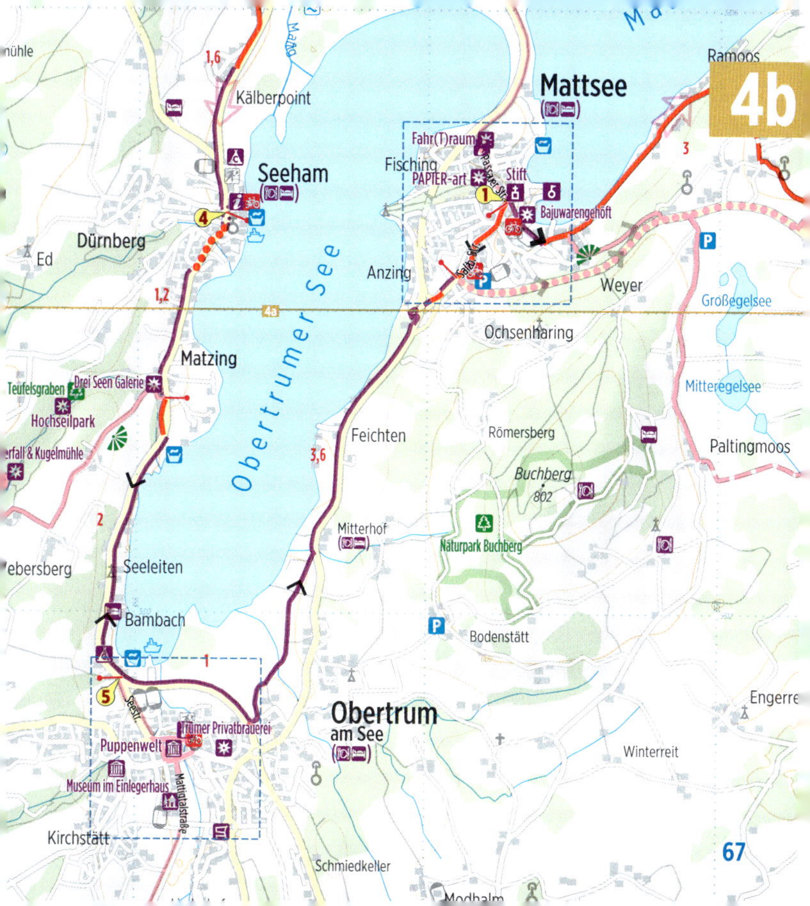

4b
Mattsee
Ramoos
Seeham
Kälberpoint
Dürnberg
Ed
Fahr(T)raum
Fisching
PAPIER-art
Stift
Bajuwarengehöft
Passauer Str.
Salzb. Str.
Anzing
Weyer
Großegelsee
Obertrumer See
Ochsenharing
Matzing
Drei Seen Galerie
Teufelsgraben
Hochseilpark
Mitteregelsee
Feichten
Römersberg
Paltingmoos
Buchberg
802
Naturpark Buchberg
Mitterhof
Seeleiten
Bambach
Bodenstätt
Obertrum
am See
Engerre
Trumer Privatbrauerei
Puppenwelt
Museum im Einlegerhaus
Mattigtalstraße
Seestr.
Winterreit
Kirchstätt
Schmiedkeller
Modhalm
1,6
1,2
3,6
2
1
3
4a

Tour 5 Tannberg Runde 33,8 km

HM/km: ↗ 6,3 (212m) ↘ 6,3 (212m) Radweg: 15 % Unbefestigt: 6 % Verkehr: 4 %

Am Fuße bzw. auf halber Höhe des Tannberges radeln Sie an der Grenze von Salzburg und Oberösterreich um den Tannberg herum. Ab Köstendorf geht es über grüne Wiesen nach Enharting auf die Ostseite des bewaldeten Berges und von hier weiter nach Lengau und Lochen am See. Danach führt der Weg an der Südseite des Mattsees durch Reitsham, Schalkham und Guglmoos vorbei an den Egelseen nach Schleedorf. Schließlich fahren Sie über die Fischachmühle zurück nach Köstendorf.

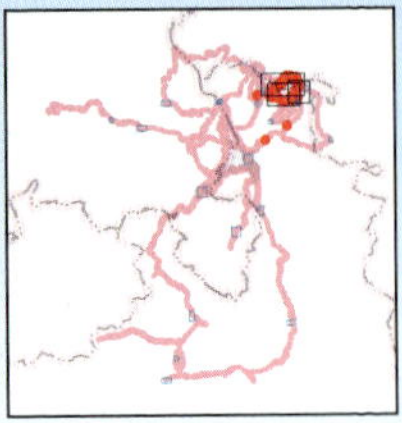

Charakteristik

Start/Ziel: Bhf. Neumarkt/Köstendorf

Wegbeschaffenheit: Die Route verläuft großteils auf asphaltierten Straßen und Radwegen, nur zwei kurze Teilstücke sind unbefestigt.

Verkehr: Der Radweg verläuft abseits der Hauptverkehrsstraßen auf wenig befahrenen Land- und Gemeindestraßen. Nur bei Mattsee ist mit erhöhtem Verkehrsaufkommen zu rechnen.

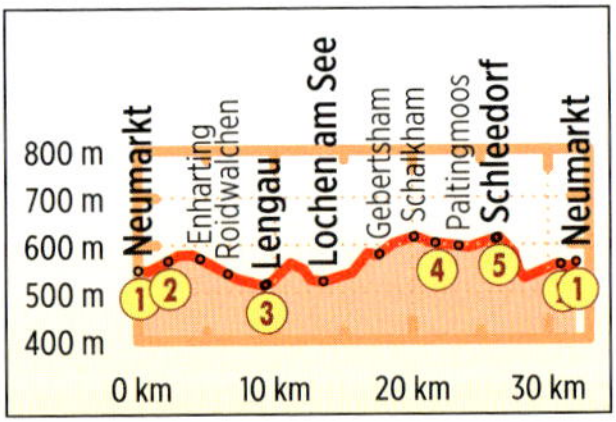

Beschilderung: Durchgängig beschildert mit dem Tannberg Runde-Logo.

Steigungen: Die Strecke birgt einige, teils auch kräftige, Steigungen.

An- und Abreise: Die Bahn fährt in etwa 20 min. von Salzburg Hbf. nach Neumarkt/ Köstendorf.

Anschlusstour(en): 3, 4, 7

1 Bhf. Neumarkt/Köstendorf

2 Klein Köstendorf (Köstendorf)

3 Lengau

Riesenmuseum, Lengauer Hauptstr. 22, ✆ 0664/73556388, ✆ 0664/5978310 Mit seinen 2,58 m war der Riese Franz Winkelmeier der größte Mensch der Welt und lebte von 1860 bis 1887. Das Heimathaus, der Riesenweg mit 6 Gedenktafeln und das Grab erzählen seine Lebensgeschichte. @ pgt261

Pfarrkirche, Kirchenweg. Die im Kern gotische Kirche (1440) wurde 1640-50 im Stil der Renaissance erneuert. @ ims883

4 Lochen am See

Vorwahl: 07747

Tourismusbüro, Ringstr. 14, ✆ 8255, @ mrp717

Feldbach (Lochen am See)

Gebertsham (Lochen am See)

Hl. Kreuz Nach Freilegung der Wandmalereien und mit dem Flügelaltar des Meisters Gordian Guckh stellt der Sakralbau (um 1500) ein gotisches Kulturdenkmal dar. @ nfc883

Strandbad, ✆ 0664/5855568, @ obh248

Lengau, Pfarrkirche

Reitsham (Lochen am See)

TIPP

5 Wenn Sie Mattsee besichtigen wollen, radeln Sie hier geradeaus weiter.

6 Schleedorf

Vorwahl: 06216

Tourismusverband, Dorf 95, ✆ 4100, @ noq828

Puppenfenster, Dorfpl. „Kleider machen Leute" nennt sich das künstlerisch anspruchsvoll gestaltete Puppenfenster am Dorfplatz, das von außen ganzjährig frei

Blick zum Wallersee vom Tannberg

zu besichtigen ist. 60 ausdrucksstarke, bewegliche Tonpuppen vermitteln auf amüsante Weise den Werdegang unserer „zweiten Haut". @ kim821

Wimmer schneidert, Dorf 96, ✆ 6562 Vom Dirndl über die Festtagstracht bis hin zur sämischgegerbten, handbestickten Lederhose wird alles nach Maß gefertigt. Besucher können den Schneiderinnen über die Schulter schauen und sich über Tracht informieren. @ nre513

Tiefsteinklamm (24) Die romantische Tiefsteinklamm mündet in einen beeindruckenden Wasserfall. @ kog263

Fischachmühle Köstendorf

Vorwahl: 06216

Tourismusbüro, Kirchenstr. 5, ✆ 531320, ✆ 0664/4535478, @ lvv153

Heimatmuseum Kohbauernhaus, Museumsstr. 2, ✆ 6554, ✆ 0699/10779597 Das Museum bietet Informationen über

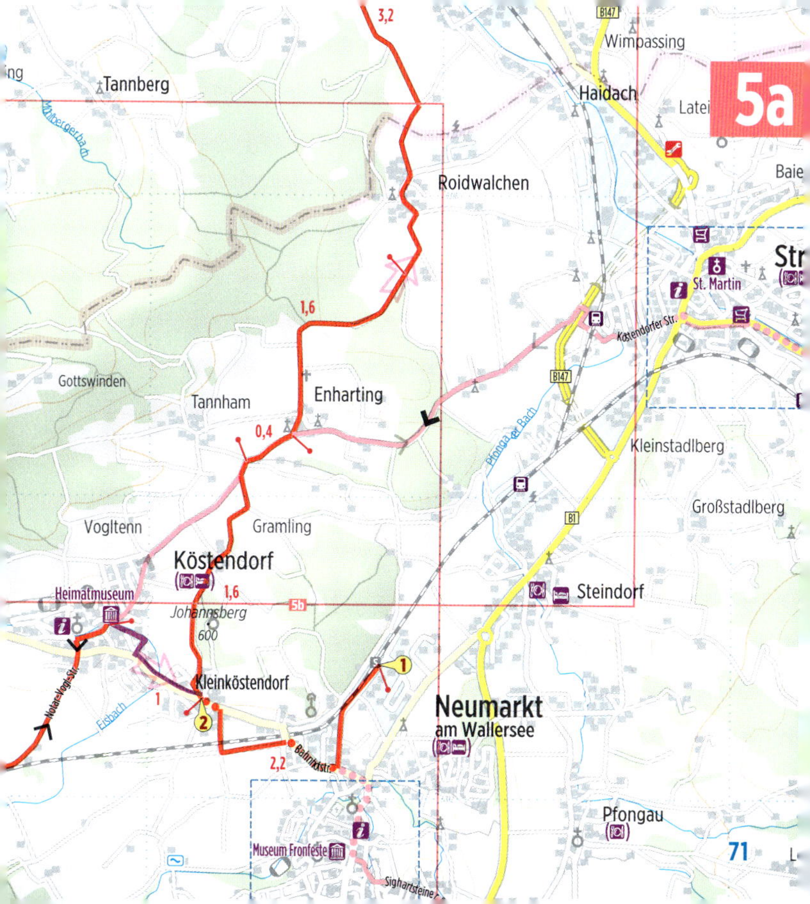

5a
3,2
Tannberg
Wimpassing
Haidach
Latei
Mühlbergerbach
Roidwalchen
Baie
Str
St. Martin
Köstendorfer Str.
B147
1,6
Gottswinden
Tannham
Enharting
0,4
Kleinstadlberg
Pfongauer Bach
Großstadlberg
B1
Vogltenn
Gramling
Köstendorf
1,6
Heimatmuseum
Johannsberg
600
5b
Steindorf
Kleinköstendorf
1
2
Notar-Vogl-Str.
Eisbach
1
Neumarkt
am Wallersee
2,2
Bahnhofstr.
Museum Fronfeste
Pfongau
Sighartsteiner

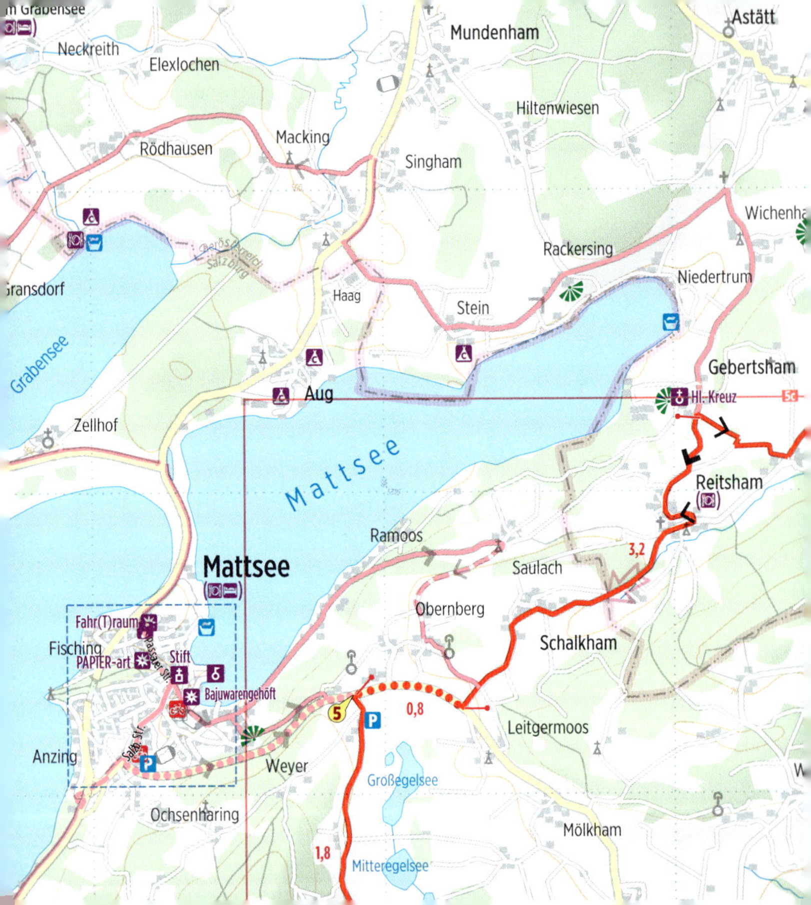

Grabensee
Neckreith
Elexlochen
Mundenham
Astätt
Hiltenwiesen
Macking
Rödhausen
Singham
Wichenha
Rackersing
Niedertrum
Haag
Stein
Gransdorf
Grabensee
Gebertsham
Aug
Hl. Kreuz
5c
Zellhof
Mattsee
Reitsham
Ramoos
3,2
Saulach
Mattsee
Obernberg
Fahr(T)raum
Schalkham
Fisching
Stift
PAPIER-art
Passauer Str.
Bajuwarengehöft
5
0,8
Leitgermoos
Salzb. Str.
Anzing
Weyer
Großegelsee
Ochsenharing
Mölkham
1,8
Mitteregelsee

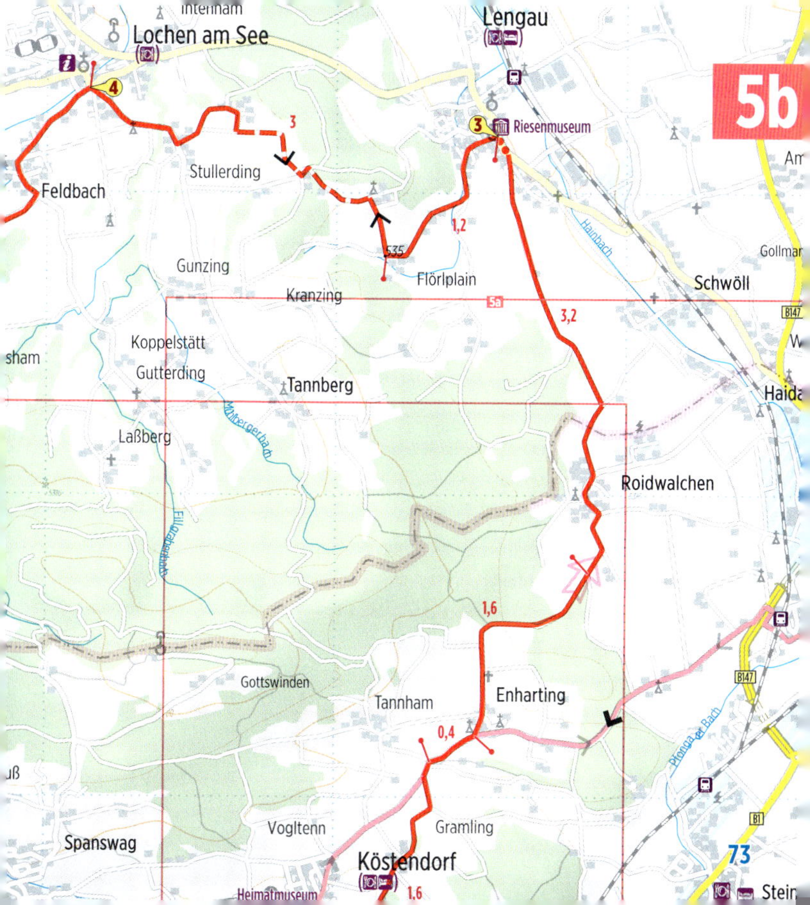

Lochen am See
Lengau
5b
Riesenmuseum
Stullerding
Feldbach
Gunzing
Flörlplain
Kranzing
Schwöll
Gollmar
Koppelstätt
Gutterding
Tannberg
Laßberg
Hainbach
Mühlbergerbach
Roidwalchen
Haida
Gottswinden
Tannham
Enharting
Spanswag
Vogltenn
Gramling
Köstendorf
Heimatmuseum
Stein
B147
B1
73
3,2
1,2
1,6
0,4
535
5a

die Geschichte von Köstendorf, den Maler Joseph Mösl, Handwerk, Trachten, Jagd, landwirtschaftliche Geräte und die Volkskunst. @ pty222

Dekanatspfarrkirche, Am Dechanthof 1, ✆ 5308. Die im 15. Jh. errichtete Kirche war vom Spätmittelalter bis ins 18. Jh. eine bedeutende Marien-Wallfahrtskirche. @ afj822

Wenger Moor, Weng 4, ✆ 0664/1431008. Das Natur- und Vogelschutzgebiet ist das größte naturnah erhaltene Moorgebiet des Salzburger Alpenvorlandes. Es stellt ein wichtiges Brut- und Rastgebiet für unzählige Vogelarten dar und beheimatet gefährdete Pflanzenarten. Tipp: geführte Wanderung. @ gsa321

2 Klein Köstendorf (Köstendorf)

1 Bhf. Neumarkt/Köstendorf

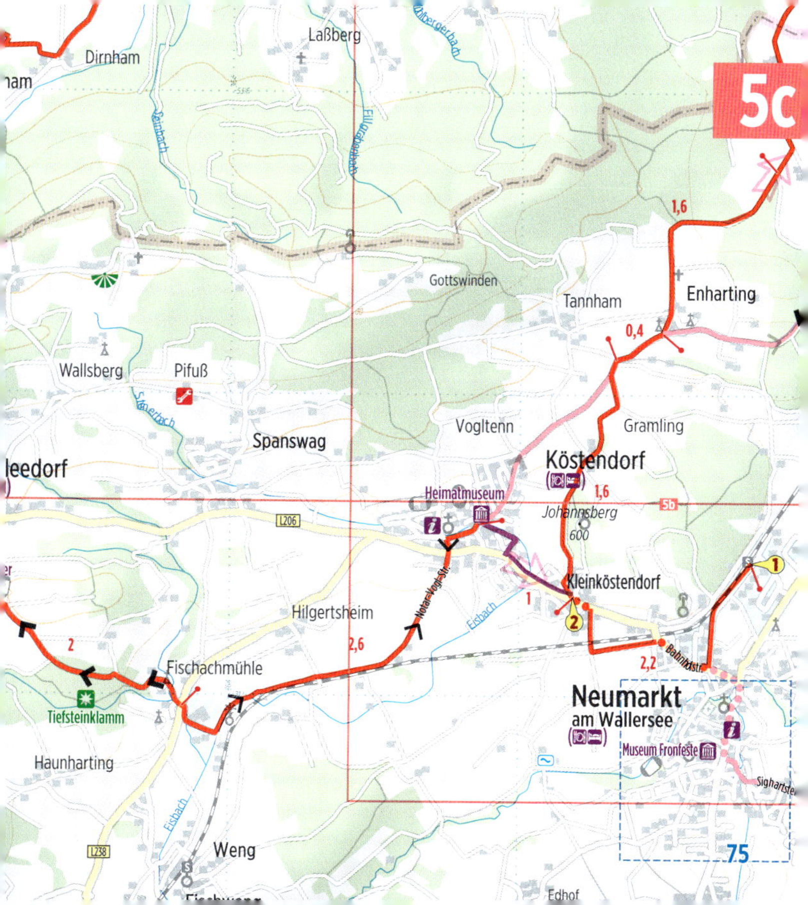
5c
Laßberg
Dirnham
ham
Gottswinden
Tannham
Enharting
1,6
0,4
Wallsberg
Pifuß
Spanswag
Vogltenn
Gramling
Köstendorf
leedorf
Heimatmuseum
1,6
Johannsberg
600
5b
L206
Kleinköstendorf
1
2
Hilgertsheim
Notar-Vogl-Str.
Eisbach
2,6
2
Fischachmühle
Tiefsteinklamm
2,2
Bahnhofstr.
Neumarkt
am Wallersee
Museum Fronfeste
Haunharting
Sighartste
L238
Eisbach
Weng
Edhof
75

Tour 6 Wallersee Rundweg 19,9 km

HM/km: ↗ 4,9 (97m) ↘ 4,9 (97m) **Radweg:** 29 % **Unbefestigt:** 32 % **Verkehr:** 0 %

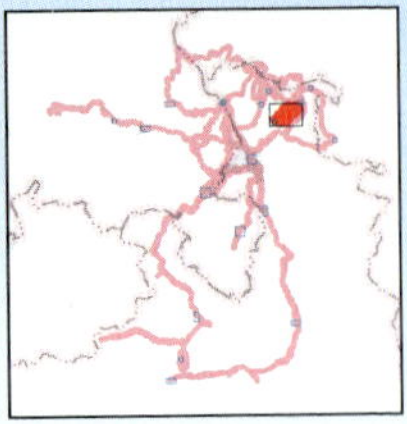

Der Wallersee ist der wärmste Badesee des Salzburger Alpenvorlandes. Im Sommer ist er ein bevorzugter Ausflugsort der Salzburger. Aber auch die ihn umgebende sanfthügelige Landschaft hat ihren eigenen Reiz. Die Tour beginnt am Westufer des Sees und führt nach Zell. Über Felder geht es nach Huttich zum Wenger Moor und weiter über Maierhof zur Ostbucht des Sees. Über Seebrunn und Fischtaging radeln Sie schließlich zurück nach Seekirchen.

Charakteristik

Start/Ziel: Seekirchen

Wegbeschaffenheit: Die Route verläuft auf asphaltierten Radwegen, Nebenstraßen und unbefestigten Waldwegen.

Verkehr: Sie fahren durchwegs auf ruhigen Radwegen und Straßen ohne nennenswertes Verkehrsaufkommen.

Beschilderung: Die Tour ist als Wallersee Rundweg ausgeschildert.

Steigungen: Die Strecke verläuft bis auf einen leichten Anstieg bei Enzing nahezu steigungsfrei.

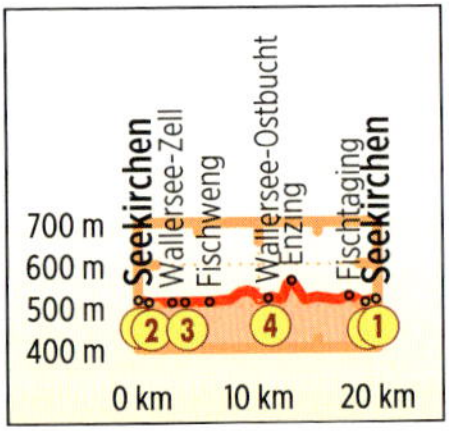

An- und Abreise: Die S-Bahn und die Regionalbahn fährt in rund 10 min von Salzburg Hbf. nach Seekirchen.

Anschlusstour(en): keine

1 Seekirchen am Wallersee

Vorwahl: 06212

- **Tourismusverband**, Stiftsg. 1, ✆ 4035, @ hvy157
- **Stiftspfarrkirche**, Stiftsg. 4, ✆ 7117. Der dreischiffige barocke Bau wurde 1669 von Antonio Dario nach einem Brand neu erbaut. @ lei815

TIPP **2** Der Rundweg führt Sie entlang der **Seebadstraße** und im Uhrzeigersinn um den Wallersee herum.

Seewalchen

- **Schloss Seeburg**, Seeburgstr. 8. Der Bau besitzt eine Ringmaueranlage mit 4 runden Ecktürmen. Seine heutige Gestalt erhielt das Schloss 1752. Die Räumlichkeiten bieten Platz für über 750 Studenten der Privatuniversität Schloss Seeburg und das Standesamt.

3 Wallersee-Zell (Seekirchen am Wallersee)

- **Wenger Moor**, Weng 4, Köstendorf, ✆ 0664/1431008. Das Natur- und Vogelschutzgebiet ist das größte naturnah erhaltene Moorgebiet des Salzburger Alpenvorlandes. Es stellt ein wichtiges

Brut- und Rastgebiet für unzählige Vogelarten dar und beheimatet gefährdete Pflanzenarten. Tipp: geführte Wanderung. @ gsa321
- **Naturstrandbad**, Bayerham 44, @ hna868

4 Wallersee-Ostbucht (Neumarkt am Wallersee)

Vorwahl: 06216

- **Seeleben**, Uferstr. 3, ✆ 0660/9442233, @ amn272

Strandbad Seehotel, Thalham 12, ✆ 5270, @ uju343

Bootsvermietung, Hafenpromenade 3, ✆ 0664/5226851, @ fkt475

Fenning (Henndorf am Wallersee)

Vorwahl: 06214

Seebad Henndorf, Fenning 7b, Henndorf am Wallersee, ✆ 8204, ✆ 0664/5808307, @ mhm711

Fischtaging (Seekirchen am Wallersee)

TIPP **2** Am Ende des **Kapellenweges** links und zurück zum Bahnhof von Seekirchen.

1 Seekirchen am Wallersee s. S. 77

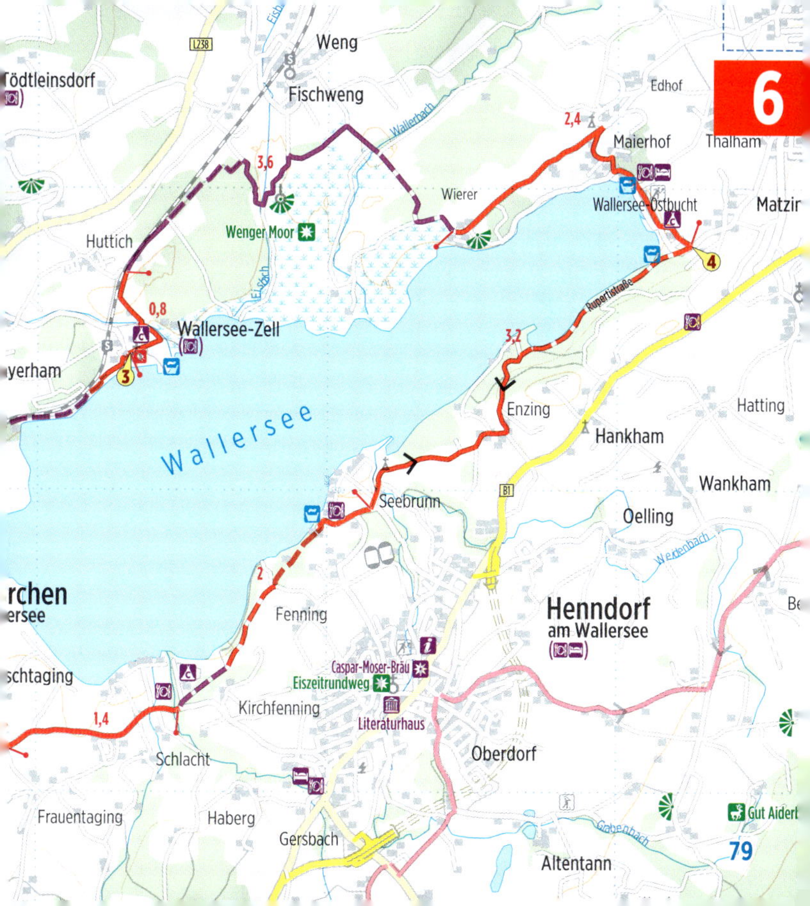

6
Weng
Fischweng
Tödtleinsdorf
L238
Edhof
2,4
Maierhof
Thalham
3,6
Wallerbach
Wierer
Wallersee-Ostbucht
Matzir
Huttich
Wenger Moor
Eisbach
0,8
Wallersee-Zell
yerham
Rupertistraße
3,2
Wallersee
Enzing
Hatting
Hankham
Wankham
Seebrunn
B1
Oelling
Weidenbach
2
rchen
ersee
Fenning
Henndorf
am Wallersee
Be
schtaging
Caspar-Moser-Bräu
Eiszeitrundweg
Kirchfenning
Literaturhaus
1,4
Schlacht
Oberdorf
Frauentaging
Haberg
Gersbach
Grabenbach
Gut Aiderb
Altentann

Tour 7 Salzkammergutradweg 97,5 km

HM/km: ↗ 6,1 (595m) ↘ 6,1 (595m) Radweg: 39 % Unbefestigt: 5 % Verkehr: 2 %

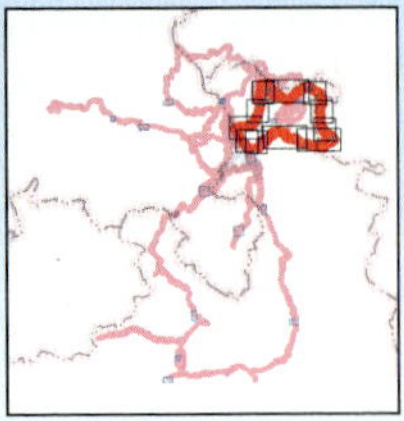

Kaiserliche Orte, kristallklare Seen und eindrucksvolle Naturschauspiele begleiten Sie auf dieser Tour, die an den Ufern des Obertrumer Sees, des Mattsees, des Irrsees und Mondsees entlangführt. Beginnend in Salzburg radeln Sie über Eugendorf und Thalgau zum Mondsee. Am Westufer des Irrsees entlang geht es weiter nach Oberhofen am Irrsee. Über Straßwalchen fahren Sie nun zum Mattsee und in Folge entlang des Westufers vom Obertrumer See nach Obertrum. Über Mödlham und Anthering geht es zur Salzach und entlang dieser zurück zum Ausgangspunkt, Itzling.

Charakteristik

Start/Ziel: S-Bhf. Salzburg Maria Plain-Plainbrücke in Itzling

Wegbeschaffenheit: Die Route verläuft auf asphaltierten Radwegen und Straßen.

Verkehr: Sie sind meist auf ruhigen Radwegen und verkehrsarmen Straßen unterwegs. Auf wenigen Etappen fahren Sie im Verkehr auf Bundes- oder Landstraßen.

Beschilderung: Durchgängig beschildert mit grünen Schildern mit weißem Rad.

Steigungen: Die Strecke birgt einige, teils auch kräftigere, Steigungen.

An- und Abreise: S 1, S 2

Anschlusstour(en): 1, 2, 3, 4, 5, 8, 12

1 Itzling (Salzburg)

Vorwahl: 0662

Wallfahrtsbasilika Maria Plain, Plainbergweg 38, ✆ 4501940. Die Wallfahrtskirche wurde 1674 eingeweiht, 1952 wurde sie durch Papst Pius XII. zur Basilica minor erhoben. @ itt136

TIPP **2** Nach Unterquerung von Bahn und Straße geht es links in den Radweg entlang der Landstraße.

Oberesch (Hallwang)

3 Eugendorf

Vorwahl: 06225

Tourismusverband, Salzburger Str. 7, ✆ 8424, @ pao828

Pfarrkirche St. Martin, Dorf 21, ✆ 8217. Die 1736/37 erneuerte Kirche geht auf das Jahr 788 zurück. Die Kreuzigungsgruppe stammt vom Barockbildhauer Meinrad Guggenbichler. @ vnl734

Die älteste urkundliche Erwähnung von Eugendorf stammt aus dem Jahr 736 und erfolgte unter Herzog Hubert von Bayern. Vor allem während des Hochmittelalters siedelten in Eugendorf viele verschiedene Adelsgeschlechter Im 12. Jahrhundert sowie im 20. und 21. Jahrhundert nahm die Bevölkerung stark zu. Eugendorf erlebte daraufhin einen starken wirtschaftlichen Aufschwung, indem sich viele Firmen hier ansiedelten. Heute gilt Eugendorf, nachdem es 1987 zur Marktgemeinde ernannt wurde, als das „Tor nach Salzburg". Es ist ein beliebtes Golferparadies, da es zwei der

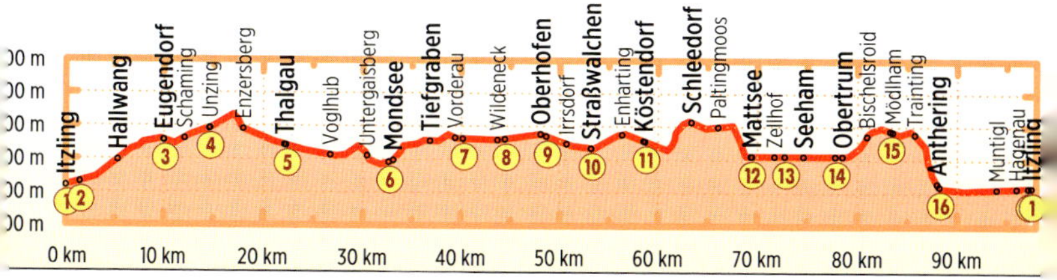

schönsten und modernsten Golfanlagen Österreichs zu bieten hat. Für Sportbegeisterte werden hier aber noch viele weitere Aktivitäten wie z. B. Reiten, Radfahren, Tennis, Squash und Kegeln geboten. Auch die Pflege des Brauchtums wird hier groß geschrieben: während des Sommers finden Platzkonzerte und Straßentheater statt, außerdem werden verschiedene Feste und kulinarische Veranstaltungen abgehalten.

Schaming (Eugendorf)

4 Unzing (Eugendorf)

TIPP
4 Hier können Sie mit Tour 3, der Seen-Runde fortsetzen.

Unterdorf (Thalgau)

5 Thalgau

Vorwahl: 06235

- **Tourismusverband**, Marktpl. 4, ✆ 73500, @ xdd628
- **Dekanatskirche**, Marktpl. 1, ✆ 7227. Die 1745-55 erbaute barocke Kirche von Tobias Kendler entstand an Stelle von 7 Vorgängerkirchen. @ uny554
- **Freibad Thalaguna**, Sportplatzstr. 39 , ✆ 5521, @ uon871

Thalgau wurde 788 erstmals als „Talgove" urkundlich erwähnt. In der Zeit des Dreißigjährigen Krieges war der Ort ein wichtiges Zentrum der Landesverteidigung, da der Erzbischof Paris Graf von Lodron ein Rüsthaus errichtete, in dem das Waffenlager untergebracht wurde. Nachdem Thalgau im Laufe der Jahre immer größer wurde, erfolgte 1976 die Ernennung zur Marktgemeinde. Auch heute noch ist das „Tor zum Salzkammergut" ein landwirtschaftlich geprägter Ort, der sich zudem zu einem beliebten Tourismus- und Naherholungsort entwickelt hat.

6 Mondsee

Vorwahl: 06232

- **Tourismusverband**, Dr. Franz Müller Str. 3, ✆ 2270, @ ldv256
- **Schifffahrt Hemetsberger**, Seebadstr. 1, ✆ 0664/4934684, @ rat861
- **Schifffahrt Meindl**, Robert-Baum-Promenade 1, ✆ 7412, ✆ 0676/6047644, @ mag348

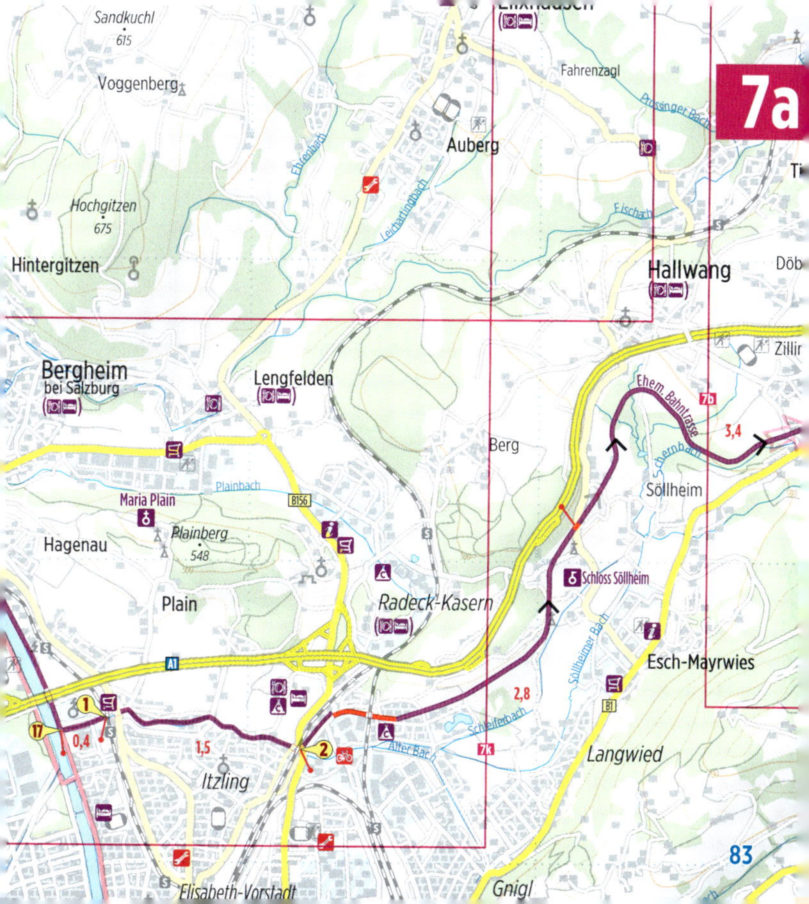
7a
Sandkuchl
615
Voggenberg
Fahrenzagl
Auberg
Prossinger Bach
Ehrenbach
Leichartingbach
Hochgitzen
675
Eischach
Hintergitzen
Hallwang
Döb
Zillir
Bergheim
bei Salzburg
Lengfelden
Ehem. Bahntrasse
7b
3,4
Berg
Schernbach
Plainbach
B156
Söllheim
Maria Plain
Plainberg
548
Hagenau
Schloss Söllheim
Plain
Radeck-Kasern
Söllheimer Bach
Esch-Mayrwies
A1
2,8
1
17
0,4
1,5
2
Schleiferbach
Alter Bach
7k
B1
Langwied
Itzling
Elisabeth-Vorstadt
Gnigl

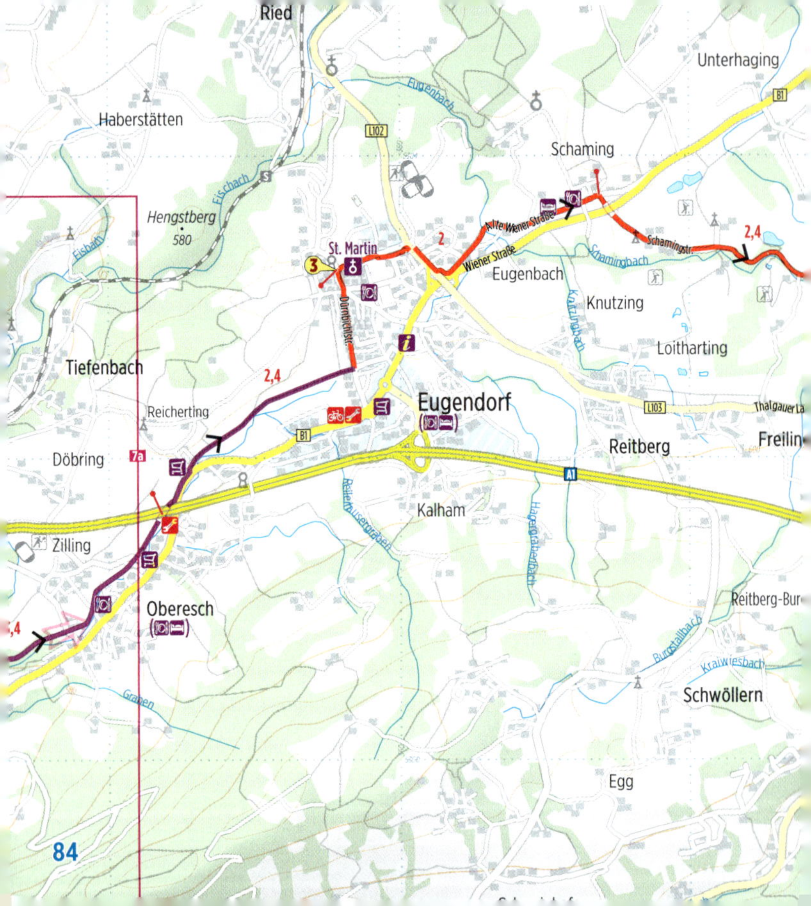
Ried
Unterhaging
Eugenbach
B1
L102
Haberstätten
Schaming
Fischach
Hengstberg
580
Alte Wiener Straße
Fisbach
St. Martin
3
2
Wiener Straße
Schamingstr.
2,4
Schamingbach
Eugenbach
Knutzing
Dörnbichlstr.
Kotzingbach
Tiefenbach
Loitharting
2,4
Eugendorf
Reicherting
L103
Thalgauer La
Reitberg
Freilin
Döbring
7a
B1
A1
Kalham
Zilling
Reitenhausergraben
Hagergrabenbach
Oberesch
Reitberg-Bur
Burgstallbach
Kraiwiesbach
Schwöllern
Graben
Egg
84

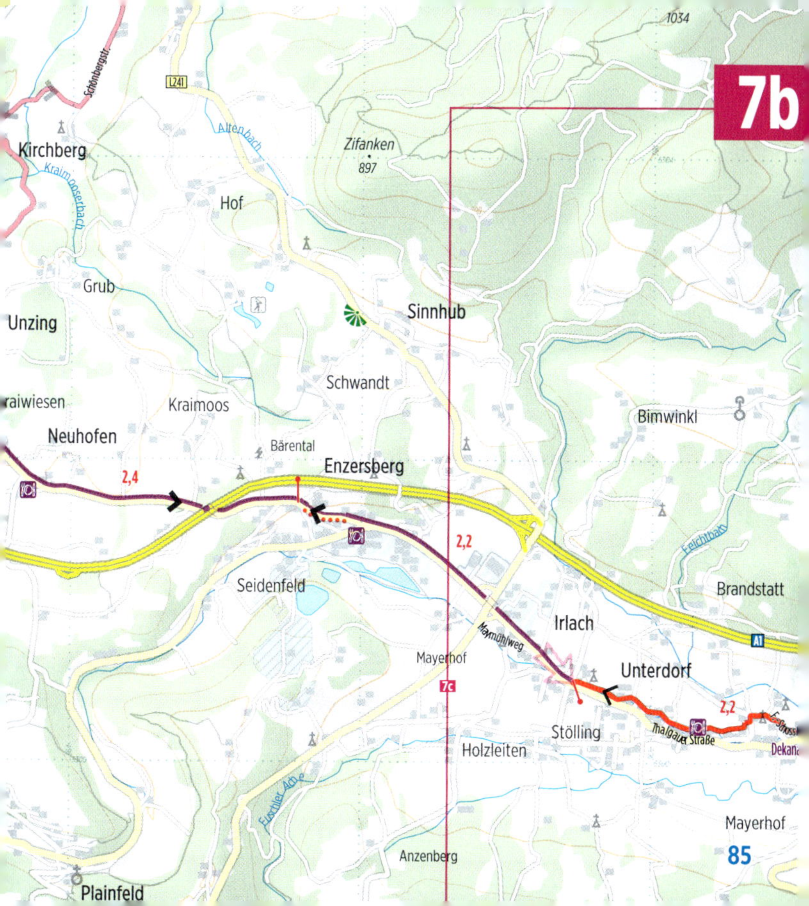

7b
1034
Schönbergstr.
L241
Altenbach
Zifanken
897
Kirchberg
Kraimooserbach
Hof
Grub
Unzing
Sinnhub
Schwandt
Kraimoos
Neuhofen
Bärental
Enzersberg
2,4
2,2
Seidenfeld
Bimwinkl
Brandstatt
Irlach
A1
Maymühlweg
Mayerhof
7c
Unterdorf
2,2
Stölling
Thalgauer Straße
Holzleiten
Fuschler Ache
Mayerhof
Anzenberg
Plainfeld

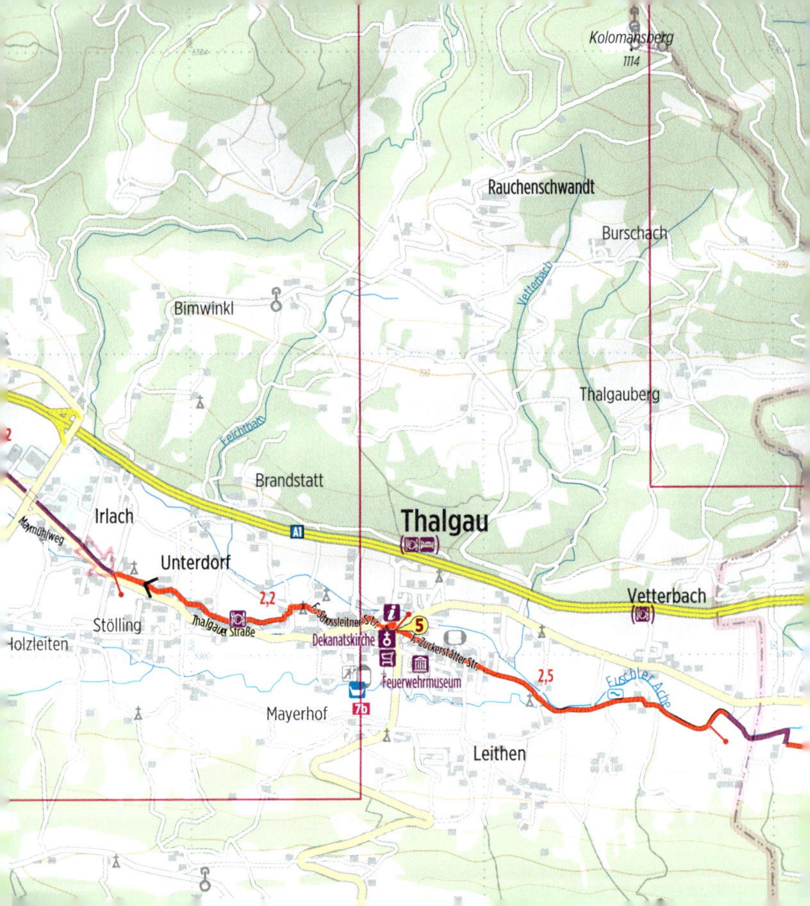

Kolomansberg
1114
Rauchenschwandt
Burschach
Vetterbach
Bimwinkl
Thalgauberg
Feichtbach
Brandstatt
Thalgau
A1
Irlach
Maymühlweg
Unterdorf
Vetterbach
2,2
Stölling
Thalgauer Straße
F.-Strossleitner-Str.
Dekanatskirche
5
F.-Zuckerstätter-Str.
Holzleiten
Feuerwehrmuseum
2,5
Fuschler Ache
7b
Mayerhof
Leithen

7c
Grueb
Kaltenhaus
Tiefgraben
Hof
Mühldorfstr.
5,2
B154
Neuhäusl
Berg
Ritzinger Bach
Weißenstein
Steinerbach
Vackla
Schlößl
Punzau
0,8
Herzog-Odilo-Str.
Gastach
Hauberg
Mondseeberg
1029
Lenderberg
Kufberg
Mondsee
Erlachmühle
Zeller Ache
Herned
1,5
Schloss Mondsee
Dr.-F.-Müller-Str.
Rainer Str.
6
Hilfberg
A1
Verkehrs- und Ischlerbahnmuseum
7d
Untergaisberg
Gaisberg
1,2
Niedernbach
B151
1,6
Höribach
1,2
Schwarzindien
Bergern
B154
Steiblhof
Bichl
Voglhub
Wagnermühle
Achort
Mondsee

Bauern- und Freilichtmuseum, Hilfberg 6 Das Holzblockhaus mit seinen dazugehörenden Nebengebäuden stellt eine verbreitete, vom Aussterben begriffene, Gehöftform dar. Im Museum veranschaulichen Originalgeräte, Bilder und Texte 6000 Jahre Landwirtschaft im Mondseeland. @ vyk286

Franztaler Heimatstube, Dr. Franz Müller Str. 3, ✆ 2102 Im alten Gemeindehaus wurde eine Franztaler Heimatstube, die alte Trachten, Textilien, Stickereien, Urkunden, alte Pläne und weitere Exponate der Volksgruppe zeigt, eingerichtet. @ vmu258

Mondsee, Basilika St. Michael

Pfahlbau- und Klostermuseum, Marschall-Wrede-Pl. 1 Die Geschichte der Pfahlbaukultur, der Schreibschule und des 748 gegründeten Klosters wird durch Skulpturen des Barockbildhauers Meinrad Guggenbichler ergänzt. @ npx131

Verkehrs- und Ischlerbahnmuseum, Seebadstr. 2, ✆ 4270, ✆ 0664/3406020 Im ehem. Heizhaus lassen Bilder, Pläne, Gegenstände, eine Modelleisenbahn und restaurierte Fahrzeuge die Bahn wieder lebendig werden. @ fhl728

Basilika St. Michael, Kircheng. 1, ✆ 4166. Die ehem. Benediktiner-Stiftskirche aus dem 11. Jh. wurde im Jahr 2005 von Papst Johannes Paul II. zur Basilika minor erhoben. Sie besitzt eine herrliche Barockausstattung. @ dtr446

Schloss Mondsee, Wredepl. 1, ✆ 2270. Hier existierte von 748 bis 1786 das drittälteste Stift Österreichs. Aus dem ehemaligen Benediktinerkloster entstand 1774-78 nach einem Großbrand ein Schloss. Darin befindet sich heute das Schlosshotel, das Standesamt und ein Teil wird als Veranstaltungszentrum genutzt. @ lao314

Erlachmühle, Vogelsangstr. 33, ✆ 2578 In der Schaumühle werden Ihnen die Vorgänge vom Getreidemahlen bis hin zum frischen Holzofenbrot vorgestellt. Erstmalig urkundlich 1416 erwähnt. @ lkj478

Historischer Marktplatz, ✆ 2270. Die barocken Bürgerhäuser aus dem 16.-18. Jh. und die Basilika bieten eine eindrucksvolle Kulisse. @ vhd665

Alpenseebad, Seebadstr. 3, ✆ 2291, @ ofd178

TIPP **7** Nun sind Sie am Irrsee, am gegenüberliegenden Ufer (2,4 km) finden Sie den öffentlichen Badeplatz Tiefgraben.

8 Fischhof (Oberhofen am Irrsee)

Wildeneck (Oberhofen am Irrsee)

Ruine Wildeneck, Am Wildenegg Erlebnisweg, ✆ 06232/2270 (24) Die Burg wurde ca.

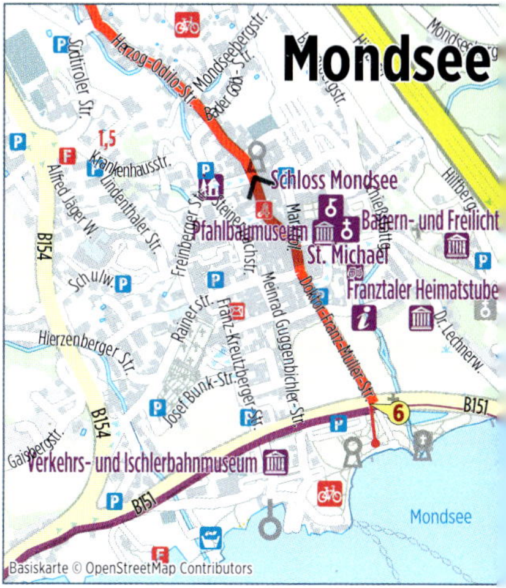

1160 errichtet und Ende des 17. Jhs. dem Verfall preisgegeben. Erdwälle und Mauerreste zeugen noch vom Standort. @ eka811

9 Oberhofen am Irrsee

Vorwahl: 06213

Tourismusbüro, Oberhofen 12, ✆ 8215, @ eqo312

Pfarrkirche, Am Ortsplatz, ✆ 8205. Gotische Kirche mit 3 Guggenbichler Altären

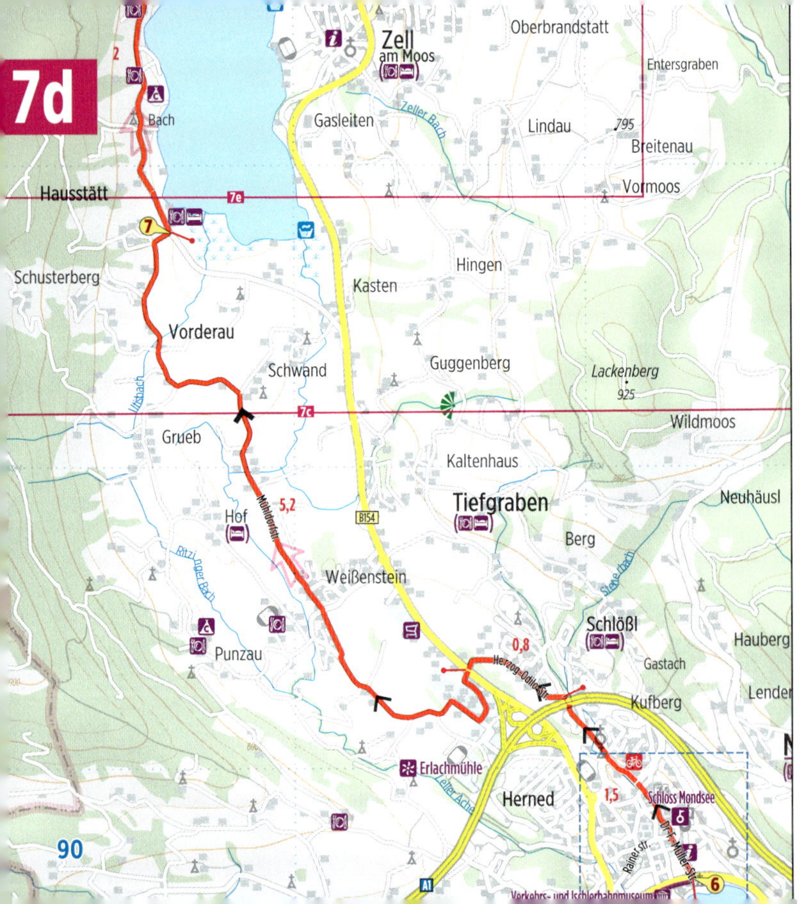
7d
Zell
am Moos
Oberbrandstatt
Entersgraben
Gasleiten
Zeller Bach
Lindau
795
Breitenau
Vormoos
Bach
Hausstätt
7e
7
Schusterberg
Hingen
Kasten
Vorderau
Schwand
Guggenberg
Lackenberg
925
Uitzbach
7c
Wildmoos
Grueb
Kaltenhaus
Mühldorfstr.
5,2
B154
Tiefgraben
Neuhäusl
Hof
Berg
Ritzinger Bach
Weißenstein
Steinerbach
Schlößl
Hauberg
Punzau
0,8
Herzog-Odilo-Str.
Gastach
Kufberg
Lender
Erlachmühle
Zeller Ache
Herned
1,5
Schloss Mondsee
Rainer Str.
Dr.-F.-Müller-Str.
6
A1

7e
Lengroid
Vielweg
Ginzing
585
Speck
Wegdorf
Riedelbach
Schwarzberg
7f
Gegend
Wallester
Haldingerbach
Brandstatt
Laiter
1,6
Stampfl
Gommersberg
806
Fischhof
8
Sommerholz
Schwe
Stock
Wildeneck
Nagendorf
2,4
Ramsau
Ruine Wildeneck
Irrsee
B154
705
Hasenkopf
895
Klausbach
Heimathaus
Niederbrandstatt
Dorferwirt
7d
Zell
am Moos
2
Bach
Gasleiten
Zeller Bach
91
Hausstätt

sowie einer Kanzel und einem Tafelbild aus dem 15. Jh. @ puj435

Strandbad Laiter, Laiter, ✆ 0660/1471297, ✆ 0660/1471307, @ bar515

Irrsdorf (Straßwalchen)

Marienkirche, Irrsdorfer Kirchenstr., ✆ 06215/8226. Einzigartig ist das Rotmarmorportal mit geschnitzten Türflügeln aus dem Jahr 1408, die die Hl. Maria und die Hl. Elisabeth darstellen. @ aik632

10 Straßwalchen

Vorwahl: 06215

Tourismusverband, Mayburgerpl. 4, ✆ 6420, @ fls847

Pfarrkirche St. Martin, Kircheng. Die Kirche aus dem 15. Jh. wurde im 18. Jh. barockisiert. Der 1675 geschaffene Hochaltar ist das erste bedeutende Werk Meinrad Guggenbichlers. @ axl375

Fantasiana Erlebnispark, Märchenweg 1, ✆ 8181 Spiel & Spaß für die ganze Familie in 7 Themenbereichen. @ sct655

Erlebnisbad, Riemerhofstr. 11, An der B1, ✆ 8376, ✆ 8181, @ fgl221

11 Köstendorf

Vorwahl: 06216

Tourismusbüro, Kirchenstr. 5, ✆ 531320, ✆ 0664/4535478, @ lvv153

Heimatmuseum Kohbauernhaus, Museumsstr. 2, ✆ 6554, ✆ 0699/10779597 Das Museum bietet Informationen über die Geschichte von Köstendorf, den Maler Joseph Mösl, Handwerk, Trachten, Jagd, landwirtschaftliche Geräte und die Volkskunst. @ pty222

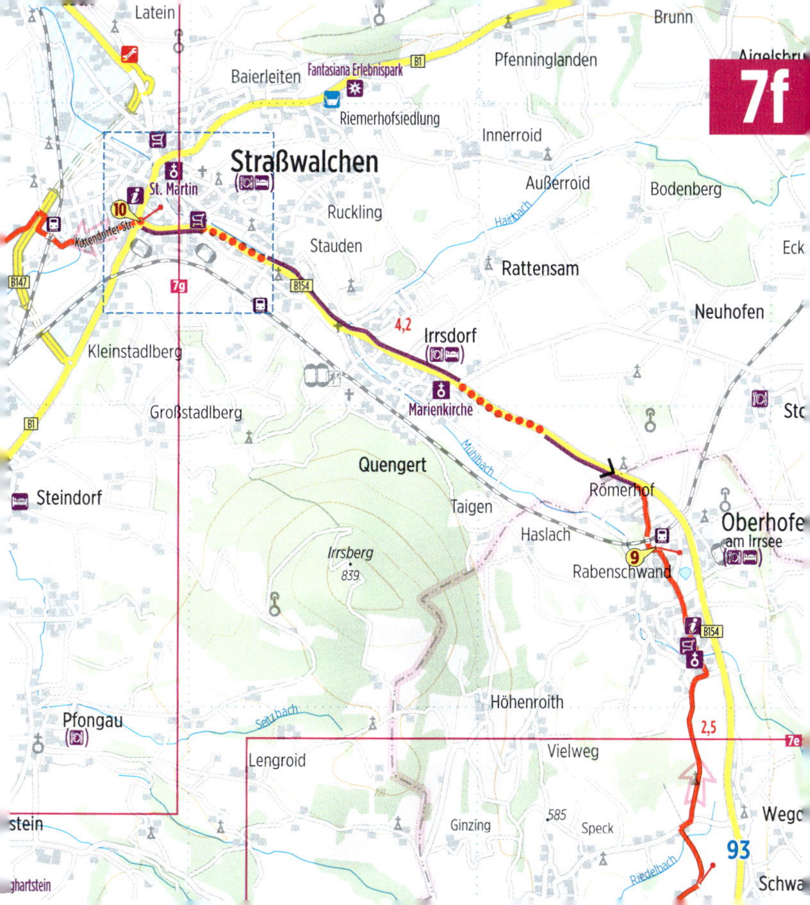

7f
Latein
Brunn
Baierleiten
Fantasiana Erlebnispark
B1
Pfenninglanden
Riemerhofsiedlung
Innerroid
Straßwalchen
St. Martin
10
Außerroid
Bodenberg
Ruckling
Hainbach
Kastendorfer Str.
Stauden
Eck
Rattensam
B147
7g
B154
Neuhofen
4,2
Irrsdorf
Kleinstadlberg
Marienkirche
Großstadlberg
Mühlbach
Quengert
Römerhof
Steindorf
Taigen
Oberhofen
am Irrsee
Haslach
9
Rabenschwand
Irrsberg
839
B154
Höhenroith
Pfongau
Seitzbach
2,5
Lengroid
Vielweg
7e
Ginzing
585
Speck
stein
Riedelbach
93
ghartstein

Dekanatspfarrkirche, Am Dechanthof 1, ✆ 5308. Die im 15. Jh. errichtete Kirche war vom Spätmittelalter bis ins 18. Jh. eine bedeutende Marien-Wallfahrtskirche. @ afj822

Wenger Moor, Weng 4, ✆ 0664/1431008. Das Natur- und Vogelschutzgebiet ist das größte naturnah erhaltene Moorgebiet des Salzburger Alpenvorlandes. Es stellt ein wichtiges Brut- und Rastgebiet für unzählige Vogelarten dar und beheimatet gefährdete Pflanzenarten. Tipp: geführte Wanderung. @ gsa321

Fischachmühle

Schleedorf

Vorwahl: 06216

Tourismusverband, Dorf 95, ✆ 4100, @ noq828

Puppenfenster, Dorfpl. „Kleider machen Leute" nennt sich das künstlerisch anspruchsvoll gestaltete Puppenfenster am Dorfplatz, das von außen ganzjährig frei zu besichtigen ist. 60 ausdrucksstarke, bewegliche Tonpuppen vermitteln auf amüsante Weise den Werdegang unserer „zweiten Haut". @ kim821

Wimmer schneidert, Dorf 96, ✆ 6562 Vom Dirndl über die Festtagstracht bis hin zur sämischgegerbten, handbestickten Lederhose wird alles nach Maß gefertigt. Besucher können den Schneiderinnen über die Schulter schauen und sich über Tracht informieren. @ nre513

Tiefsteinklamm Ⓐ Die romantische Tiefsteinklamm mündet in einen beeindruckenden Wasserfall. @ kog263

12 Mattsee s. S. 61

13 Fraham (Seeham)

Seeham s. S. 54

Matzing (Seeham)

Vorwahl: 06217

Drei Seen Galerie, Matzing 14, ✆ 5594, ✆ 0664/4142734 Ⓖ In der Kunstgalerie werden laufend Bilder und Objekte renommierter Künstler in den verschiedensten Techniken präsentiert. @ xsd173

Wildkar-Wasserfall und Kugelmühle, Teufelsgraben, ✆ 0664/5327156 Ⓖ Ⓒ Der Wasserfall lässt den Teufelsgrabenbach über zwei Felsstufen in die Tiefe stürzen. Die Kugelmühle aus dem 16. Jh. ist eine von zwei noch funktionsfähigen und produzierenden Kugelmühlen im Land Salzburg. @ rin467

Naturerlebnisweg Teufelsgraben, Tobelmühlstr. Auf 2,5 km informieren 17 Stationen über geologische und naturwissenschaftliche Besonderheiten, Highlight ist das Naturdenkmal Wildkarwasserfall.

Hochseilpark Seeham, Tobelmühlstr. 25, ✆ 29029 Ⓖ Erlebnis für Groß und Klein bei 7 Parcours in 5 Ebenen und der 600 m langen Europarutsche in 45 m Höhe. @ jwm126

14 Obertrum am See s. S. 56

15 Mödlham (Seekirchen am Wallersee)

16 Anthering

Vorwahl: 06223

Info-Pavillon Tourismusverband, Dorfstr. 1, ✆ 2279, @ erv565

Schmiede Museum, Hammerschmied-Str. 9, ✆ 2503. Der Originalraum gibt

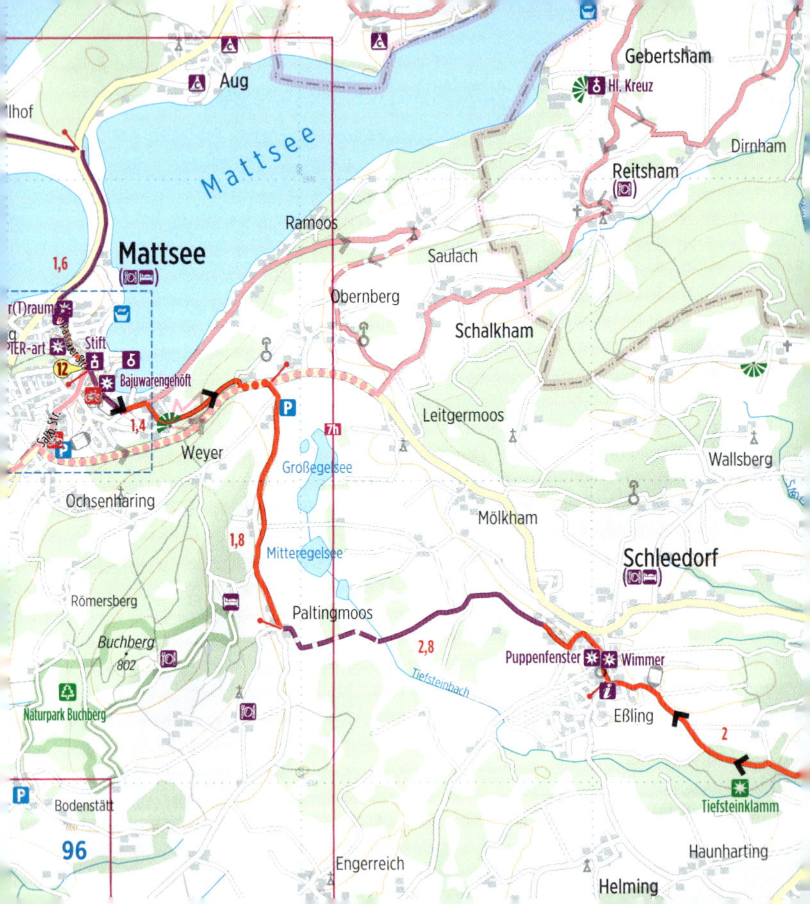

Aug
Mattsee
Gebertsham
Hl. Kreuz
Dirnham
Reitsham
Ramoos
Saulach
Mattsee
1,6
Obernberg
Schalkham
Stift
Bajuwarengehöft
1,4
Weyer
Leitgermoos
7h
Großegelsee
Wallsberg
Ochsenharing
Mölkham
1,8
Mitteregelsee
Schleedorf
Römersberg
Paltingmoos
Buchberg
802
2,8
Puppenfenster
Wimmer
Tiefsteinbach
Naturpark Buchberg
Eßling
2
Tiefsteinklamm
Bodenstätt
96
Haunharting
Engerreich
Helming

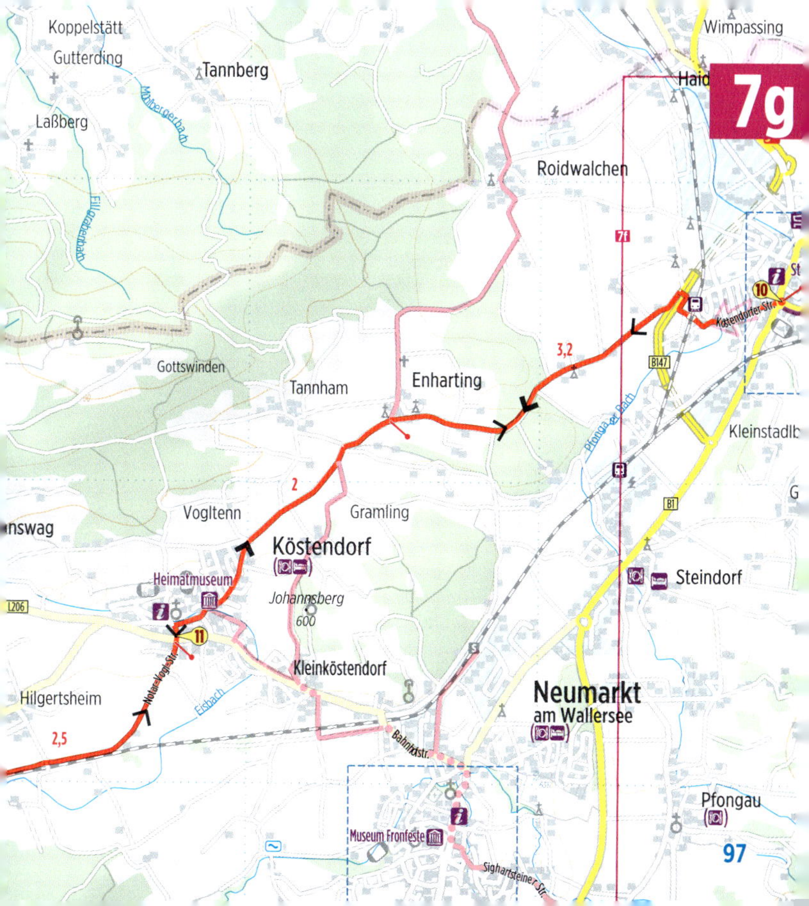

7g
Koppelstätt
Gutterding
Tannberg
Laßberg
Roidwalchen
Wimpassing
Haid
7f
Gottswinden
Tannham
Enharting
3,2
B147
Köstendorfer Str.
10
Kleinstadlb
2
Vogltenn
Gramling
Köstendorf
Johannsberg
600
Heimatmuseum
L206
11
Notar-Vogl-Str.
Kleinköstendorf
Hilgertsheim
Eisbach
2,5
Steindorf
B1
Neumarkt
am Wallersee
Bahnhofstr.
Museum Fronfeste
Sighartsteiner Str.
Pfongau

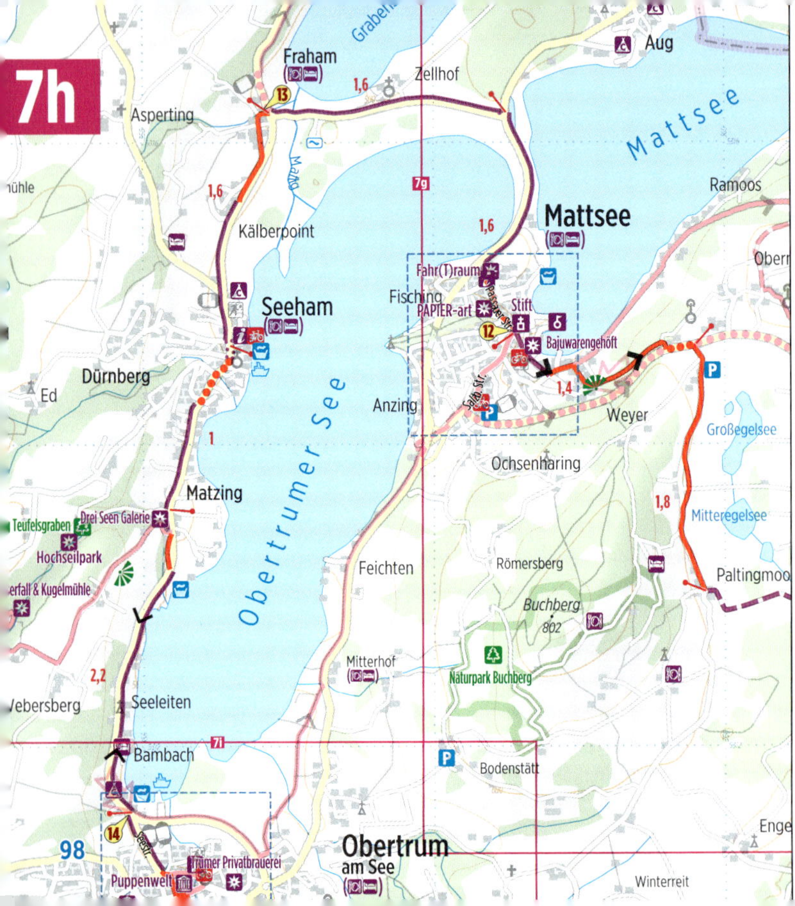
7h
Fraham
Grabensee
Zellhof
Aug
Asperting
Mattsee
Ramoos
Kälberpoint
Mattsee
Oberr
Fahr(T)raum
Fisching
PAPIER-art
Stift
Passauer Str.
Seeham
Bajuwarengehöft
Dürnberg
Ed
Anzing
Salzb. Str.
Weyer
Obertrumer See
Großegelsee
Ochsenharing
Matzing
Teufelsgraben
Drei Seen Galerie
Hochseilpark
Mitteregelsee
Feichten
Römersberg
Paltingmoo
Buchberg
802
Mitterhof
Naturpark Buchberg
Seeleiten
Bambach
Bodenstätt
Seestr.
Obertrum
am See
Trumer Privatbrauerei
Puppenwelt
Winterreit
98
7g
7i
1,6
1,6
1,6
1,4
1
1,8
2,2
12
13
14
P

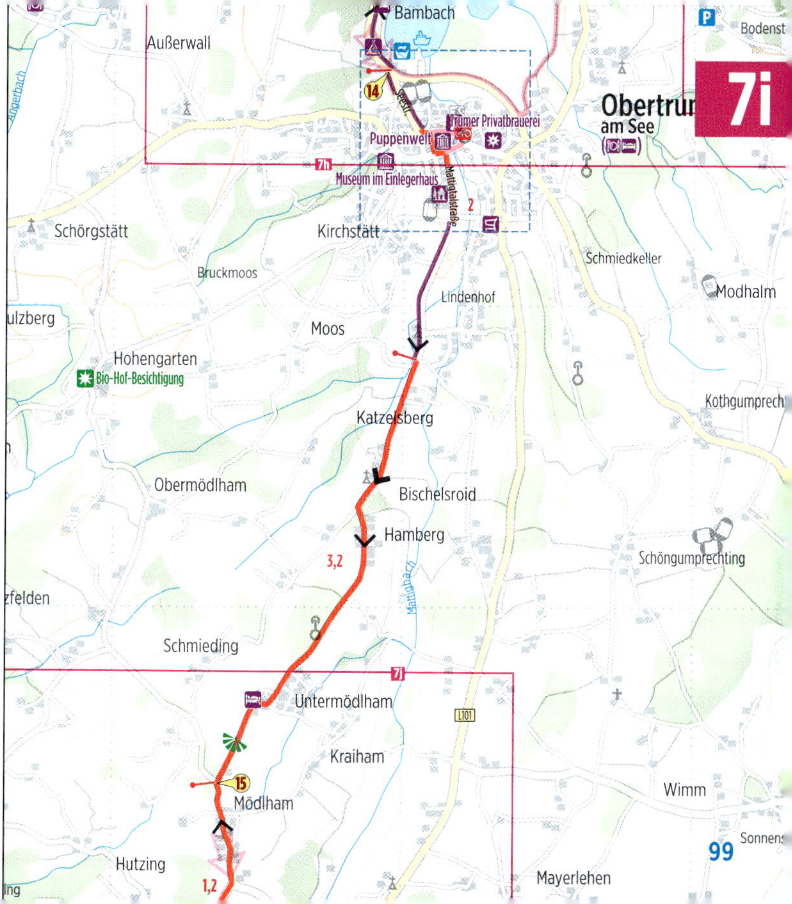

Bambach
Außerwall
Bodenst
7i
Obertrum
am See
Seestr.
Trumer Privatbrauerei
Puppenwelt
7h
Museum im Einlegerhaus
Mattigtalstraße
2
Schörgstätt
Kirchstätt
Schmiedkeller
Bruckmoos
Lindenhof
Modhalm
ulzberg
Moos
Hohengarten
Bio-Hof-Besichtigung
Kothgumprech
Katzelsberg
Obermödlham
Bischelsroid
Hamberg
3,2
Mattigbach
Schöngumprechting
zfelden
Schmieding
7j
Untermödlham
L101
Kraiham
15
Mödlham
Wimm
Hutzing
Sonnens
1,2
Mayerlehen
ing

Zeugnis von den vielfältigen Geräten und Werkzeugen, die hier ab 1730 produziert wurden. @ wxs242

Pfarrkirche Anthering, Riederstr., ✆ 226510. Ursprünglich im 12. Jh. erbaut, findet man heute nur noch wenige Reste der alten Kirche im Westturm. Der heutige Bau ist spätgotisch. @ flu362

Fuchsmühle, Schönberg 8, Schönberg, ✆ 2424 Die Fuchsmühle (1638) ist eine der letzten Rückschüttmühlen Europas und mahlt noch heute wie zu Opas Zeiten. Der Betrieb kann während der ÖZ besichtigt werden. @ jcm438

Antheringer Au In dem naturbelassenes Schutzgebiet wartet eine vielfältige Tierwelt auf den Besucher: Biber, seltene Vogelarten wie Eisvogel oder Grauspecht, Reh- und Damwild sowie Wildschweine. Es gibt auch geführte Wanderungen durch die Au. @ vlb748

Kräutergarten, Schmiedingerstr., ✆ 2231 Hier sind ca. 350 Heilpflanzen zu finden. Es gibt ein Bauerngartl, einen Rosenhügel sowie ein Feuchtbiotop. Sehenswert sind

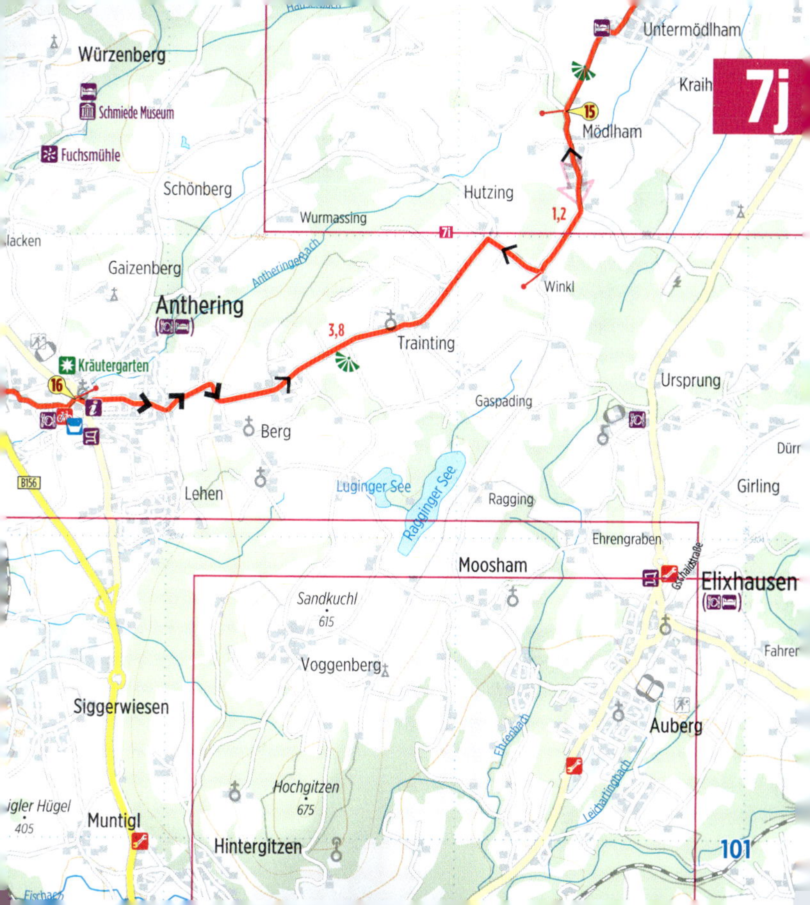
7j
Untermödlham
Kraih
Mödlham
15
Würzenberg
Schmiede Museum
Fuchsmühle
Schönberg
Hutzing
Wurmassing
1,2
7i
lacken
Gaizenberg
Antheringer Bach
Winkl
Anthering
3,8
Trainting
Kräutergarten
16
Ursprung
Gaspading
Berg
Dürr
B156
Luginger See
Girling
Lehen
Ragginger See
Ragging
Ehrengraben
Gschaidstraße
Moosham
Elixhausen
Sandkuchl
615
Fahrer
Voggenberg
Siggerwiesen
Auberg
Ehrenbach
Leichartingbach
Hochgitzen
675
igler Hügel
405
Muntigl
Hintergitzen
Fischach

auch das Hochbeet, der Garten für die Schönheit, der Giftgarten, der Garten der Düfte und der Raritätengarten.

Freibad, Dorfstr. 3, ✆ 2929, @ juq524

In dem im 6. Jahrhundert gegründeten Anthering weist eine steinerne Statue auf die Legende des Maunzteufels hin: 1532 wurde von den Bewohnern Antherings am Antheringer Haunsberg, dem „Maunzgraben", ein Untier gesehen. Um das menschenähnliche Wesen zu fangen, wurde eine Grube ausgehoben. Es hatte Füße mit Hufen, einen Schwanz wie ein Löwe und die Mähne eines Pferdes, das Gesicht sah jedoch sehr menschlich aus. Da diese Erscheinung viele an den Teufel erinnerte, gaben sie ihm den Namen „Maunzteufel". Das menschenscheue Wesen wurde nach Salzburg gebracht, wo es jedoch die Nahrungsaufnahme verweigerte und daraufhin sehr bald starb. Das steinerne Abbild in der Ortsmitte soll nun heute beweisen, dass es den Maunzteufel wirklich gegeben hat. Heute glaubt man aber, dass es sich bei diesem Lebewesen nicht um ein Untier handelte, sondern dass dies ein Mensch mit starker Behinderung war, der sich entweder selbst in die Wälder zurückgezogen hat oder von seinen Mitmenschen, aufgrund seines Aussehens und seiner Behinderungen ausgesetzt worden ist.

Bergheim

Vorwahl: 0662

Welt der Gifte, Metzgerstr. 54A, ✆ 0677/63421700 Im kleinsten Zoo Österreichs erfahren Sie etwas über Gifte in Alltag, Medizin und Weltgeschichte und können Giftnattern und Skorpione sehen. @ lmc557

Bergxi, Iselstr. 20, ✆ 451592, @ ood124

TIPP **17** Nach Unterquerung der Autobahn biegen Sie links ab und queren die Donau über den **Traklsteg** um wieder zur S-Bahn Station Itzling zu gelangen.

Itzling (Salzburg)

Vorwahl: 0662

Wallfahrtsbasilika Maria Plain, Plainbergweg 38, ✆ 4501940. Die Wallfahrtskirche wurde 1674 eingeweiht, 1952 wurde sie durch Papst Pius XII. zur Basilica minor erhoben. @ itt136

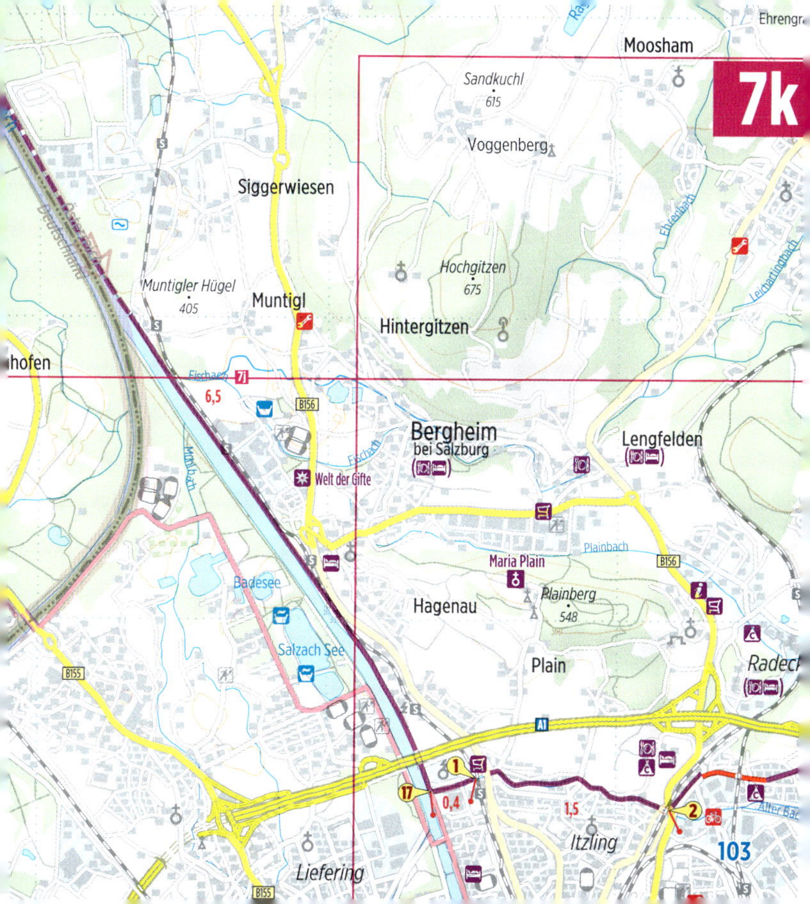

Ehrengr
Moosham
7k
Sandkuchl
615
Voggenberg
Siggerwiesen
Ehrenbach
Hochgitzen
675
Leichtingbach
Muntigler Hügel
405
Muntigl
Hintergitzen
hofen
Fischach
7j
6,5
B156
Bergheim
bei Salzburg
Fischach
Lengfelden
Mühlbach
Welt der Gifte
Plainbach
B156
Maria Plain
Plainberg
548
Badesee
Hagenau
Salzach See
Plain
Radec
B155
A1
1
17
0,4
1,5
2
Alter Bac
Itzling
103
Liefering
B155

Tour 8 Auf dem Mozart-Radweg zum Königssee

34,8 km

HM/km: ⇗ 6,9 (241m) ⇘ 1,8 (62m) Radweg: 49 % Unbefestigt: 25 % Verkehr: 10 %

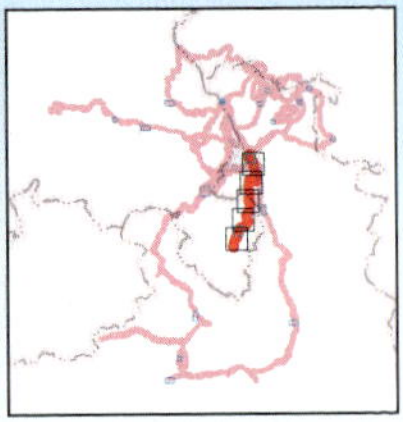

Von Salzburg aus radeln Sie direkt zum Schloss Hellbrunn und weiter über Anif nach Grödig. Über St. Leonhard geht es nach Marktschellenberg. Nun entlang der Berchesgadener Ache zum Eingang der Almbachklamm und in Folge nach Berchtesgaden. Ab hier folgen Sie dem Bodensee-Königssee Radweg bis zum Königssee.

Charakteristik

Start: Salzburg Hbf.

Ziel: Königssee

Wegbeschaffenheit: Die Route verläuft großteils auf asphaltierten Radwegen und Straßen. Nur ab und an radeln Sie auf Kieswegen.

Verkehr: Der Radweg führt hauptsächlich auf Radwegen und verkehrsarmen Nebenstraßen. Vor Marktschellenberg und in Berchtesgaden ist mit Verkehr zu rechnen.

Beschilderung: Der Radweg ist durchgängig mit dem Mozart-Radweg Logo beschildert. Ab Berchtesgaden Bodensee-Königssee Radweg.

Steigungen: Die Strecke verläuft stetig zuerst sanft, dann kräftiger bergauf.

An- und Abreise: Zurück nach Salzburg kommen Sie mit der Bahn von Berchtesgaden (mit Umstieg in Freilassing).

Anschlusstour(en): 1, 2, 7, 13, 16

1 Salzburg s. S. 21

TIPP **2** Nach Unterquerung der Karolinenbrücke biegen Sie rechts ab und verlassen das Flussufer.

3 Hellbrunn (Salzburg)

Volkskunde Museum, Hellbrunner Berg, Monatsschlössl Hellbrunn, ✆ 0662/620808500 Das von Erzbischof Markus Sittikus 1615 erbaute Schlössl beherbergt volkskundliche Sammlungen, historische Perchten- und Schauspielmasken, religiöse Kleinkunst, Möbel, Keramik uvm. @ lvo243

Schloss Hellbrunn, Fürstenweg 37, ✆ 0662/820372 Manieristisch-frühbarockes Lustschloss mit Wasserspielen. @ wjj643

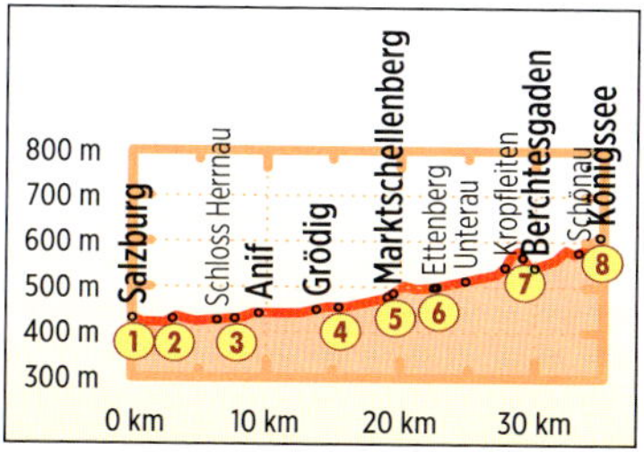

Anif

Vorwahl: 06246

Gästeservice, Aniferstr. 10, ✆ 72365, @ bqm583

Pfarrkirche, Römerstr. 10, ✆ 72375. Hier befindet sich die Grabstätte des Dirigenten Herbert von Karajan. @ sfe512

Schloss Anif, Schlossallee 1. Das neugotische Wasserschloss ist in Privatbesitz und kann nicht besichtigt werden. @ blc225

Zoo Salzburg, Hellbrunner Str. 60, ✆ 0662/8201760 Rund 1200 Tiere (140 Arten) sind auf dem 14 ha großen Zoogelände in naturnahen, großzügigen Freianlagen zu Hause. Zu sehen sind etwa Breitmaulnashörner, Pfeilgiftfrösche und freifliegende Gänsegeier. In nur kurzer Zeit erleben Sie die Tierwelt Eurasiens, Afrikas, Amerikas und Australiens. @ ncf331

Waldbad, Waldbadstr. 50, @ xwr447

Kletterpark, Waldbadstr., ✆ 0664/4309380 Sechs Kletterparcours mit 110 Stationen und Speed-Flying-Fox bieten sportlichen Spaß. @ rpm242

In dem erstmals 788 urkundlich erwähnten Anif befindet sich auch das Schloss Anif. Vermutlich im 13. Jahrhundert errichtet, ging es 1530 in den Besitz des Salzburger Kanzlers Niclas Ribeisen zu Leibgeding über. Nach dem Tod des Kanzlers hatte das Schloss viele verschiedene Besitzer, bis schließlich 1837 Graf Alois von Arco-Steppberg Eigentümer wurde. Auf seinen Wunsch hin wurde das Bauwerk im Stil der Romantik restauriert und umgestaltet. Es wurde dabei teilweise vergrößert, die Innenräume wurden fast gänzlich neu gestaltet. Heute ist das Schloss in Privatbesitz und leider nicht zu besichtigen. Lediglich der Schlosspark wird zweimal jährlich geöffnet: zu Fronleichnam, um kirchliche Prozessionen abhalten zu können und am 8. Dezember für das Turmblasen, bei dem weihnachtliche Lieder gespielt und Schnaps, Lebkuchen und Glühwein angeboten werden.

Grödig

Vorwahl: 06246

- **Tourismusverband**, Gartenauerstr. 8, ✆ 73570, @ pqe153
- **Radiomuseum**, Hauptstr. 3, ✆ 72857, ✆ 0676/6757107 Geschichte und Entwicklung des Radios. @ pnh476

Schloss Anif

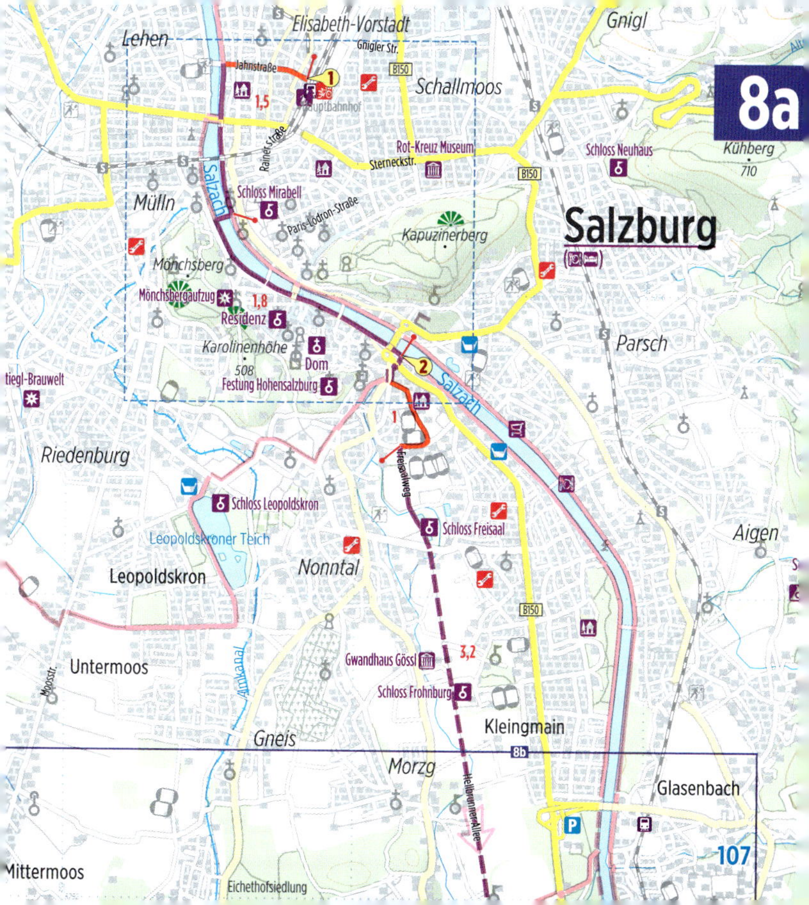

8a
Salzburg
Elisabeth-Vorstadt
Gnigl
Lehen
Gnigler Str.
Jahnstraße
B150
Schallmoos
1,5
Hauptbahnhof
Rainerstraße
Rot-Kreuz Museum
Sterneckstr.
Schloss Neuhaus
Kühberg
710
Salzach
Schloss Mirabell
Mülln
Paris-Lodron-Straße
Kapuzinerberg
Mönchsberg
Mönchsbergaufzug
1,8
Residenz
Karolinenhöhe
508
Dom
Festung Hohensalzburg
Parsch
tiegl-Brauwelt
Riedenburg
Freisaalweg
Schloss Leopoldskron
Schloss Freisaal
Leopoldskroner Teich
Aigen
Leopoldskron
Nonntal
Untermoos
Moosstr.
Almkanal
Gwandhaus Gössl
3,2
Schloss Frohnburg
Kleingmain
Gneis
8b
Morzg
Glasenbach
Hellbrunner Allee
107
Mittermoos
Eichethofsiedlung

4 St. Leonhard (Grödig)

5 Marktschellenberg Ⓓ

Vorwahl: 08650

- **Touristinformation**, Salzburgerstr. 2, ✆ 988830, @ bji688
- **Schellenberger Eishöhle**, am Untersberg in 1.570 m Höhe, ✆ 984560 Die Schellenberger Eishöhle ist die einzige begehbare Eisschauhöhle Deutschlands. Während der Führung erhält man Informationen zur Entstehung von Höhlen und Eishöhlen. Zu sehen sind Hallen mit „Eismandln“, Eisfahnen und anderen Eisformationen. Anfahrt mit der Untersbergbahn in St. Leonhard. @ ffc646
- **Freibad**, Alte Berchtesgadener Str. 37, ✆ 919900, @ viw736

Der Ort, der seinem Entstehen dem Salzvorkommen in diesem Gebiet verdankt, wurde 1112 erstmals urkundlich erwähnt. Aufgrund des Salzabbaus und den daraus resultierenden Einkommen hatten die Bewohner von Marktschellenberg keine finanziellen Probleme. Doch als es schließlich mit dem Salzabbau zu Ende ging, verarmte die Bevölkerung zusehends. Im Laufe der Zeit ging es jedoch trotzdem wieder aufwärts, als mit der Produktion von Murmeln, welche aus Untersberger Marmor hergestellt wurden, begonnen wurde und der Tourismus zu wachsen begann.

Seit dem Frühjar 2000 ist Marktschellenberg als Gesundheitsdorf bekannt. Es gibt Heu- und Molkebäder, Kneippanlagen sowie Kneipphöfe, auf denen Kneippanwendungen, Sauna und Solarium geboten werden.

6 Ettenberg (Marktschellenberg) Ⓓ

Vorwahl: 08650

- **Mariä Heimsuchung**, Vorderettenberg 9, ✆ 221. Die denkmalgeschützte Wallfahrtskirche wurde 1724-25 im Stil des Rokoko errichtet. @ tgc744
- **Kugelmühle**, Kugelmühlweg 18, ✆ 461. Die letzte noch in Betrieb befindliche Marmorkugelmühle Deutschlands. Die Steinkugelmühle erzeugt seit über 300 Jahren Steinkugeln und Murmeln aus Untersberger Marmor. @ nam667
- **Almbachklamm**, Kugelmühlweg Auf dem 3 km langen Wanderweg durch die

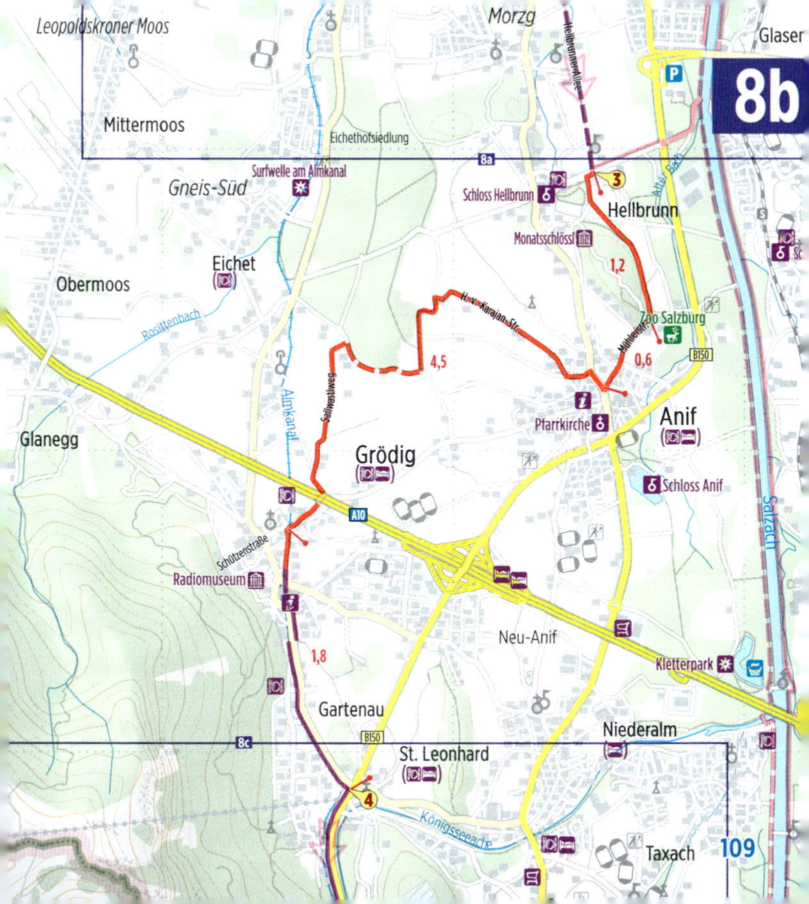
8b
Leopoldskroner Moos
Morzg
Glaser
Hellbrunner Allee
Mittermoos
Eichethofsiedlung
8a
Surfwelle am Almkanal
Gneis-Süd
Schloss Hellbrunn
3
Hellbrunn
Alter Bach
Monatsschlössl
Eichet
Obermoos
1,2
H.-v.-Karajan-Str.
Rosittenbach
Zoo Salzburg
Mühlelst.
4,5
0,6
B150
Sallwastlweg
Almkanal
Pfarrkirche
Anif
Glanegg
Grödig
Schloss Anif
A10
Salzach
Schützenstraße
Radiomuseum
Neu-Anif
1,8
Kletterpark
Gartenau
Niederalm
8c
B150
St. Leonhard
4
Königsseeache
Taxach

Klamm gibt es zahlreiche Wasserfälle und die letzte noch produzierende Steinkugelmühle zu sehen. @ ouy511

Unterau (Berchtesgaden) Ⓓ

Enzianbrennerei, Salzburgerstr. 105, ✆ 08652/95360. Kostenlose Führung durch die Brennerei mit Verkostung und Besichtigung des Museums. @ jnb212

7 Berchtesgaden Ⓓ

Vorwahl: 08652

Tourismusregion Berchtesgaden-Königssee, Königsseer Str. 2, ✆ 65650-70, @ utl612

Dokumentation Obersalzberg, Salzbergstr. 41, ✆ 947960 In einer multimedialen Ausstellung informiert die Dokumentation über die Geschichte des Obersalzberges während der Zeit des Nationalsozialismus. @ ixb645

Heimatmuseum Schloss Adelsheim, Schroffenbergallee 6, ✆ 4410 Sammlung einheimischer Kunst und Kultur: Holzschnitzereien, Trachten, Spanschachteln, Möbel. @ yre847

Königliches Schloss, Schlosspl. 2, ✆ 947980 Die Kunstsammlung umfasst

8c
St. Leonhard
4
Königsseeache
Geiereck
1805
Salzburger Hochthron
1855
8b
B159
Au
Neubergkopf
1820
Schellenberger Eishöhle
Weißbach
Rehhofsied
4,2
Rechgraben
Österreich
Deutschland
Bachgraben
Schaden
B305
Rothmannbach
Götschen
5
Hohe Götschen
930
Hochzinken
925
Marktschellenberg
Hofbrauerei Kalte
Berchtesgadener Ache
Eckberg
1015
8d
Ochsenberg
980
Neusieden
3,2
Unterstein
Vorderettenberg
Ettenberg
Sulzer Wasserfall
Mariä Heimsuchung
Almbach

Werke, Plastiken, Mobiliar, Tapisserien und Nymphenburger Porzellan vom 15.-19. Jh. @ wao724

- **Historischer Ortskern**. Der historische Ortskern von Berchtesgaden ist reich an Plätzen, Bürgerhäusern und anderen Sehenswürdigkeiten.
- **Kehlsteinhaus**, ✆ 9670. Die wunderschöne Aussicht über das Berchtesgadener Land lohnt den Ausflug zum Kehlsteinhaus. Auffahrt mit Spezialbussen von der Busabfahrtstelle Hintereck am Obersalzberg (Reservierung: 08652/2029 oder 9448-20) @ xbn177
- **SalzZeitReise im Erlebnisbergwerk Berchtesgaden**, Bergwerkstr. 83, ✆ 60020. Floßfahrt über den Salzsee, Filmvorführung. Die Besichtigung unter fachkundiger Führung dauert 1 Std.; auf Grubenwägen fahren Sie in die Grube ein. @ ujm263
- **Watzmann - Berchtesgadens Schicksalsberg**. Der Watzmann (2.713 m) ist das Wahrzeichen des Ortes.
- **Nationalparkzentrum Haus der Berge**, Hanielstr. 7, ✆ 9790600 ♿ Ausstellung zur alpinen Natur, Videofilme und Diaschauen. @ pnd883
- **Watzmann Therme**, Bergwerkstr. 54, ✆ 94640, @ wcx867
- **Mountain Entertainment**, Marktpl. 12, ✆ 655813. Segway, Tandemgleitschirmfliegen, Klettersteig-Touren, Rafting, Fun Cars, Hochseilgarten, Canyoning, @ qkm578
- **Sommerrodelbahn**, Scharitzkehlstr. 6, ✆ 2105. Die Sommerrodelbahn bietet

Almbachklamm

8d
980
3,2
Vorderettenberg
Hinterettenberg
Ettenberg
Sulzer Wasserfall
Mariä Heimsuchung
Almbach
8c
Oberstein
Kugelmühle
Almbachklamm
6
Hammerstiel
B305
Hintergern
Obergern
Berchtesgadener Ache
Brandlberg
935
2
Reckensberg
Kneifelspitze
1190
Maria Gern
Gschirrkopf
1030
Lauchlehen
Unterau
Kneifellehen
0,6
B319
Vordergern
Märchenpfad
Wald-Hochseilgarten
1,8
Metzenleiten
Gernbach
Anzenbach
B20 B305
Untersalzberg I
Rosenhof
Heimatmuseum Schloss Adelsheim
Kropfleiten
8e
SalzZeitReise
1,8
Stanggaß
Königliches Schloss
Watzmann Therme
Mountain Entertainment
7
B319
Obersalzberg
113
Dokumentation Obersalzberg

einen einmaligen Blick auf das umliegende Bergpanorama.

- Wald-Hochseilgarten, Allwegg., ✆ 975710, ✆ 0174/1906449, @ uuj542

Im Sommer residierten die bayerischen Könige im Königlichen Schloss in Berchtesgaden. Das Salz spielte hier – wie auch in Bad Reichenhall – schon immer eine wichtige Rolle in der Entwicklung der Stadt. Die Sole wird auch an den Kurbetrieb der Stadt geliefert, wo sie stark verdünnt bei der Therapie von Hautkrankheiten zur Anwendung kommt. Zusammen mit dem Nationalpark Berchtesgadener Land gehört seit 1990 das gesamte Kurgebiet zum UNESCO-Biosphären-Reservat Berchtesgaden.

Schönau a. Königssee (D)

Vorwahl: 08652

- **Tourist-Information im Rathaus**, Rathauspl. 1, ✆ 1760, @ hok468
- **Schornbad**, Schornstr. 7, ✆ 656320, @ kkf537

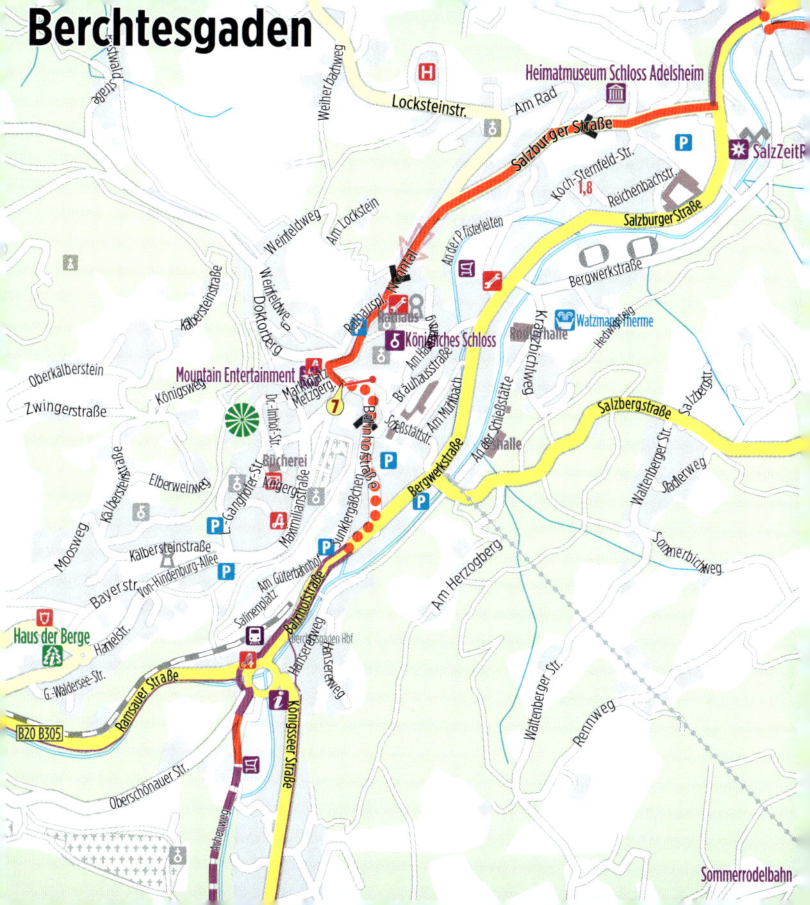
Berchtesgaden
Heimatmuseum Schloss Adelsheim
Locksteinstr.
Am Rad
Weiherbachweg
Salzburger Straße
Koch-Sternfeld-Str.
Reichenbachstr.
SalzZeitR
Salzburger Straße
Weinfeldweg
Am Lockstein
An der P. fisterleiten
Bergwerkstraße
Nonntal
Weinfeldweg
Doktorberg
Kälbersteinstraße
Rathauspl.
Rathaus
Königliches Schloss
Watzmann-Therme
Hedwigsteig
Kranzbichlweg
Oberkälberstein
Mountain Entertainment
Königsweg
Marktplatz
Metzgerg.
Zwingerstraße
Dr.-Imhof-Str.
Bahnhofstraße
Bräuhausstraße
Schießstättstr.
Am Mühlbach
An der Schießstätte
Salzbergstraße
Salzbergstr.
Bücherei
Elberweinweg
Kälbersteinstraße
L.-Ganghofer-Str.
Angerg.
Maximilianstraße
Gunkelgäßchen
Bergwerkstraße
Waltenberger Str.
Stadlerweg
Moosweg
Kälbersteinstraße
Von-Hindenburg-Allee
Am Güterbahnhof
Am Herzogberg
Sommerbichlweg
Bayerstr.
Salinenplatz
Bahnhofstraße
Haus der Berge
Hanielstr.
Berchtesgaden Hbf
Hanserweg
Hanserweg
G.-Waldersee-Str.
Ramsauer Straße
Waltenberger Str.
B20 B305
Königsseer Straße
Rennweg
Oberschönauer Str.
Achenweg
Sommerrodelbahn

8 Königssee (Schönau a. Königssee) (D)

Vorwahl: 08652

- **Tourist-Information am Königssee**, Seestr. 3, ✆ 655980, @ esl345
- **Schifffahrt Königssee**, Seestr. 55, ✆ 96360. Schifffahrten über den Königssee nach St. Bartholomä, Salet und zur Bedarfshaltestelle Kessel. @ hfh514
- **Wallfahrtskirche St. Bartholomä**, Seelände-St. Bartholomä 1, ✆ 96360. Die Kirche ist nur mit dem Schiff erreichbar. Teile der Kirche stammen aus dem 12. Jh.

Der Königssee, das Ziel Ihrer Radtour, ist einer der schönst gelegenen Seen Bayerns. Mit seinem smaragdgrünen, kristallklaren Wasser verleitet er zum grenzenlosen Träumen. Viele Maler wurden aufgrund des märchenhaften Ausblicks und der erfrischenden Vielfalt des Sees immer wieder aufs Neue inspiriert.

Das Wahrzeichen des Königssees, die Halbinsel St. Bartholomä, ist nur mit dem Schiff erreichbar. Malerisch steht hier die weltbekannte Wallfahrtskirche am Königssee, nebenbei das ehemalige Jagdschlösschen. Am Ufer des Königssees finden Sie ein weiteres historisches Schaustück, die Waldmach-Schiffshütten.

Königssee

8e
Baderlehenkopf
755
Uhlmühle
Stanggaß
Mountain Entertainment
Königliches Schloss
Watzmann Therme
1,8
7
8d
Strub
Haus der Berge
Berchtesgaden Hbf
B20 B305
Berchtesgaden
Achenweg
Sommerrodelbahn
Mitterbach
Moderegg
575
B305
Ache
4
Königsseer Ache
Oberschönau I
Schönau
a. Königssee
Schwöb
Ligeretalm
Höllgraben
Hainzenbach
Unterschönau II
Unterschönau I
B20
1,5
Faselsberg
Dürreck
Grünstein
1385
Königssee
Brandkopf
1155
Klingerbach
8
Neuhausen
Weidbach
Baren
Pletzgraben
Krautkaseralm

Tour 9 Saalachtal-Radweg 53,1 km

HM/km: ↗ 4,4 (235m) ↘ 4,4 (234m) Radweg: 73 % Unbefestigt: 45 % Verkehr: 3 %

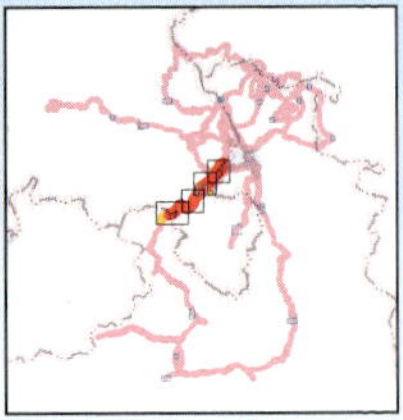

Die aus zwei Schleifen bestehende Tour hat ihren Ausgangspunkt an der Luitpoldbrücke in Bad Reichenhall. Der östliche Teil führt entlang der Saalach über Piding nach Hammerau. In Folge radeln Sie in einer Schleife über die Saalach und durch Schwarzbach zurück nach Bad Reichenhall. Der westliche Teil des Radweges führt am Saalachsee und dann an der Saalach entlang bis an die Landesgrenze zu Österreich, wo Sie einen Abstecher nach Unken einlegen können. Auf der anderen Seite des Flusses bzw. des Sees führt der Weg über Schmeitzelreuth wieder zurück zum Ausgangspunkt.

Charakteristik

Start/Ziel: Bad Reichenhall

Wegbeschaffenheit: Sie fahren großteils auf guten Kieswegen, sonst auf asphaltierten Nebenstraßen, Rad- und Gehwegen.

Verkehr: Der Radweg verläuft meist auf Radwegen und ruhigen Straßen, mit etwas mehr Verkehr ist nur in Bad Reichenhall zu rechnen.

Beschilderung: Mit dem Saalachtal-Radweg Logo beschildert.

Steigungen: Die Strecke birgt ein paar, teils auch kräftige, Steigungen.

An- und Abreise: Die Bahn fährt in rund 35 min von Salzburg nach Bad Reichenhall (Umstieg in Freilassing).

Anschlusstour(en): 10, 16

1 Bad Reichenhall (D)

Vorwahl: 08651

Touristinfo im Kurgastzentrum, Wittelsbacher Str. 15, ✆ 715110, @ gcm753

Heimatmuseum, Getreideg. 4, ✆ 7149939 Die Ursprünge des heutigen Museumsgebäudes gehen auf das 14. Jh. zurück. Einst befanden sich auf dem heutigen Areal mehrere kleine Häuser, die gemeinsam Häuserzeilen bildeten und Gassen begrenzten. @ iac518

Salzmuseum, Alte Saline 9, ✆ 70026146 Museum rund um die Alte Saline, den Quellenbau, das Salzsieden und die Salinentechnik. Riesige Wasserräder, die seit mehr als 160 Jahren ununterbrochen im Einsatz sind, fördern die Sole zu Tage. @ xsj381

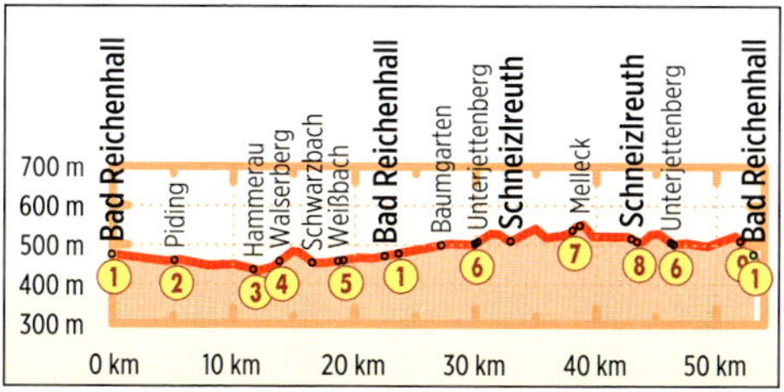

Münster St. Zeno, Salzburger Str. 30, ✆ 714290. St. Zeno ist die größte romanische Basilika Altbayerns. Besonders interessant ist das Barbarossarelief im Kreuzgang. @ dqd417

St. Aegidi Kirche, Aegidipl. Die Kirche wurde 1159 erbaut. Beim großen Stadtbrand 1834 brannte sie völlig aus. Heute bewundert man die Gemälde an der Außenwand, die an den Luftangriff kurz vor Kriegsende erinnern. @ bak826

Burg Gruttenstein, Pfannhauserweg 3, ✆ 7685360. Die historische Stadtmauer erhebt sich hoch über der alten Saline. Die Burg befindet sich heute in Privatbesitz. @ any883

Aegidiplatz. Rund um den Aegidiplatz befinden sich das alte Feuerhaus (heute VHS), eine Galerie, die städt. Musikschule und ein Kleinkunsttheater.

Altes Rathaus, Rathauspl. Nach dem Stadtbrand 1834 wurde der Rathausplatz neu gestaltet. Josef Hengge bemalte das Bauwerk 1924 mit Fresken.

Bad Reichenhall, Rathausplatz

Gradierhaus, Bahnhofstr., im königlichen Kurgarten. Hier befindet sich das 1912 erbaute, größte Alpen-Freiluft-Inhalatorium der Welt. @ xho584

Predigtstuhlbahn, Südtiroler Pl. 1, ✆ 96850. Älteste, original erhaltene Großkabinenseilbahn der Welt und zu Recht unter Denkmalschutz. @ max182

Thumseebad, Thumsee 3, ✆ 65636, @ lpi562

Rupertus Therme, Friedrich-Ebert-Allee 21, ✆ 76220, ✆ 01805/60676220, @ vys745

Bad Reichenhall liegt wunderschön in einem Flusstal im Berchtesgadener Land. Das Salz, auch „weißes Gold" genannt, bestimmte seit jeher die Geschichte des

Bad Reichenhall

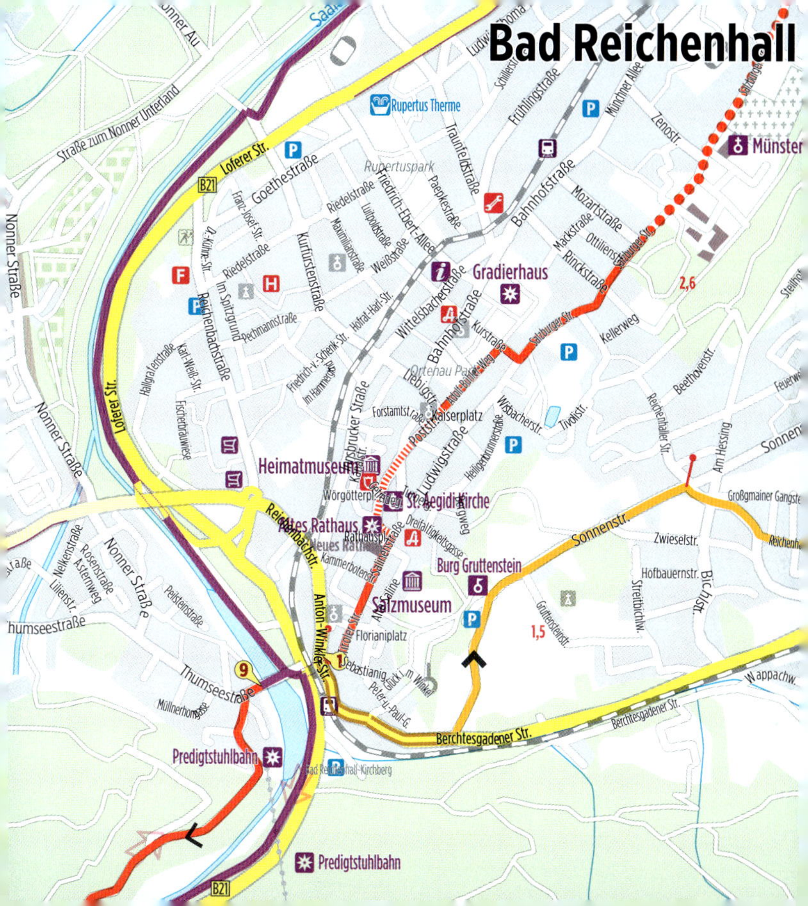

Kurorts. Das Salzmuseum in der Alten Saline zeigt die historische und moderne Salzgewinnung in der Kreisstadt, das durch die Salzgewinnung über die Grenzen hinweg berühmt wurde, in anschaulichen Bildern. Die malerischen Berge ringsum, das mediterrane Ambiente der Innenstadt mit gemütlichen Cafés und Restaurants sowie das umfangreiche Angebot im medizinischen, kulturellen, künstlerischen und sportlichen Bereich, lockt jedes Jahr zahlreiche Gäste nach Bad Reichenhall.

Bayerisch Gmain

9a
A1
Schloss Staufeneck
Pidingerau
Hochstaufen
1770
Vorderstaufen
1350
Buchmahd
B20
1,8
B21
2
5
Weiß
9b
1,8
Finderl
5,2
Saalach
Bad Reichenhall
Münchner Allee
Kirchholz
575
Rupertus Therme
Münster St. Zeno
Karlstein
B21
Salzburger Str.
2,6
Marienwallfahrtskirche
9c
Heimatmuseum
Saalach
Sonnenstr.
1
Reichenhaller Str.
Großgmainer Str.
zkirche
1,5
Groß
9
1
Kirchberg
Berchtesgadener Str.
Bad Reichenhall-Kirchberg
Bayerisch Gmain
123
Predigtstuhlbahn
B21
Bergkurgarten

AUSFLUG **1** Hier bietet sich ein kleiner Abstecher nach Bayerisch Gmain an.

Bayerisch Gmain (D)

Vorwahl: 08651

Tourist-Information, Großgmainer Str. 14, ✆ 7151150, @ oao858

Bergkurgarten, Alpentalstr. Der Bergkurgarten befindet sich am Fuße des Dreisesselberges und ist idealer Ausgangspunkt für viele Wanderungen. @ xyp153

Nonn (Bad Reichenhall) (D)

2 Piding (D)

Vorwahl: 08651

Tourismusbüro, Peterspl. 2, ✆ 3860, @ nkx554

Schloss Staufeneck, Schloßweg 15. Das mittelalterliche Gebäude befindet sich seit 1870 in Privatbesitz. Seit 2005 findet jedes Jahr am 1. Wochenende im August ein Mittelaltermarkt statt.

Das erste Mal besiedelt wurde die Region des heutigen Piding bereits in der Jungsteinzeit. Nach den Kelten war das Gebiet 500 Jahre lang von den Römern eingenommen. Diese Herrschaft ging mit der Völkerwanderungszeit zu Ende, als die Bajuwaren das Gebiet bewohnten.

3 Hammerau (Ainring) (D)

TIPP **3** Wenn Sie hier geradeaus weiterfahren, können Sie mit Tour 10, dem Rupertiwinkel-Radweg fortsetzen.

Grünau (Wals-Siezenheim)

4 Walserberg

Schwarzbach (Bad Reichenhall) (D)

Freibad, Rainthalstr. 25, ✆ 08651/705400, @ hjv241

5 Weißbach (Bad Reichenhall) (D)

1 Bad Reichenhall s. S. 119

Baumgarten (Schneizlreuth) (D)

Echt Posch, Baumgarten 1, ✆ 08651/2233. Abenteuerspaß beim Canyoning, Rafting, Klettern, Bogenschießen uvm. @ ete565

6 Unterjettenberg (Schneizlreuth) (D)

Oberjettenberg (Schneizlreuth) (D)

Aschauerklamm, Einstieg am Haiderhof. Liebliches, kleines Tal mit beschaulichem Bah und kleinem Stausee. @ rkn345

9b
Hammerau
Bicheln
Prasting
Piding
Urwies
Käferheim
Walserberg
Schwarzbach
Wartberg
Pidingerau
Türk
Weißbach
Schloss Marzoll
St. Valentin
Marzoll
Salzburger Freilichtmuseum
Jechlinger Str.
Haindlstr.
Grenzlandstr.
Saalach
Schwarzbach
Sandbach
Österreich
B20
B21
B1
A1
9a
2,8
2,2
2,5
1,8
1,8
2,6
2
3
4
5

Bad Reichenhall, Kurhaus

7 Schneizlreuth Ⓓ

ℹ Tourist-Info, Berchtesgadener Str. 12, OT Weißbach a. d. Alpenstraße, ✆ 08665/5229710, @ myd221

AUSFLUG **8** Wenn Sie der orangen Route (**Tauernradweg, Mozart-Radweg**) folgen, können Sie einen Abstecher nach Unken machen.

Unken

Vorwahl: 06589

ℹ **Gemeinde Unken**, Niederland 147, ✆ 4202, @ tni783

🏛 **Regionalmuseum Kalchofengut**, Unken 25, ✆ 4502 Es sind neben Gegenständen des bäuerlichen Alltags auch Fundstücke aus der Bronze- und Hallstattzeit zu sehen. @ hrh148

✵ **Festung Kniepass**, Unkenberg 1, ✆ 4245 ㉔ Pass- und Verteidigungsanlage von

9c

Heimatmuseum
Seebach
Berner
Thumsee
Ruine Karlstein
Pankrazkirche
St2101
Kirchberg
9
Bad Reichenhall
Predigtstuhl
B21
9a
Gfällgraben
Saalachsee
Müllnerhörndl
1255
6
6,5
Pflasterbachhörndl
1270
Echt Posch
Baumgarten
Predigtstuhl
1613
Schlegelalm
eizlreuth
Ulrichsholz
9d
B21 B305
2
Fronau
0,5
0,8
6
Unterjettenberg
B21
Vogelspitz
1285
Hochmaiskopf
Kratzer

1621, heute Ort für kulturelle Veranstaltungen und Ausstellungen. @ ynq828

Freizeitzentrum, Niederland 164, ✆ 4300. Hallenbad, Sauna, Freibad mit Riesenwasserrutsche, Whirlpool uvm. @ rex351

Der Ursprung des Namens Unken ist bis heute ungeklärt. In der Geschichte taucht der Ort immer wieder mit eigenartigen Bezeichnungen wie Unchine, Vnchen, Uncna, Vunchne oder Hunche auf. Im Jahr 1137 wird Unken erstmals urkundlich erwähnt. Damals erfolgte unter Propst Gerhoch von Reichersberg die Übereignung einer Salzpfanne in Reichenhall mit sechs Hofplätzen in den Wäldern von Unchen. Dieses Reichersberg liegt übrigens am Inn im oberösterreichischen Innviertel, wo auch der Tauernradweg vorbeiführt. Unken ist heute ein beliebter Winter- und Sommersportort, der seinen Gästen einiges zu bieten hat.

9 Bad Reichenhall s. S. 119

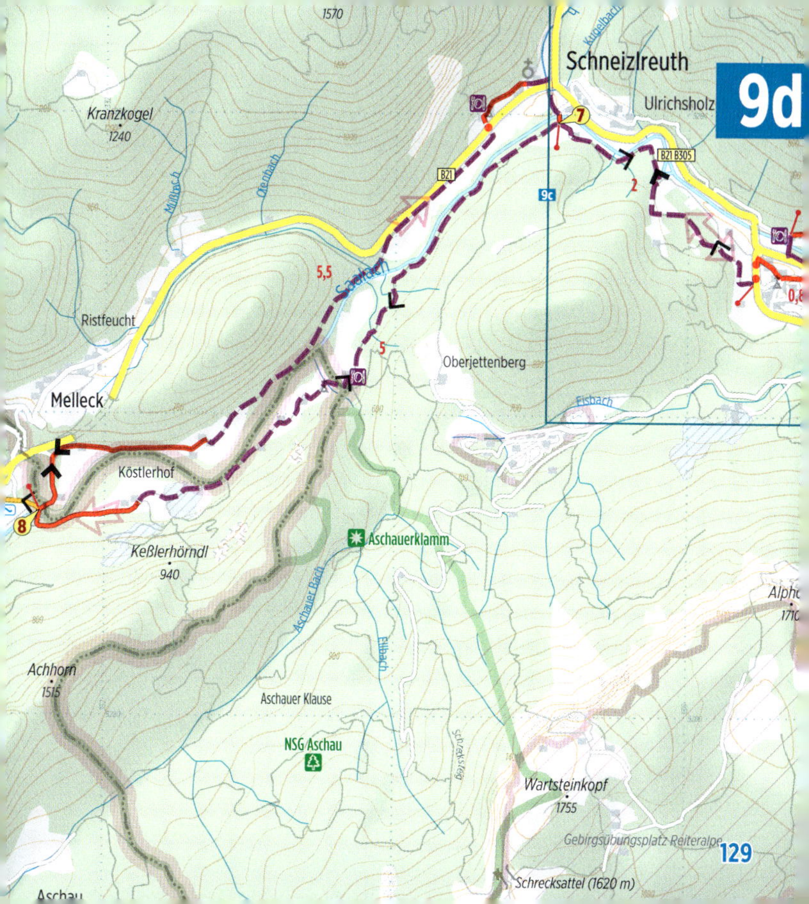

9d
Schneizlreuth
Ulrichsholz
Kugelbach
B21 B305
B21
9c
Kranzkogel
1240
1570
Mußbach
Ortenbach
Saalach
Ristfeucht
Melleck
Köstlerhof
Oberjettenberg
Eisbach
Keßlerhörndl
940
Aschauerklamm
Aschauer Bach
Eilbach
Achhorn
1515
Aschauer Klause
NSG Aschau
Schrecksteig
Wartsteinkopf
1755
Gebirgsübungsplatz Reiteralpe
Schrecksattel (1620 m)
Aschau
Alpho
1710
7
8
5,5
5
2
0,8

Tour 10 Rupertiwinkel-Radweg 66,7 km

HM/km: ↗ 3,2 (211m) ↘ 3,2 (211m) Radweg: 28 % Unbefestigt: 20 % Verkehr: 4 %

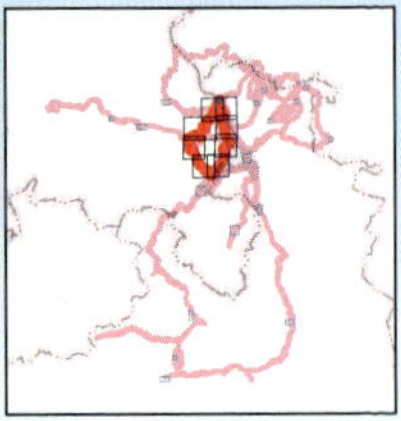

Von Piding im äußersten Süden des Rupertiwinkels aus, führt die Tour erst am Fuß des Teisenbergs entlang über Aufham und Anger nach Teisendorf. Über Weildorf fahren Sie vorbei am Abtsdorfer See, wo Sie einen Badestopp einlegen können, nach Laufen. An der Salzach entlang geht es nun weiter nach Triebenbach. Über Surheim, Freilassing, Ainring, dann über Feldkirchen und Hammerau erreichen Sie schließlich wieder den Ausgangspunkt der Tour in Piding.

Charakteristik

Start/Ziel: Bahnhof Piding

Wegbeschaffenheit: Die Route verläuft großteils auf verkehrsarmen Nebenstraßen, und zum kleineren Teil auf Rad- und Gehwegen und gut befahrbaren Kieswegen

Verkehr: Meist fahren Sie auf ruhigen Straßen und Radwegen, in Laufen und Freilassing ist mit erhöhtem Verkehrsaufkommen zu rechnen.

Beschilderung: Mit dem Rupertiwinkel-Radweg Logo und grünem Rad auf weißem Hintergrund beschildert (teils lückenhaft).

Steigungen: Die Strecke birgt nur wenige Steigungen.

Tipp: Sie können die Tour auch in Freilassing oder in Oberndorf (über die Brücke nach Laufen) starten.

An- und Abreise: Die Bahn fährt stündlich von Salzburg nach Piding (Fahrzeit rund 30 min).

Anschlusstour(en): 2, 9, 11, 12

1 Piding Ⓓ

Vorwahl: 08651

- **Tourismusbüro**, Peterspl. 2, ✆ 3860, @ nkx554
- **Schloss Staufeneck**, Schloßweg 15. Das mittelalterliche Gebäude befindet sich seit 1870 in Privatbesitz. Seit 2005 findet jedes Jahr am 1. Wochenende im August ein Mittelaltermarkt statt.

Das erste Mal besiedelt wurde die Region des heutigen Piding bereits in der Jungsteinzeit. Nach den Kelten war das Gebiet 500 Jahre lang von den Römern eingenommen. Diese Herrschaft ging mit der Völkerwanderungszeit zu Ende, als die Bajuwaren das Gebiet bewohnten.

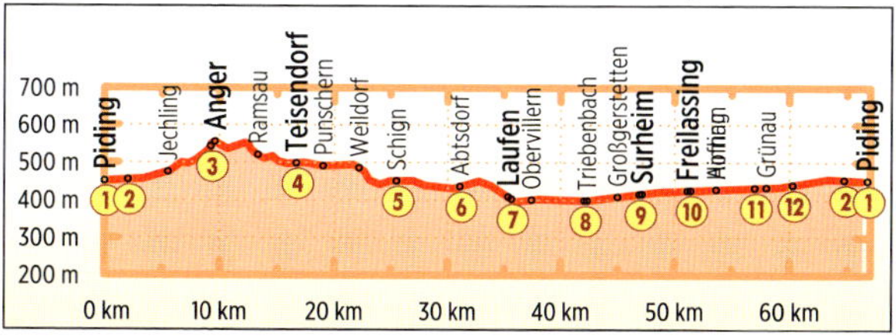

TIPP Vom Bahnhof geht es in nordöstlicher Richtung über einen Radweg zum **Marzoller Weg** und über die **Saalachstraße** wieder über einen Radweg weiter zu **Am Gänslehen**, links in die **Ganghoferstraße** und rechts in die **Berchtesgadener Straße**. **2** Am Ende links in die **Salzburger Straße**.

Aufham (Anger) Ⓓ

Vorwahl: 08656

- **Pfarrkirche St. Jakobus.** Die spätromanische Kirche befindet sich westlich und oberhalb des Altstraßenverlaufs.
- **Hans-Peter Porsche TraumWerk**, Zum Traumwerk 1, ✆ 989500 Nostalgische Blechspielzeugausstellung, Modellbahnwelt, Spielzeugsammlung und die Parkbahn zeigt den Wandel des Spielzeugs über die Jahrzehnte. @ dej634
- **Staufenbad**, Angerstr. 26, ✆ 7141, @ trf311

3 Anger Ⓓ

Vorwahl: 08656

Tourist-Information, Dorfpl. 4, ✆ 988922, @ wrd463

König Ludwig I. bezeichnete Anger einst als sein „schönstes Dorf". Rund um die große Dorf- und Gemeindewiese, von der sich wahrscheinlich der Dorfname ableitet, stehen Gasthöfe und blumengeschmückte Häuser. Von Anger aus haben Sie während Ihrer Radtour einen herrlichen Ausblick auf die bayerischen Berge wie den Hochstaufen, Untersberg und Högl.

Höglwörth (Anger) Ⓓ

Stiftskirche St. Peter und Paul, Klosterweg. Das ehem. Augustiner-Chorherrenstift war einst Zentrum des Rupertiwinkels. 1817 wurde es aufgelöst. Zu besichtigen ist die wunderschöne barocke Stiftskirche.

Höglwörther See. Der 14 ha große See entstand ursprünglich nach Abschmelzen des Saalachgletschers vor etwa 10.000 Jahren. Er ist als Endmoränensee als Geotop ausgewiesen.

Höglwörth war das kleinste und ärmste Kloster im Fürsterzbischoftum Salzburg, Gründungsdatum und Stifter sind urkundlich nicht nachvollziehbar. Allerdings existiert eine Schenkungsurkunde des Werigand von Plain, der das Gebiet auf dem das Kloster errichtet wurde, übergeben hat. Man weiß allerdings nicht an wen diese Schenkung gerichtet war. Nachdem Papst Eugen III. ein Privileg verfälscht hatte, ging die Einsetzung des Propstes und die Aufsicht über das Kloster von Salzburg aus. Von den Nachkommen Werigands gingen weitere Schenkungen an Höglwörth. Dadurch konnte es im 12. und 13. Jahrhundert großen Grundbesitz erlangen. Das Kloster wurde im Juli 1817 aufgelöst, es dauerte allerdings noch bis 1824 bis der gesamte Klosterbesitz verkauft war.

4 Teisendorf Ⓓ

Vorwahl: 08666

Tourist-Information, Poststr. 14, ✆ 295, @ tdj852

Pfarrkirche St. Andreas, ✆ 280. Das Wahrzeichen von Teisendorf wurde 1437 er-

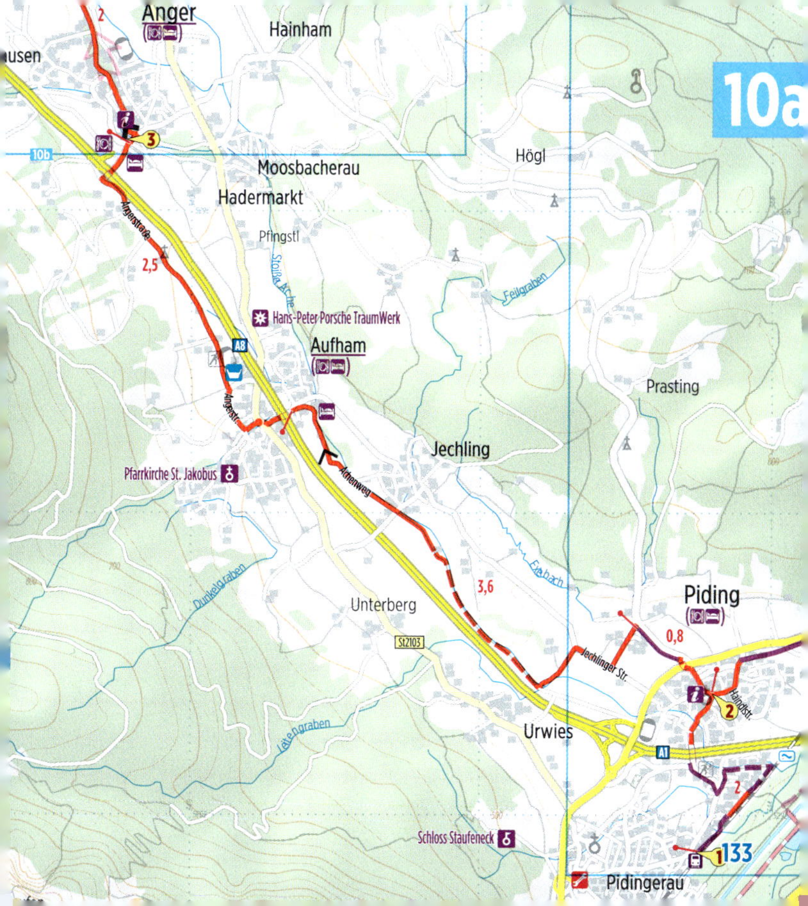
10a
Anger
Hainham
Höglwörth
Moosbacherau
Hadermarkt
Pfingstl
Höglwörther See
Stoißer Ache
Feilgraben
Hans-Peter Porsche TraumWerk
Aufham
Angerstraße
2,5
A8
Angerstr.
Achenweg
Jechling
Prasting
Pfarrkirche St. Jakobus
Dunkelgraben
Unterberg
3,6
Eisenbach
St2103
Piding
0,8
Jechlinger Str.
Haindlstr.
Urwies
A1
Lattengraben
Schloss Staufeneck
Pidingerau
133
10b
3
2
1

Höglwörther See mit Kloster

baut und ist bekannt für den weithin sichtbaren Turm.

- **Geopark Eichelgarten**, Alte-Reichenhaller-Str. 30, ✆ 295. Hier erhalten Sie Informationen über die Auswirkungen der Eiszeiten, den Aufbau und die Zusammensetzung von Gesteinen, die Entstehung des Gebirges und die dahinter steckenden Prozesse. @ whq181
- **Waldschwimmbad**, Alte-Reichenhaller-Str. 35, ✆ 929916, @ plr537
- **Brauereiführung**, Poststr. 1, ✆ 8020 © In der Privatbrauerei Wieninger erhalten Sie Einblick in die Kunst des Bierbrauens. @ wvx452

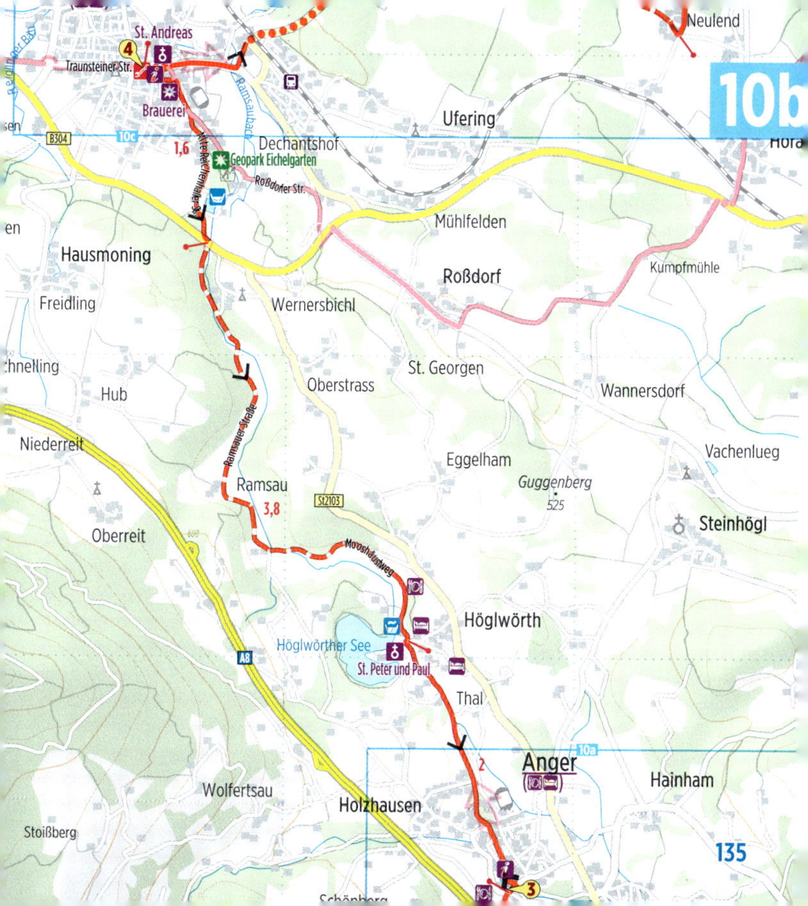

Neulend
10b
St. Andreas
4
Traunsteiner Str.
Brauerei
Ramsaubach
Ufering
B304
10c
1,6
Dechantshof
Geopark Eichelgarten
Alte Reichenhaller Str.
Roßdorfer Str.
Mühlfelden
Hausmoning
Roßdorf
Kumpfmühle
Freidling
Wernersbichl
St. Georgen
Hub
Oberstrass
Wannersdorf
Niederreit
Ramsauer Straße
Eggelham
Vachenlueg
Guggenberg
525
Ramsau
St2103
3,8
Steinhögl
Oberreit
Mooshäuslweg
Höglwörth
Höglwörther See
St. Peter und Paul
A8
Thal
10a
2
Anger
Hainham
Wolfertsau
Holzhausen
Stoißberg
3

Teisendorf wird als „Dusindorf" im Jahre 790 in einer Schenkungsurkunde der damaligen Bayernherzöge an das Erzstift Salzburg zum ersten Mal erwähnt. Zweifellos darf aber Teisendorf auf eine wesentlich ältere Vergangenheit zurückblicken. Funde aus der Römerzeit lassen darauf schließen, dass Teisendorf schon zur Zeit der Römer besiedelt war. Während der Zugehörigkeit zu Salzburg war Teisendorf der Sitz eines Pflegegerichts, welches auf der Burg Raschenberg bei Oberteisendorf untergebracht war. Um 1600 wird erstmals in Schriften ein Bierbrauer erwähnt. Seit dem Jahre 1813 ist die heutige Brauerei ununterbrochen im Besitz der Familie Wieninger.

Weildorf (Teisendorf) Ⓓ

Clownmuseum, Hauptstr. 16, ✆ 08666/7659 © Privatsammlung mit über 4.000 Clown-Utensilien. @ app414

Mariä Himmelfahrt, Hauptstr. 9. Die Wallfahrtskirche wurde 1427-29 errichtet. Sehenswert sind die spätgotischen Gewölbemalereien aus der Zeit um 1500 sowie der barocke Hochaltar von 1732/33

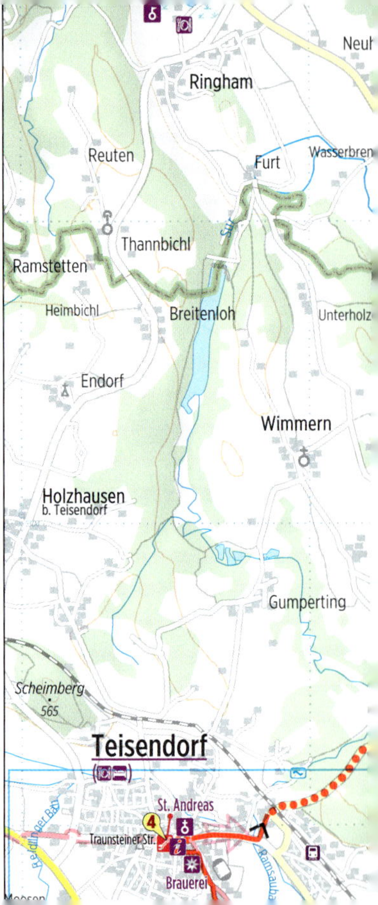

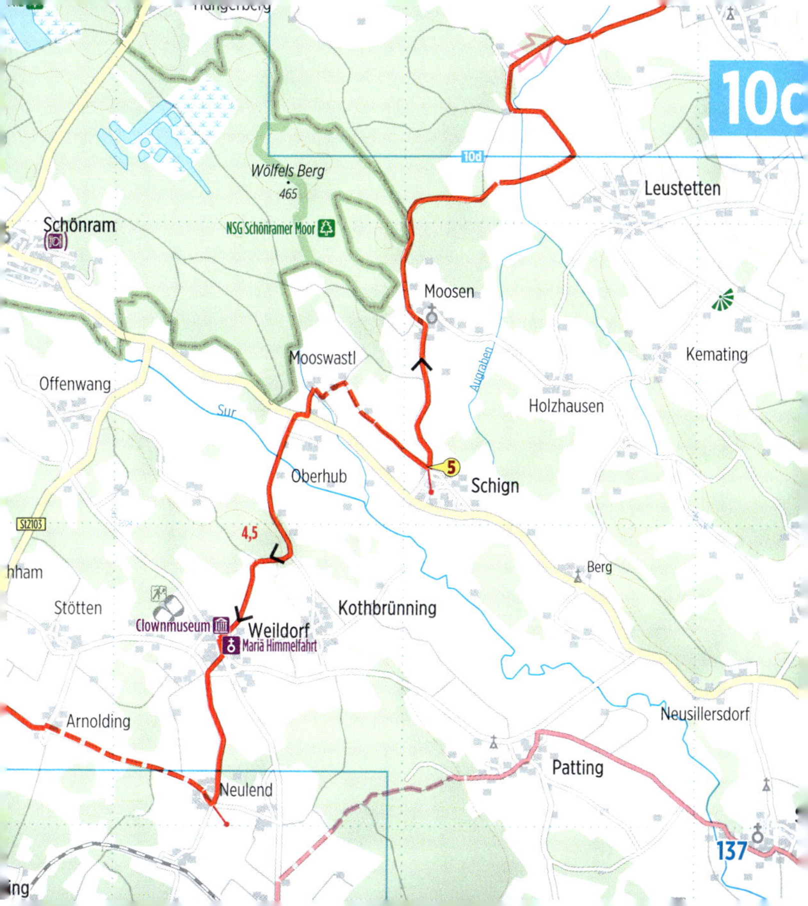
10c
10d
Wölfels Berg
465
NSG Schönramer Moor
Schönram
Leustetten
Moosen
Kemating
Mooswastl
Augraben
Holzhausen
Offenwang
Sur
Oberhub
Schign
5
St2103
4,5
hham
Berg
Stötten
Kothbrünning
Clownmuseum
Weildorf
Mariä Himmelfahrt
Arnolding
Neusillersdorf
Patting
Neulend
137
ing

Willkommen in Laufen an der Salzach

Laufen an der Salzach hat eine gute Portion südländischen Flairs und wird gerne als „Historisc Perle" oder „mittelalterliches Juwel" bezeichnet. Durch die wunderschöne Länderbrücke und d Europasteg ist Laufen mit Oberndorf bei Salzburg verbunden. Der Radweg führt direkt an c Salzach entlang. Vom ehemaligen Schloss am Salzburger Tor über den Marienplatz, entlang c Rottmayrstraße geht es zur ältesten gotischen Hallenkirche Süddeutschlands mit ihrem berühmt Stiftsschatz. Ein absolutes Highlight sind die von der Stadt angebotenen Nachtwächterführung mit Laterne. Infos unter +49 / (0) 8682 / 8987-48 oder -49.

Tourist-Info Laufen
Rathausplatz 1, D-83410 Laufen
Telefon: +49 8682 8987-49 · Fax: +49 8682 8987-40
tourist-info@stadtlaufen.de · www.stadtlaufen.de

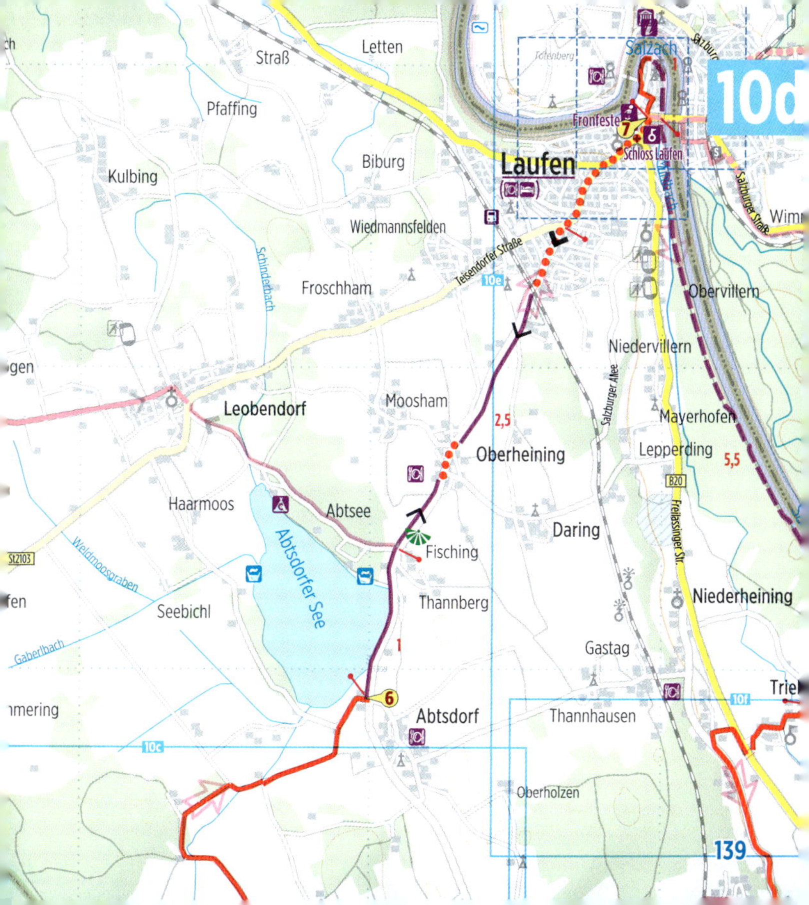

10d
Salzach
Salzburger Straße
Letten
Straß
Pfaffing
Biburg
Kulbing
Fronfeste
7
Schloss Laufen
Laufen
Wiedmannsfelden
Teisendorfer Straße
10e
Schinderbach
Froschham
Obervillern
Niedervillern
Leobendorf
Moosham
2,5
Salzburger Allee
Mayerhofen
Lepperding
5,5
Oberheining
B20
Haarmoos
Abtsee
Daring
Freilassinger Str.
Abtsdorfer See
Fisching
St2103
Weldmoosgraben
Seebichl
Thannberg
Niederheining
Gaberlbach
1
Gastag
6
Abtsdorf
Thannhausen
10f
10c
Oberholzen
Wimm

mit Plastiken von Georg Joseph Fries. @ his842

5 Schign (Saaldorf-Surheim) Ⓓ

Moosen (Saaldorf-Surheim) Ⓓ

6 Abtsdorf (Saaldorf-Surheim) Ⓓ

Fisching (Laufen) Ⓓ

Abtsee (Laufen) Ⓓ

Abtsdorfer See, Abtsee

Oberheining (Laufen) Ⓓ

7 Laufen Ⓓ

Vorwahl: 08682

Tourist-Info Laufen, Rathauspl. 1, ✆ 898749, @ cnk675

Laufen, Salzach und Stiftskirche

Stiftskirche Mariä Himmelfahrt, Spannbruckerpl. 6, ✆ 89610. Die älteste gotische Hallenkirche Bayerns wurde um 1338 fertiggestellt, der Laubengang wurde mit Grabplatten aus rotem Adneter Marmor gefertigt. @ lhv441

Schloss Laufen, Schlosspl. Das ehemalige Erzbischöfliche Schloss wurde im Jahr 1608 vom italienischen Baumeister Vincenzo Scamozzi errichtet. Heute befinden sich Wohnungen darin. @ byu481

Fronfeste, Rathauspl. 3. Der Turm wurde als Teil der Stadtmauer errichtet und bereits im 17. Jh. wurden die Verurteilten des Stadtgerichtes darin eingekerkert. Heute befinden sich hier Wohnungen und das Stadtarchiv. @ idn527

Kapuzinerhof, Schlosspl. 4, ✆ 9540. Das ehem. Novizenkloster der Kapuziner (1655) bestand bis 1992. Beim Umbau zum heutigen Hotel und Bildungszentrum Kapuzinerhof blieben charakteristische Merkmale, wie die Holzbalkendecke in der Klosterstube aus dem Jahr 1657, erhalten. Der ehemalige Klostergarten wurde nach historischem Vorbild mit Obstspalieren ergänzt und ist heute ein Schaugarten. @ job273

Rupertusplatz. Mit spätgotischem Rathaus und Brunnen mit einer Statue

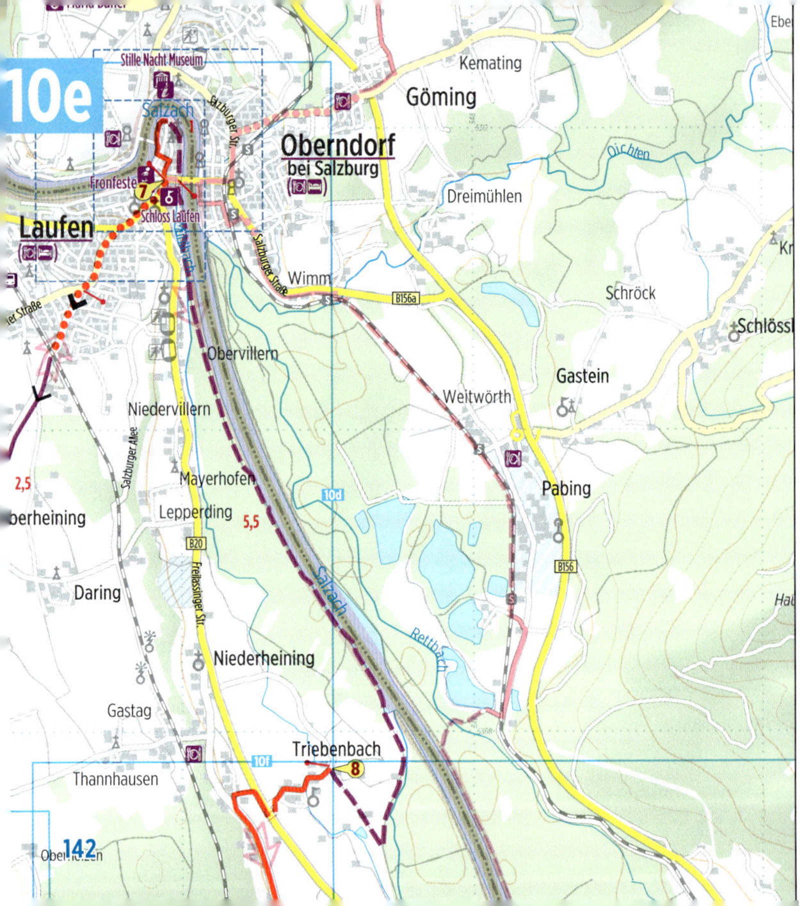
10e
Stille Nacht Museum
Salzach
Fronfeste
7
Schloss Laufen
Laufen
Oberndorf
bei Salzburg
Göming
Kemating
Oichten
Dreimühlen
Salzburger Str.
Salzburger Straße
Wimm
B156a
Schröck
Schlössl
Gastein
Weitwörth
Pabing
B156
Obervillern
Niedervillern
Salzburger Allee
Mayerhofen
Lepperding
5,5
2,5
10d
B20
Freilassinger Str.
Daring
Rettbach
Niederheining
Gastag
Triebenbach
8
10f
Thannhausen

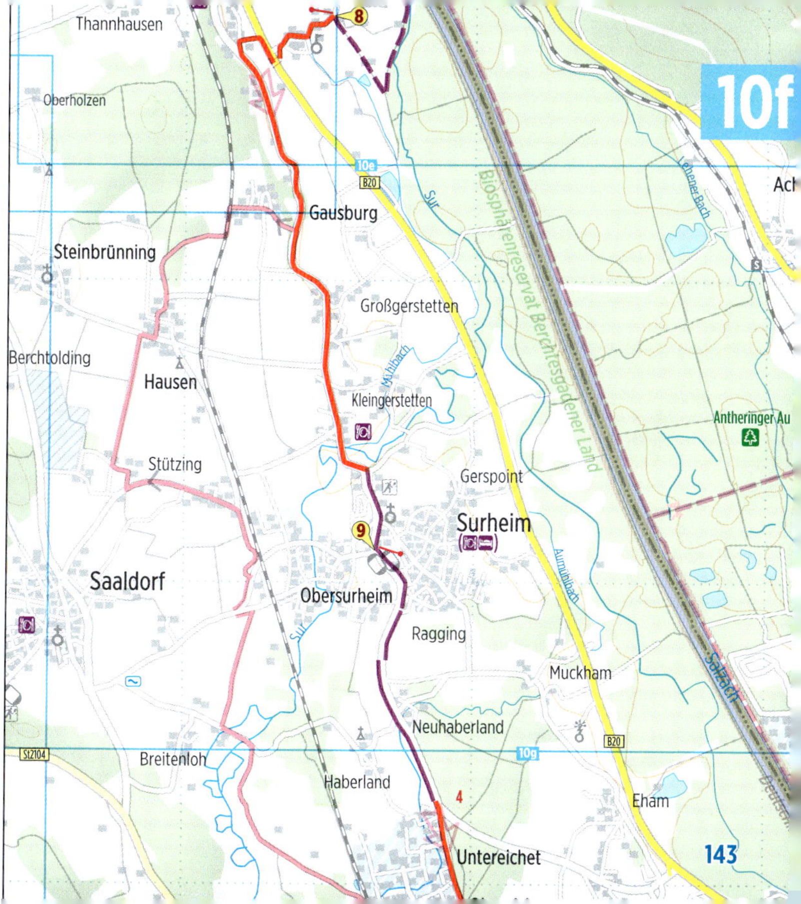

Thannhausen
Oberholzen
10f
Ach
10e
B20
Gausburg
Sur
Biosphärenreservat Berchtesgadener Land
Lehener Bach
Steinbrünning
Großgerstetten
Berchtolding
Hausen
Mühlbach
Kleingerstetten
Antheringer Au
Stützing
Gerspoint
Surheim
Saaldorf
Obersurheim
Aumühlbach
Ragging
Sur
Muckham
Salzach
Neuhaberland
St2104
Breitenloh
10g
B20
Haberland
Eham
Untereichet

Ainringer Moos

des Hl. Rupert als Landespatron. @ odp534

8 Triebenbach (Laufen) D

9 Saaldorf-Surheim D

10 Freilassing D

Vorwahl: 08654

Lokwelt Freilassing, Westendstr. 5, ✆ 3099320 Faszination Bahn auf 17 Gleisen und speziell für Kinder die „Kleine Lokwelt“. @ mrn718

Stadtmuseum, Herrmann-Ober-Pl. 1a, ✆ 4806303, ✆ 1675 Stadtgeschichte im ehem. Feuerwehrhaus, von der Ur- u. Frühgeschichte über die Entwicklung der Eisenbahn bis zu Handel und Industrie. @ ojj876

Freibad Brodhausen, Wasserburger Str. 62, ✆ 3099721, @ epg575

11 Ainring D

Vorwahl: 08654

Ainringer Moos (24) Das Ainringer Moos wurde nach seiner industriellen Nutzung 2003 renaturiert. Ein rund 2,5 km langer Rundweg mit 11 Stationen bietet Informationen zu den Lebensräumen des

10g
Breitenloh
Haberland
Eham
Untereichet
Obereichet
10f
Salzburghofen
Freilassing
Sur
Brodhausen
Sailen
Stadtmuseum
Lokwelt
Berg
Perach
B304
Adelstetten
Hofham
Heidenpoint
Ainringer Moos
Erlebnisbad Ainring
Mitterfelden
Bruch
Siezenheim
Hausmoning
10h
Ainring
ögel
B155
145
1
0,6
0,8
2
1,2
1,4
4
10
11

Ainringer Mooses und seiner industriegeschichtlichen Bedeutung. @ cdq478

Erlebnisbad, Schwimmbadstr. 13, ✆ 8506, @ scw235

Feldkirchen (Ainring) Ⓓ

Hammerau (Ainring) Ⓓ

12 Grünau (Wals-Siezenheim)

TIPP **2** Hier links in die **Berchtesgadener Straße** und zurück zum Bahnhof Piding.

1 Piding s. S. 131

Piding, Schloss Staufeneck

Ulrichshögel
Ainring
10g
B20
Feldkirchen
10h
Mühlbach
2,5
Reit
Wiesbach
Hammerau
0,6
Saalach
Mühlbach
Bicheln
12
11
Grünau
Wals
Prasting
4,5
Käferheim
10a
B20
B1
Piding
0,8
Walserberg
Gois
Salzweg
Haindlstr.
2
A1
A1
B21
Saalach
2
Schwarzbach
Wartberg
Steinerbach
1

Tour 11 Auf der Via Julia zum Chiemsee 68,8 km

HM/km: ↗ 5,2 (361m) ↘ 3,7 (255m) Radweg: 29 % Unbefestigt: 23 % Verkehr: 4 %

Die Via Julia verläuft auf historischen Wegen entlang einer der bekanntesten römischen Straßen in Süddeutschland. Die Tour beginnt in Freilassing und führt über Sillersdorf, Patting, Hörafing und Roßbach nach Teisendorf. Über Lauter und Hufschlag geht es nach Traunstein. Nun radeln Sie nach Chieming und dann am Ufer des Chiemsees bis nach Seebruck. In Gollenhaus verlassen Sie den See in westlicher Richtung und fahren durch das Naturschutzgebiet Eggstätt Hemhofer Seenplatte mit zahlreichen Bademöglichkeiten, zum Ziel dieser Tour, Bad Endorf.

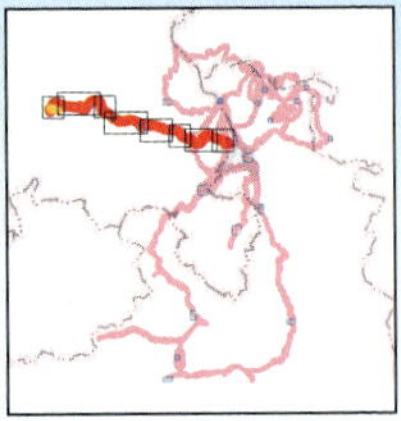

Charakteristik

Start: Freilassing

Ziel: Bad Endorf

Wegbeschaffenheit: Die Route verläuft großteils auf asphaltierten Radwegen und Straßen.

Verkehr: Meist fahren Sie auf ruhigen Radwegen und Straßen, nur selten ist mit etwas mehr Verkehr zu rechnen.

Beschilderung: Durchgängig mit dem Via Julia-Logo beschildert.

Steigungen: Die Strecke birgt einige, teils auch kräftige, Steigungen.

An- und Abreise: Die S-Bahn und die Regionalbahn verkehren regelmäßig zwischen Salzburg Hbf. und Freilassing. Die Regionalbahn bringt Sie in 56 min von Bad Endorf zurück nach Salzburg.

Anschlusstour(en): 10

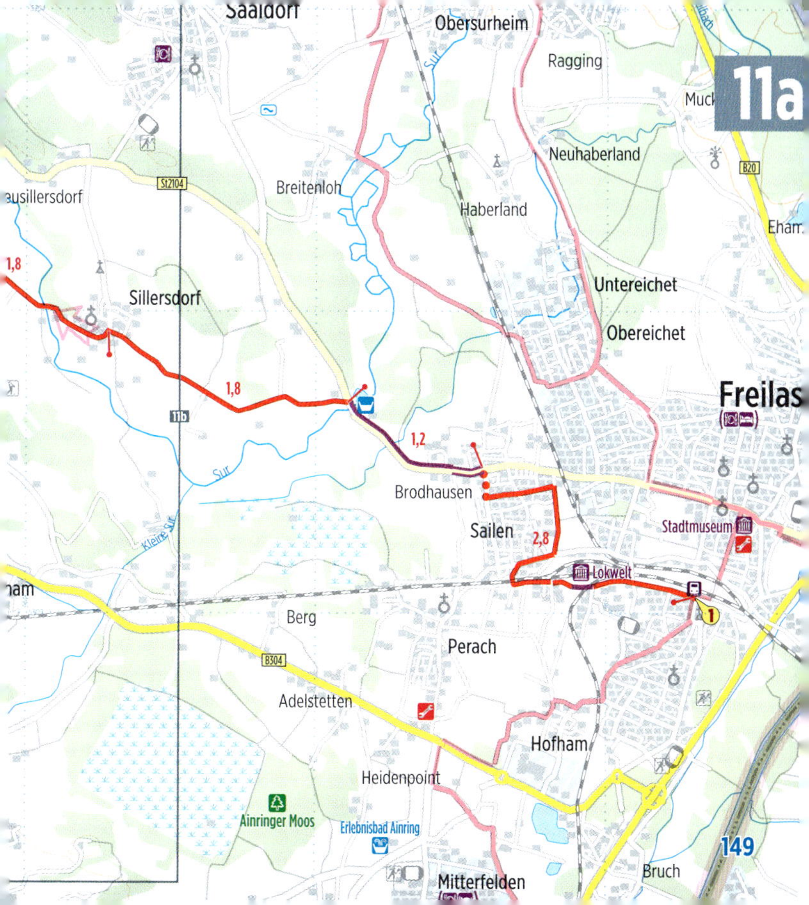
Saaldorf
Obersurheim
Ragging
11a
Muck
Neuhaberland
St2104
B20
ausillersdorf
Breitenloh
Haberland
Eham
1,8
Sillersdorf
Untereichet
Obereichet
1,8
Freilas
11b
1,2
Sur
Brodhausen
Sailen
Stadtmuseum
Kleine Sur
2,8
Lokwelt
ham
1
Berg
Perach
B304
Adelstetten
Hofham
Heidenpoint
Ainringer Moos
Erlebnisbad Ainring
149
Bruch
Mitterfelden

1 Freilassing Ⓓ

Vorwahl: 08654

- 🏛 **Lokwelt Freilassing**, Westendstr. 5, ✆ 3099320 Ⓖ Faszination Bahn auf 17 Gleisen und speziell für Kinder die „Kleine Lokwelt". @ mrn718
- 🏛 **Stadtmuseum**, Herrmann-Ober-Pl. 1a, ✆ 4806303, ✆ 1675 Ⓖ Stadtgeschichte im ehem. Feuerwehrhaus, von der Ur- u. Frühgeschichte über die Entwicklung der Eisenbahn bis zu Handel und Industrie. @ ojj876
- **Freibad Brodhausen**, Wasserburger Str. 62, ✆ 3099721, @ epg575

2 Patting (Teisendorf) Ⓓ

3 Teisendorf Ⓓ

Vorwahl: 08666

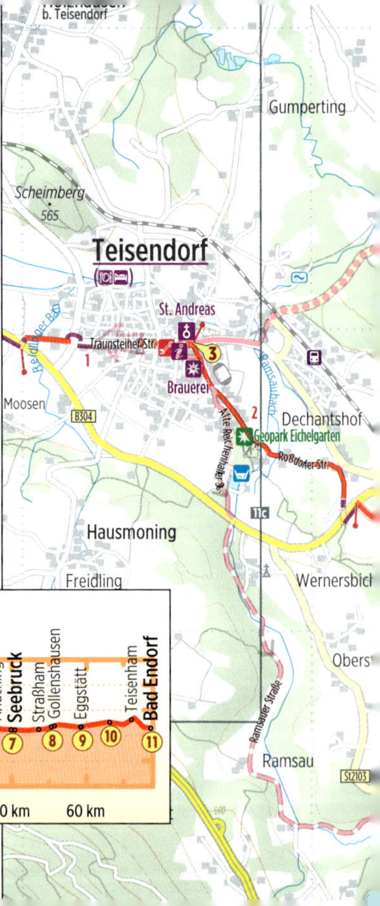

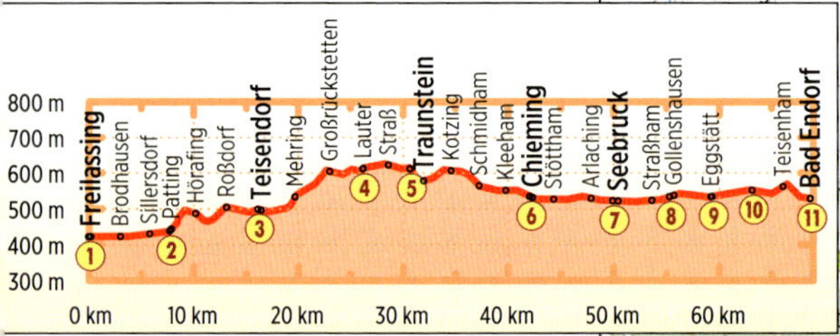

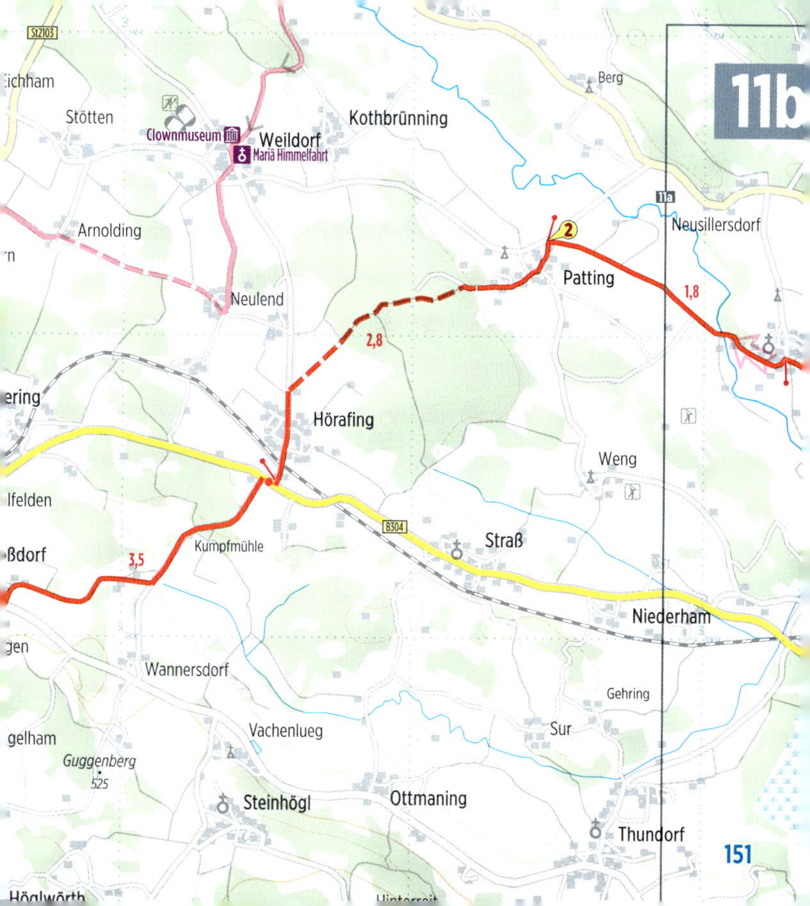

11b
St2103
Eichham
Stötten
Clownmuseum
Weildorf
Mariä Himmelfahrt
Kothbrünning
Berg
11a
Neusillersdorf
Arnolding
2
Patting
1,8
Neulend
2,8
Hörafing
Weng
B304
Straß
Kumpfmühle
3,5
Niederham
Wannersdorf
Gehring
Vachenlueg
Sur
Guggenberg
525
Steinhögl
Ottmaning
Thundorf
Höglwörth

Tourist-Information, Poststr. 14, ✆ 295, @ tdj852

Pfarrkirche St. Andreas, ✆ 280. Das Wahrzeichen von Teisendorf wurde 1437 erbaut und ist bekannt für den weithin sichtbaren Turm.

Geopark Eichelgarten, Alte-Reichenhaller-Str. 30, ✆ 295. Hier erhalten Sie Informationen über die Auswirkungen der Eiszeiten, den Aufbau und die Zusammensetzung von Gesteinen, die Entstehung des Gebirges und die dahinter steckenden Prozesse. @ whq181

Waldschwimmbad, Alte-Reichenhaller-Str. 35, ✆ 929916, @ plr537

Brauereiführung, Poststr. 1, ✆ 8020 © In der Privatbrauerei Wieninger erhalten Sie Einblick in die Kunst des Bierbrauens. @ wvx452

Teisendorf wird als „Dusindorf" im Jahre 790 in einer Schenkungsurkunde der damaligen Bayernherzöge an das Erzstift Salzburg zum ersten Mal erwähnt. Zweifellos darf aber Teisendorf auf eine wesentlich ältere Vergangenheit zurückblicken. Funde

Teisendorf, Marktstraße

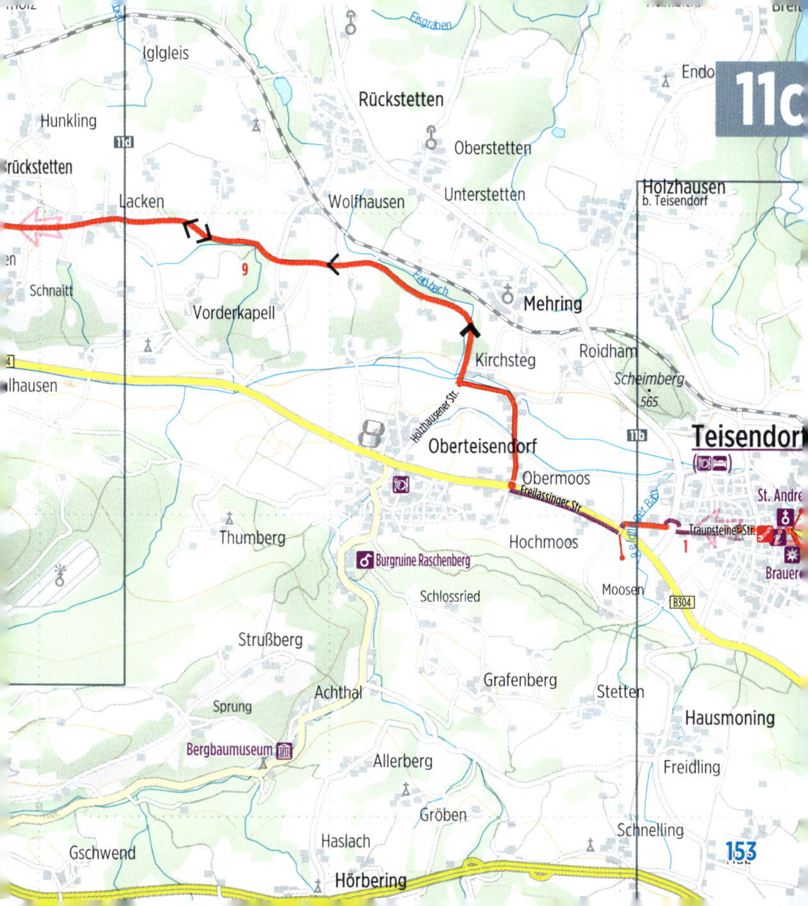
11c
Iglgleis
Eisgraben
Rückstetten
Endo
Hunkling
11d
Brückstetten
Oberstetten
Unterstetten
Lacken
Wolfhausen
Holzhausen
b. Teisendorf
9
Fellbach
Schnaitt
Vorderkapell
Mehring
Kirchsteg
Roidham
Scheimberg
565
Holzhausener Str.
Oberteisendorf
11b
Teisendorf
Obermoos
Freilassinger Str.
St. Andrä
Traunsteiner Str.
1
Thumberg
Hochmoos
Burgruine Raschenberg
Brauerei
Schlossried
Moosen
B304
Strußberg
Grafenberg
Stetten
Achthal
Sprung
Hausmoning
Bergbaumuseum
Allerberg
Freidling
Gröben
Haslach
Schnelling
Gschwend
Hörbering

aus der Römerzeit lassen darauf schließen, dass Teisendorf schon zur Zeit der Römer besiedelt war. Während der Zugehörigkeit zu Salzburg war Teisendorf der Sitz eines Pflegegerichts, welches auf der Burg Raschenberg bei Oberteisendorf untergebracht war. Um 1600 wird erstmals in Schriften ein Bierbrauer erwähnt. Seit dem Jahre 1813 ist die heutige Brauerei ununterbrochen im Besitz der Familie Wieninger.

Oberteisendorf (Teisendorf) Ⓓ

Burgruine Raschenberg, Am Schlossberg. Die Höhenburg wurde vermutlich durch die Grafen von Plain erbaut. Von der ehemaligen Burg sind noch wenige Bruchsteine zu sehen.

4 Lauter (Surberg) Ⓓ

Ettendorf (Surberg) Ⓓ

5 Traunstein Ⓓ

Vorwahl: 0861

Tourist-Information, Stadtpl. 39, ✆ 65500, @ ldh338

Brauereimuseum, Hofg. 6, ✆ 9886642 Es besteht die Möglichkeit die Geheimnisse der bayerischen Braukunst aus

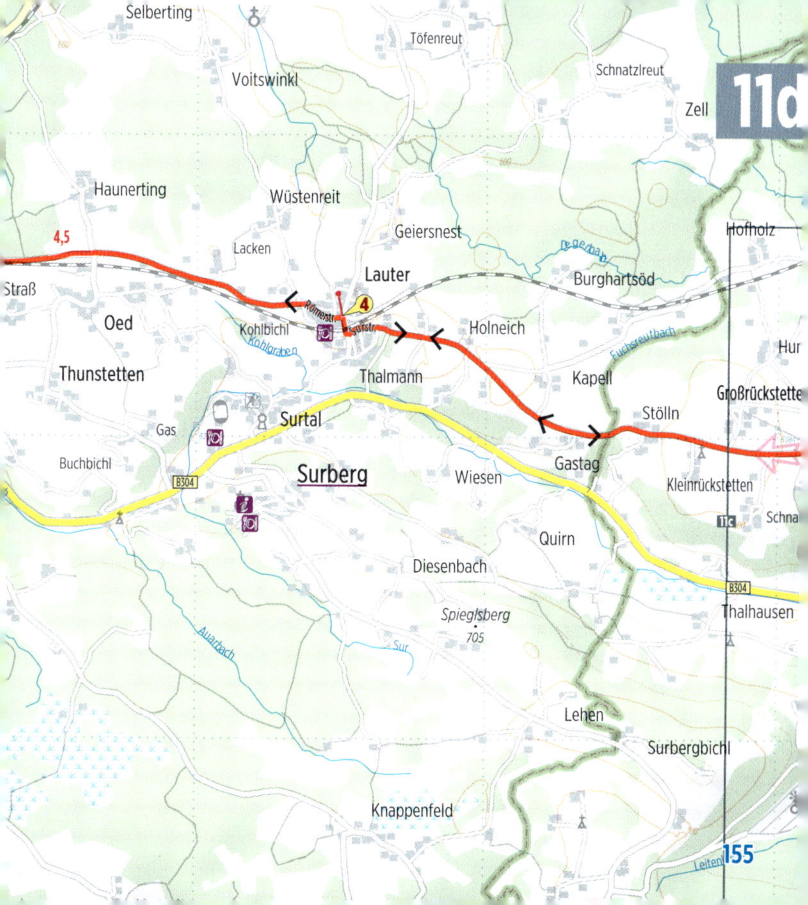
11d
Selberting
Töfenreut
Voitswinkl
Schnatzlreut
Zell
Haunerting
Wüstenreit
Hofholz
Geiersnest
4,5
Lacken
Degerbach
Lauter
Burghartsöd
Straß
Oed
Römerstr.
4
Kohlbichl
Surtstr.
Holneich
Kohlgraben
Fuchsreutbach
Hur
Thunstetten
Thalmann
Kapell
Großrückstette
Surtal
Stölln
Gas
Buchbichl
B304
Surberg
Wiesen
Gastag
Kleinrückstetten
11c
Schna
Quirn
Diesenbach
B304
Thalhausen
Spieglsberg
705
Auerbach
Sur
Lehen
Surbergbichl
Knappenfeld
Leiten

Traunstein

nächster Nähe zu beobachten und zu entdecken. @ mtv457

🏛 **Druckereimuseum**, Marienstr. 12, ✆ 98770 Das Privatmuseum präsentiert die Geschichte des Buchdrucks von Gutenberg bis zu modernen Drucktechniken. @ xce514

🏛 **Stadt- und Spielzeugmuseum**, Stadtpl. 2-3, Museum im Heimathaus, ✆ 164786 Schwerpunkt des Museums liegt auf dem Wirtschaftsleben der Stadt, sowie dem Handel und Handwerk. Außerdem wird die bürgerliche sowohl bäuerliche Kultur des Chiemgaus vorgestellt. @ yis575

🏛 **Städtische Galerie**, Ludwigstr. 12, ✆ 164319 In wechselnden Ausstellungen zeigt die Galerie Bilder, Fotografien und Installationen. @ dsp482

Salinenkapelle. Erbaut 1630/31 von Wolf König nach Plänen von Isaak Bader. Der Sakralbau wurde erst 1671 dem Gründer

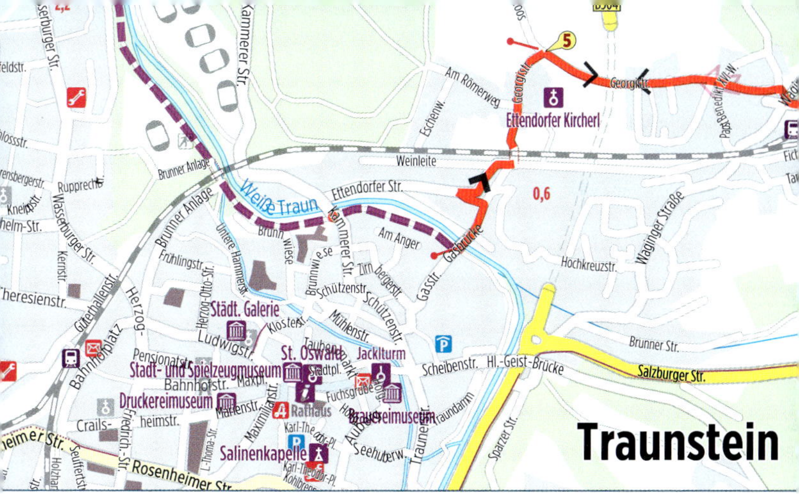

Maximilian und dem Heiligen Rupert geweiht.

Jacklturm, Stadtpl. Neben der Pfarrkirche gilt der Jacklturm als bekanntestes Gebäude der Stadt. Nach dem Stadtbrand 1704 wurde der Turm ab 1998 nach originalen Plänen wieder erbaut.

Lindlbrunnen, Stadtpl. Historisches Wahrzeichen von Traunstein. 1526 von Meister Steffan aus rotem Ruhpoldinger Marmor erschaffen.

Stadtführungen, ✆ 65500. Entdeckungsreise durch das „Herz des Chiemgaus“: Benediktweg, Stadtspaziergang, Salinenweg, Kulinarischer Spaziergang, Naturspaziergang, Thomas-Bernhard-Spaziergang.

Erlebnis-Warmbad Traunstein, Am Schwimmbad 15, ✆ 164744, @ xmi461

Das damalige Trauwenstain – heute Traunstein – wurde erstmals 1245 in einer Schrift erwähnt. Der Name bedeutet wörtlich über-

St. Johann
Linnersberg
545
Lohbach
Chieminger Str.
Laimgrub
3,5
St2096
Eglsee
Stöttham er-Str.
Chieming
Hauptstr.
Obst- und Bienenlehrpfad
Heimathaus
6
Aufham
Pfeffersee
Chiemsee
St2095
Kleeham
Krebsbach
4,7
Grabenstätter Str.
Höhenberg
575
Unterhochstätt
Innerlohen
Oberhochstätt
Kaltenbach
Hagenau
Tiefenbach
Oberhochstätter Bach
Aussichtsturm Hagenau
Tette
St2096
Hirschau
Grabenstätter Moos

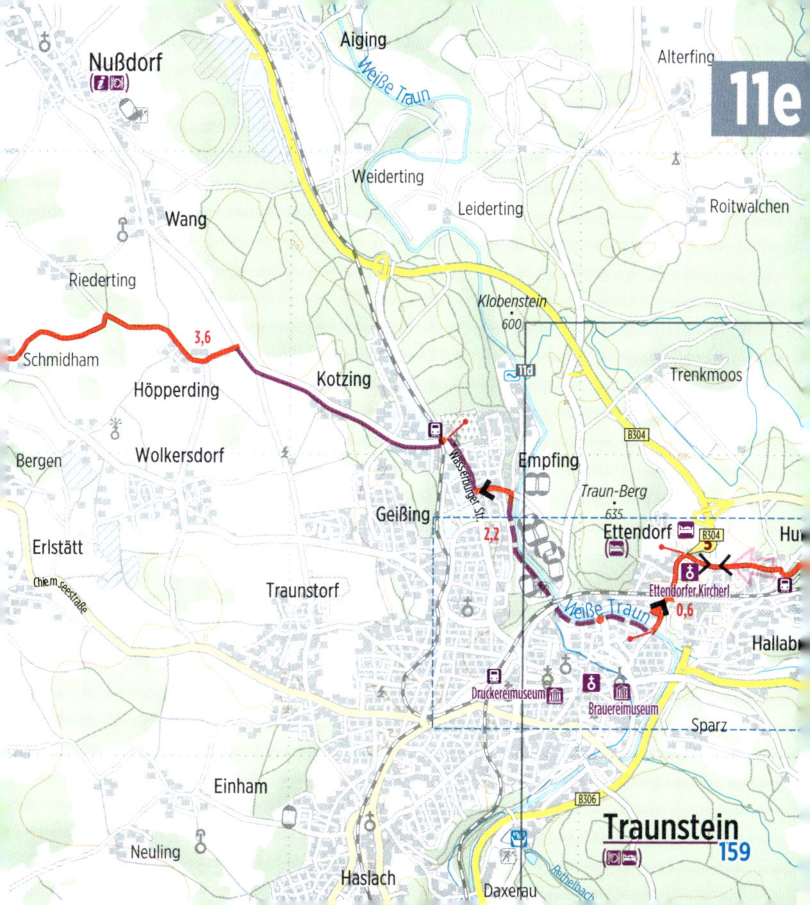
11e
Nußdorf
Aiging
Weiße Traun
Alterfing
Weiderting
Leiderting
Roitwalchen
Wang
Riederting
Klobenstein
600
Schmidham
3,6
Höpperding
Kotzing
11d
Trenkmoos
B304
Bergen
Wolkersdorf
Wasserburger Str.
Empfing
Traun-Berg
635
Geißing
2,2
Ettendorf
B304
Erlstätt
Ettendorfer Kircherl
0,6
Hallabr
Chiemseestraße
Traunstorf
Weiße Traun
Druckereimuseum
Brauereimuseum
Sparz
Einham
B306
Traunstein
159
Neuling
Haslach
Daxerau
Rettelbach

Chieming, Chiemsee

setzt „Burg an der Traun". Um 1300 wurde Traunstein das Stadtrecht verliehen. Mitte des 15. Jahrhunderts widmete sich die Stadt dem Salzhandel, welcher einen hohen Profit einbrachte.

Unter Herzog Maximilian wurde eine Soleleitung nach Traunstein errichtet. Im Laufe der Jahre hatte die Stadt unter vielen negativen Einflüssen wie zum Beispiel der Pest und einigen Bränden zu leiden.

Die Bewohner der Stadt schafften es jedoch mit vereinten Kräften, Traunstein wieder neu aufzubauen. 1860 kam es zu einem beträchtlichen Aufschwung, den die Stadt dem Anschluss an das Eisenbahnnetz auf der Linie München-Salzburg zu verdanken hatte.

Heute ist Traunstein das „Herz des Chiemgaus" und „Vaterstadt" von Papst Benedikt XVI. emeritus, der hier seine Jugendjahre verbrachte.

6 Chieming Ⓓ

Vorwahl: 08664

- **Tourist Info**, Hauptstr. 20b, ✆ 988647, @ bux883
- **Chiemsee-Schifffahrt**, ✆ 08051/6090 Fahrten zur Frauen- u. Herreninsel u. nach Prien/Stock. Fahrradbeförderung beschränkt möglich. @ hpk218
- **Heimathaus**, Hauptstr. 20a, ✆ 741 Die originalgetreuen Kammern des 1823 erbauten Denglerhofes zeigen die Wohnkultur um 1920 sowie die damalige Flachs und Milchverabeitung. @ unt574

Ballonfahrten über dem Chiemgau, ☎ 463
Ⓒ Pioneer Travel, Ortsteil Stöttham, ☎ 463; TS-Ballonfahrten, Chieming, ☎ 8118; Hotel Gut Ising, ☎ 08667/790; Hotel Jonathan, Chieming-Hart, ☎ 08669/79090, @ rpl817

Obst- und Bienenlehrpfad, Markstatt, Parkplatz Dampfersteg, ☎ 9886-47. Schaubienenhaus mit Kräutergarten, Kneipp-Anlage und Trimmgeräte, @ mku272

Strandbad, Bei den Bädern 3, ☎ 513, @ myy667

Chieming liegt direkt am Chiemsee, dem „Bayerischen Meer", früher befand es sich auch direkt an der römischen Militärstraße Juvavum-Augusta-Vindelicorum (Salzburg-Augsburg). Der Ort hat sich bis heute seinen dörflichen Charakter bewahrt, ist aber trotzdem ein sehr beliebter Erholungsort, der seinen Gästen viel zu bieten hat.

Stöttham (Chieming) Ⓓ

Vorwahl: 08664

St. Johann Kirchlein, Steinheilstr., ☎ 200. Das malerisch am Waldrand gelegene Kirchlein wurde im spätgotischen Stil errichtet. Die Schriftstellerin Isabella Nadolny liegt hier begraben. @ bih373

Arlaching (Chieming) Ⓓ

Ising (Chieming) Ⓓ

Schatzkammer der Wallfahrtskirche Ising, Schloßstr. 2, Ising, ☎ 08667/809507
Ⓒ Bilder, Skulpturen, religiöse Gegenstände aus der Sakristei. Die Kirche selbst stammt aus dem 15. Jh. @ yvl265

Seebruck, Blick auf Fraueninsel

7 Seebruck (Seeon-Seebruck) D

Vorwahl: 08667

- **Tourist-Information**, Römerstr. 10, ✆ 08624/7139, @ inv285
- **Chiemsee-Schifffahrt**, Traunsteiner Str., ✆ 08051/6090 Fahrten zur Frauen- und Herreninsel, Chieming und Prien/Stock. @ rhd188
- **Römermuseum Bedaium**, Römerstr. 3, ✆ 7503 Museum mit Ausgrabungen, Zeugnissen aus der Vor- und Frühgeschichte. @ qrk258
- **Darre**, Römerstr. Bei Ausgrabungen an der Römerstraße wurde die Trocknungsanlage für Getreide und Räucherungskammer für Fleisch und Fisch freigelegt. @ plp362
- **Römerstraße**. Die Rekonstruktion zeigt den schematischen Aufbau der Römerstraße. @ kwf872
- **Heinrich-Kirchner-Galerie u. Skulpturenweg**, Römerstr. 3, ✆ 7139. Der 20 km lange Weg zeigt skurrile Plastiken von Prof. Heinrich-Kirchner (1902-1984) und Werke weiterer Künstler. @ fvo361
- **Keltengehöft Stöffling**, Stöffling, ✆ 7139 Archäologische Funde gaben Rückschluss auf eine Besiedelung von ca. 250 bis 30 v. Chr. Das realistisch nachgebaute keltische Gehöft kann ganzjäh-

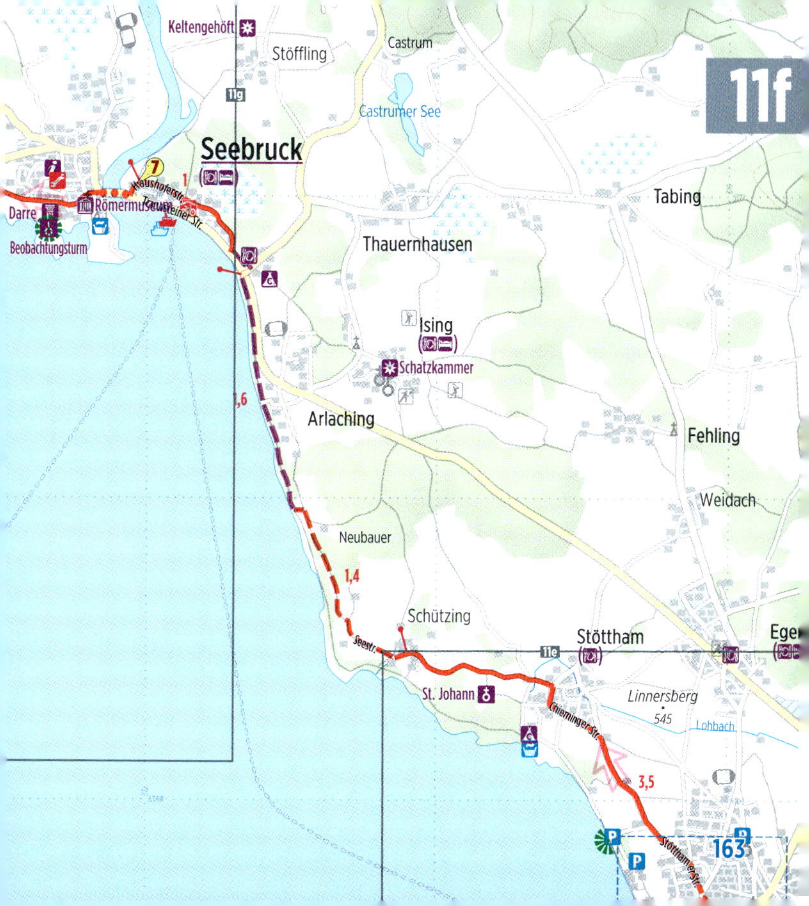
11f
Keltengehöft
Stöffling
Castrum
11g
Castrumer See
Seebruck
Tabing
Darre
Römermuseum
Haushoferstr.
Traunsteiner Str.
Beobachtungsturm
Thauernhausen
Ising
Schatzkammer
1,6
Arlaching
Fehling
Weidach
Neubauer
1,4
Schützing
Seestr.
Stöttham
11e
St. Johann
Linnersberg
545
Lohbach
Chieminger Str.
3,5
Stötthamer Str.
163

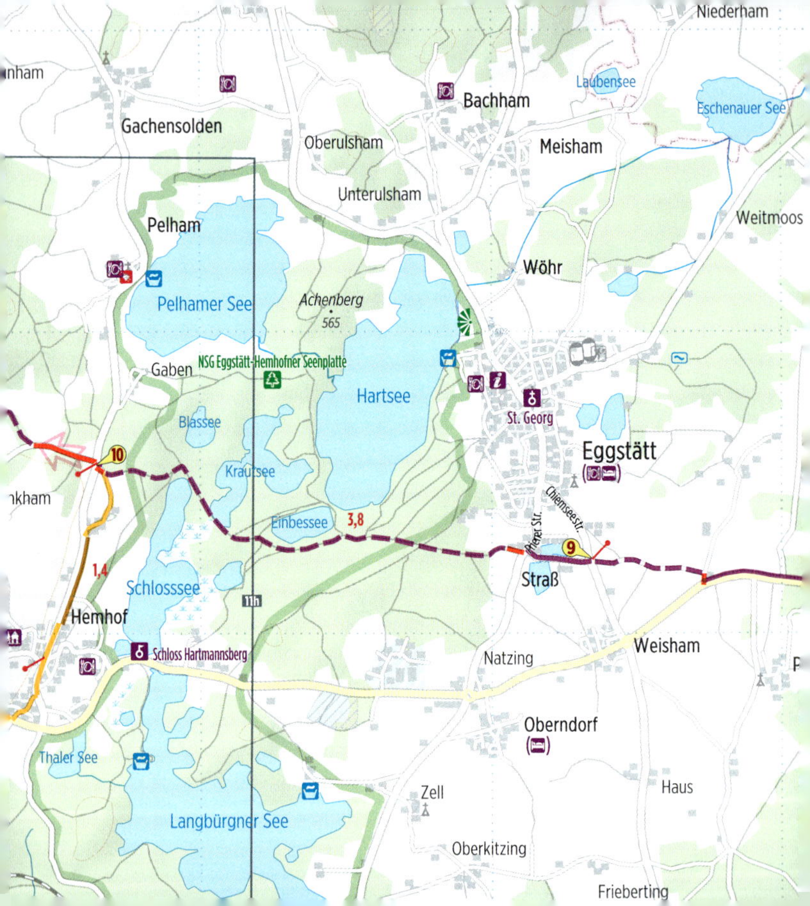
Niederham
nham
Gachensolden
Bachham
Laubensee
Eschenauer See
Oberulsham
Meisham
Unterulsham
Weitmoos
Pelham
Wöhr
Pelhamer See
Achenberg
565
Gaben
NSG Eggstätt-Hemhofner Seenplatte
Hartsee
Blassee
St. Georg
Eggstätt
10
Krautsee
nkham
Einbessee
3,8
Chiemseestr.
Pierer Str.
9
1,4
Schlosssee
Straß
11h
Hemhof
Schloss Hartmannsberg
Weisham
Natzing
Oberndorf
Thaler See
Zell
Haus
Langbürgner See
Oberkitzing
Frieberting

11g
Hochäcker-Kultur
Alz
Ischer Achen
St2094
11f
Aussichtsturm
Burgham
Fembach
4,7
Römerstraße
Römerstr.
Darre
Beobachtungsturm
Haushoferstr.
7
1
Straßham
Lambach
Stetten
Söll
8
0,4
Gollenshausen
am Chiemsee
Lienzing
St2093
Ed
Mitterndorf
Aiglsbuch

rig kostenlos besichtigt werden. @ ujw431

Vogelbeobachtungsturm, Römerstr., im Kurpark, ✆ 7139. Neben einheimischen Wasservögeln sind im Sommer Bach- u. Gebirgsstelzen, Rohrammen und manchmal auch Drosselrohrsänger zu sehen. @ sbn223

Floßfahrt durchs Alztal, Haushofer Str., ✆ 7139, ✆ 508, Anmeldung ist erforderlich. Von Seebruck nach Truchtlaching, Rücktransport mit Bus. @ lkm436

Strandbad, Am Chiemseepark 9, ✆ 5819985, @ eed242

Seebruck entstand etwa um 50 n. Chr. Es hieß ursprünglich Bedaium und diente den Römern als Stützpunkt auf der römischen Militärstraße Juvavum-Augusta-Vindelicorum (Salzburg-Augsburg). Im Laufe der Zeit wandelte sich der Name in Pontena und Prucca, bis der Ort schließlich den heutigen Namen Seebruck erhielt.

Seebruck gilt heute als staatlich anerkannter Luftkurort. Hier befindet sich auch der größte Yachthafen am Chiemsee.

8 Gollenshausen am Chiemsee Ⓓ

Strandbad Gollenshausen, Am See 8, @ mwa413

9 Eggstätt Ⓓ

Vorwahl: 08056

Tourist-Info, Obinger Str. 7, im Rathaus, ✆ 904619, ✆ 904629, @ apy151

St. Georg, Seeoner Str. 10, ✆ 244. Einheitlich neugotisch, auf älteren Fundamenten errichtet. Hier befindet sich eine römische Grabtafel. @ eyl457

NSG Eggstätt-Hemhofer Seenplatte. Gruppe von 18 Einzelseen mit einer Gesamtfläche von rund 3,5 km². Die Seenplatte gilt neben der Osterseengruppe und den Seeoner Seen als bedeutendste Eiszerfallslandschaft des bayerischen Alpenvorlandes. Ein Teil dieser Landschaft bildet das älteste Naturschutzgebiet Bayerns. @ lir151

Freibad am Hartsee, Föhrenstr. 2, ✆ 904619, @ cct651

Eggstätt wurde 925 erstmals schriftlich erwähnt, das Gebiet dürfte aber schon früher besiedelt gewesen sein und lag vermutlich

Langbürgener See

auch unmittelbar an einer Römerstraße. Mitte des 13. Jahrhunderts wurde Eggstätt zum oberbayrischen Urbar, welcher als ein früher Vorgänger einer heutigen Gemeinde gilt. Eggstätt gehörte im Laufe der Zeit zu vielen verschiedenen Orten, ist aber seit 1986 wieder eine eigenständige Gemeinde, die im ältesten und größten Naturschutzgebiet Bayerns liegt: der Eggstätt-Hemhofer Seenplatte. Diese entstand während der letzten Eiszeit und gilt als ökologisch einzigartiges Naturschutzgebiet. Hier findet man ein Labyrinth an Seen, viele seltene Tier- und Pflanzenarten sowie Moore, Streuwiesen und Auwälder, also ein einzigartiges Gebiet, das man auf den Wander- und Radwegen erkunden kann.

VARIANTE **10** Hier können Sie links abbiegen um über Hemhof nach Bad Endorf zu fahren. Allerdings führt das letzte Stück im Verkehr auf der Staatsstraße.

Hemhof (Bad Endorf) Ⓓ

Schloss Hartmannsberg, Hartmannsberg 8. Das erste frühmittelalterliche Kastell wurde 900-955 als Fluchtburg auf der dem heutigen Schloss gegenüberliegenden Landzunge im Langbürgner See errichtet. So erscheint die Wehranlage in den ältesten Dokumenten auch noch als „Hadamarsperch" („Hadamars erhöhte Burg"). Um 1150 ging die Burg in den Besitz der Grafen von Neuburg-Falkenstein über, sie wurde zu deren Herrschafts- und Verwaltungszentrum im Chiemgau. 1247 zog der Wittelsbacher Ludwig der Strenge vor die Burg Hadamarsperch, eroberte und zerstörte sie. Burg und Jakobskapelle wurden jedoch von den Wittelsbachern nach kurzer Zeit am heutigen Standort neu errichtet. 1680 wurde das Anwesen wieder neu errichtet, wobei es seine heutige barocke Form erhielt. Seit 1994 befindet sich Schloss Hartmannsberg im Besitz des Landkreises Rosenheim und wird für Ausstellungen, Kammerkonzerte und Seminare genutzt. @ vop214

Badestelle Langbürgner See

11 Bad Endorf Ⓓ

Vorwahl: 08053

Tourist Info, Bahnhofspl. 2, ✆ 300850, @ jmm673

Chiemgau Thermen - Bad Endorf, Ströbinger Str. 18, ✆ 200900, @ lfs151

Chiemsee

Almertsham
Siegsdorf
Grafing
Arxtham
Pelhar
Gaben
St2092
Dorfbach
2,2
Jolling
Blas.
11g
10
Taisenberg
555
Teisenham
Rankham
gauer Lokalbahn (Museumsbetrieb)
1,8
1,4
Scheiberg
585
Moorbad
Schlosssee
Landing
Hemhof
Schloss Hart
Bad Endorf
2,8
St2095
1,4
11
Hofham
Thaler See
Chiemgau Thermen
Bergham
Lang
Antwort
Mauerkirchen
Hirnsberger Str.

Tour 12 Bajuwaren Tour 128 km

HM/km: ↗ 4,7 (597m) ↘ 4,7 (597m) Radweg: 27 % Unbefestigt: 3 % Verkehr: 6 %

Die Tour durch das Waginger Seengebiet und das Salzburger Seenland startet am Bahnhof Waging am See. Am Südwestufer des Waginger Sees geht es zunächst nach Petting. Weiter über den Abtsdorfer See zur historischen Salzachstadt Laufen. Hier queren Sie die Salzach nach Oberndorf in Österreich. Über Nußdorf am Haunsberg nach Feichten und Berndorf. Weiter über Innerwall, Schießend und Matzing nach Obertrum. In Mattsee können Sie das Bajuwarengehöft besichtigen. Zwischen Obertrumer See und Mattsee nach Fraham und weiter entlang des Grabensees nach Gransdorf. Von Perwang führt die Route zur Benediktinerabtei Michaelbeuern. Durch das Moorgebiet nach Ibm und über Franking, Holzöster und Haigermoos nach Ostermiething zur Salzach. Die Salzach ins bayrische Tittmoning queren. Über den Tachinger See führt die Tour schließlich zurück nach Waging am See.

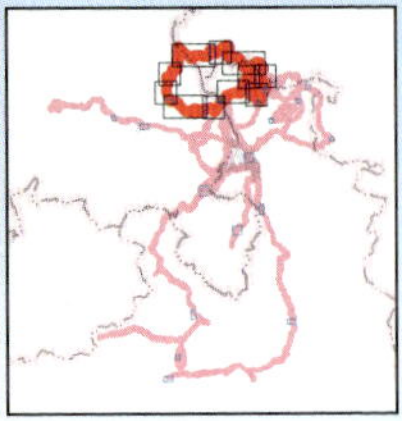

Charakteristik

Start/Ziel: Oberndorf bei Salzburg

Wegbeschaffenheit: Die Route verläuft durchwegs auf asphaltierten Land- und Gemeindestraßen oder ausgewiesenen Radwegen.

Verkehr: Sie fahren meist abseits der Hauptverkehrsstraßen auf Radwegen und ruhigen Straßen.

Beschilderung: Die Tour ist durchgehend als Bajuwaren-Tour beschildert.

Steigungen: Die hügelige Strecke weist einige Anstiege auf.

An- und Abreise: Die S 1 bringt Sie in 25 min von Salzburg Hbf. nach Oberndorf.

Anschlusstour(en): 2, 4, 7, 10

1 Oberndorf bei Salzburg

Vorwahl: 06272

Tourismusverband, Stille-Nacht-Pl. 7, ☎ 4422, @ vqn335

Stille Nacht Museum, Stille-Nacht-Pl. 5, im alten Pfarrhaus, ☎ 21660 Exponate zur Verbreitung von „Stille Nacht! Heilige Nacht!", sowie zur Salzachschifffahrt und zur Ortsgeschichte werden gezeigt. @ dso742

Wallfahrtskirche Maria Bühel, Maria Bühel-Str. 4, ☎ 43110. Im Inneren finden sich Werke des kaiserlichen Hofmalers J. M. Rottmayr aus der Zeit des Spätbarock bis zu den frühen Anfängen des Rokoko, um 1670 erbaut. @ yns764

Stille-Nacht-Kapelle, Stille-Nacht-Pl. 1, ☎ 4422 An der Stelle dieser 1937 geweihten Kapelle stand bis 1905 die St. Nikolaus-Kirche, in der 1818 „Stille Nacht! Heilige Nacht!" uraufgeführt wurde. @ lvt534

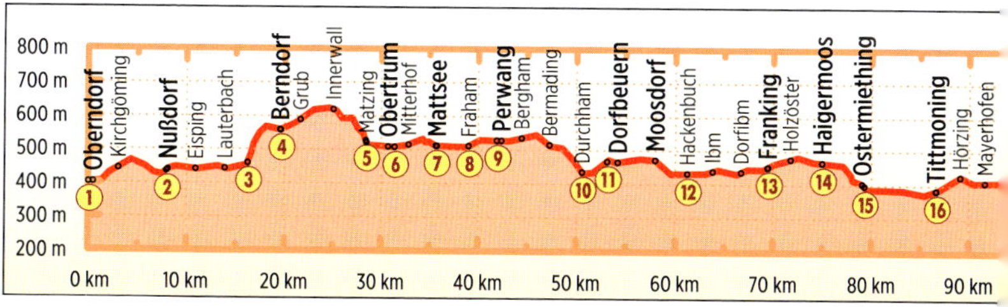

In Oberndorf entstand das weltberühmte Weihnachtslied „Stille Nacht! Heilige Nacht!". Die Anregung zu diesem Lied kam von Joseph Mohr, der kurz vor Weihnachten des Jahres 1818 gemeinsam mit Franz Xaver Gruber „etwas für die Heilige Nacht" verfassen wollte. Mohr hatte bereits den Text und überreichte ihn seinem Freund Gruber mit der Bitte, ihn passend für zwei Solostimmen und Chor mit Gitarrenbegleitung zu vertonen. Gruber tat dies erst am Morgen des 24. Dezember, und trotzdem wurde das Lied noch am selben Abend „uraufgeführt". Bevor es Weltberühmtheit erlangte, musste es jedoch noch den Umweg über Amerika machen, erst dann wurde es auch im deutschsprachigen Raum zum bekanntesten Weihnachtslied.

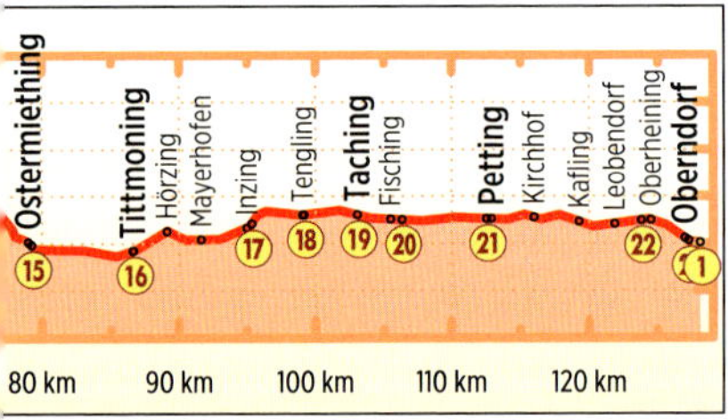

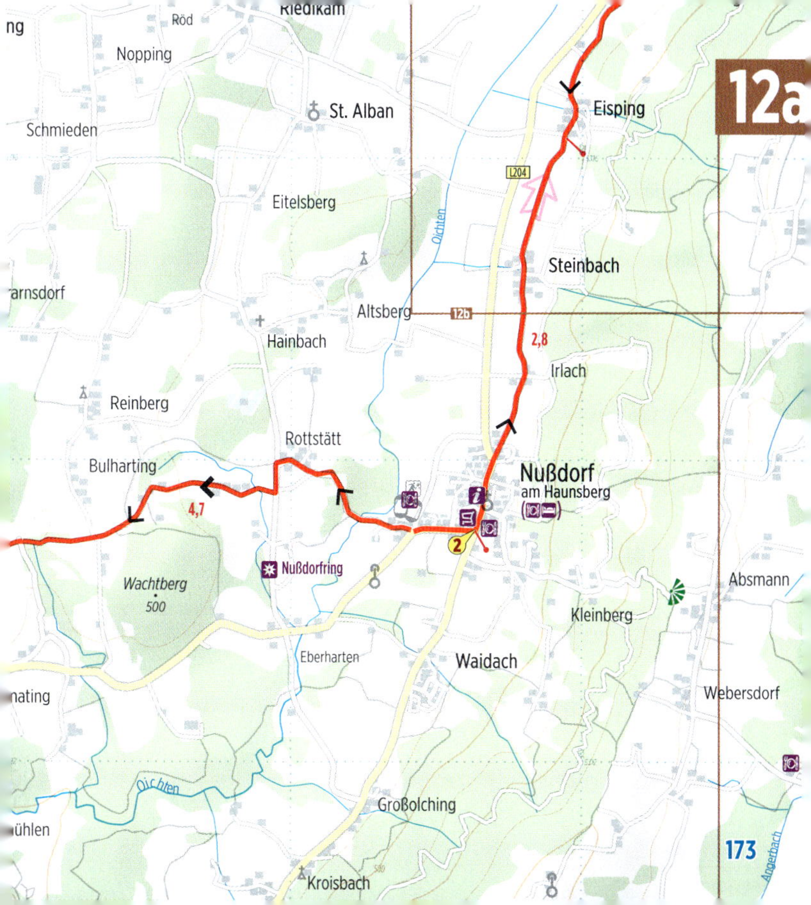

Riedikam
Röd
Nopping
St. Alban
Schmieden
Eisping
L204
Eitelsberg
Oichten
Steinbach
arnsdorf
Altsberg
12b
Hainbach
2,8
Irlach
Reinberg
Rottstätt
Bulharting
Nußdorf
am Haunsberg
4,7
2
Nußdorfring
Wachtberg
500
Absmann
Kleinberg
Eberharten
Waidach
Webersdorf
nating
Oichten
Großbolching
ühlen
Kroisbach
Angerbach

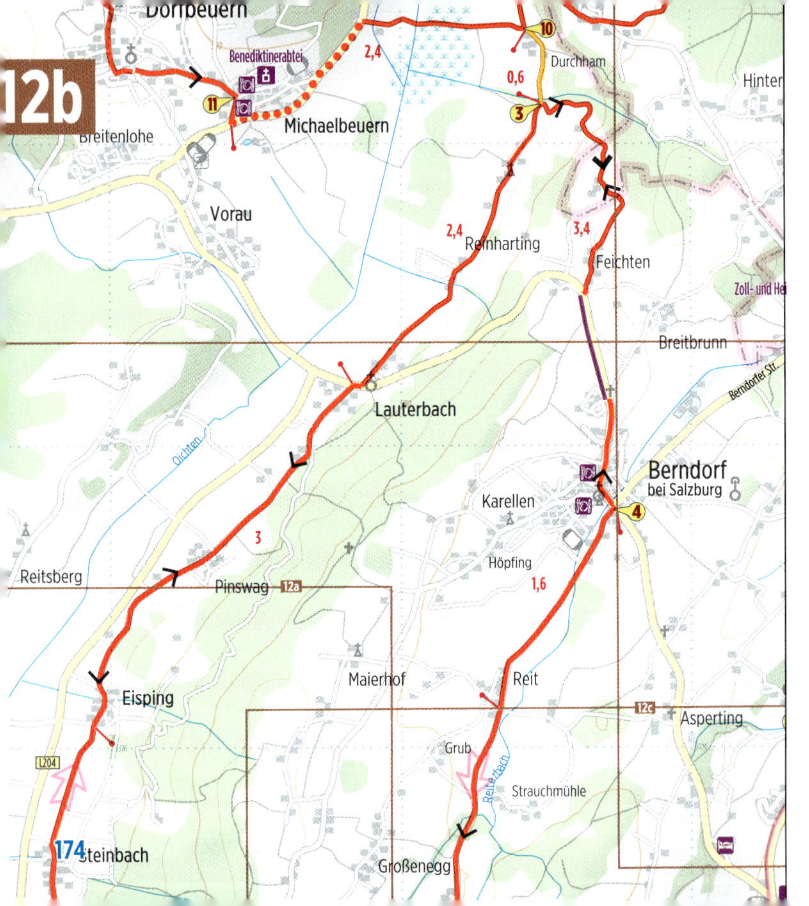

12b
Dorfbeuern
Benediktinerabtei
Michaelbeuern
Breitenlohe
Vorau
Durchham
Hinter
Reinharting
Feichten
Zoll- und He
Breitbrunn
Berndorfer Str.
Lauterbach
Oichten
Berndorf
bei Salzburg
Karellen
Höpfing
Reitsberg
Pinswag
12a
Maierhof
Reit
12c
Asperting
Eisping
Grub
Reiterbach
Strauchmühle
L204
Steinbach
Großenegg
2,4
0,6
2,4
3,4
3
1,6
10
11
3
4

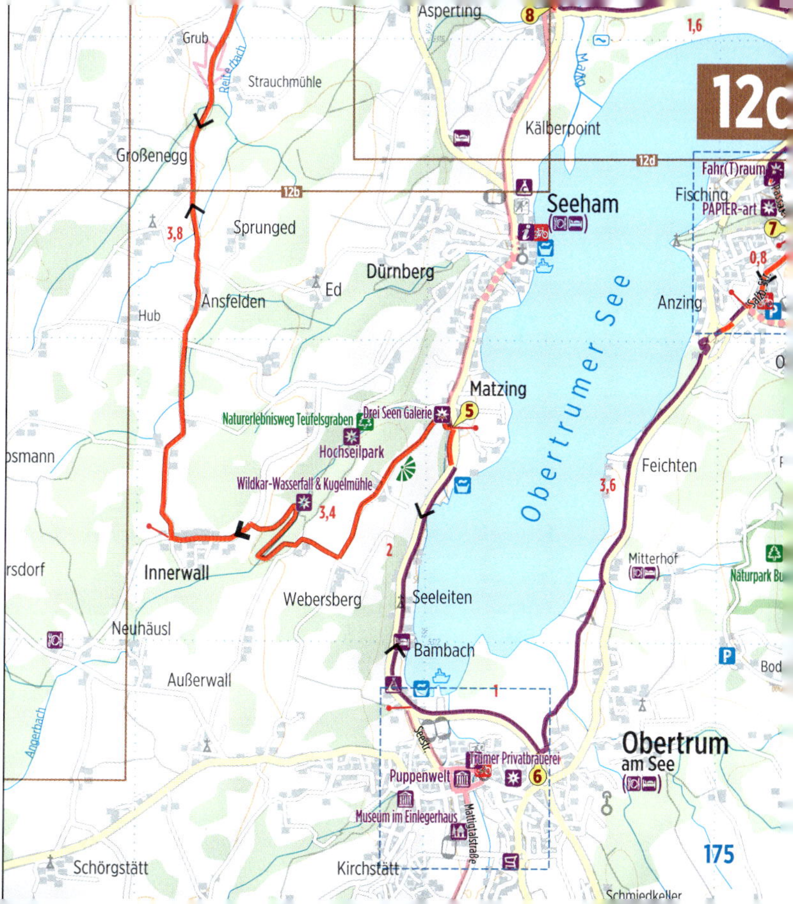

12c
Asperting
Grub
Reiterbach
Strauchmühle
Kälberpoint
Großenegg
12b
12d
Seeham
Fahr(T)raum
Fisching
PAPIER-art
Sprunged
3,8
1,6
0,8
Dürnberg
Ed
Ansfelden
Hub
Anzing
Obertrumer See
Matzing
Drei Seen Galerie
Naturerlebnisweg Teufelsgraben
Hochseilpark
Feichten
Wildkar-Wasserfall & Kugelmühle
3,4
3,6
2
Mitterhof
Naturpark Bu
Innerwall
Webersberg
Seeleiten
Neuhäusl
Bambach
Außerwall
Angerbach
1
Seestr.
Trumer Privatbrauerei
Puppenwelt
Obertrum am See
Museum im Einlegerhaus
Mattigtalstraße
Schörgstätt
Kirchstätt
Schmiedkeller
Bod

Obertrumer See, Mattsee und Grabensee

Göming

2 Nußdorf am Haunsberg

Vorwahl: 06276

- Gemeindeamt, Hauptstr. 17, ✆ 8811, @ pje312

TIPP 3 Wenn Sie hier der orangen Route folgen und geradeaus nach **Durchham** fahren, können Sie die Tour um 33 km abkürzen.

4 Berndorf bei Salzburg

5 Matzing (Seeham)

Vorwahl: 06217

- **Drei Seen Galerie**, Matzing 14, ✆ 5594, ✆ 0664/4142734 In der Kunstgalerie werden laufend Bilder und Objekte renommierter Künstler in den verschiedensten Techniken präsentiert. @ xsd173

Wildkar-Wasserfall und Kugelmühle, Teufelsgraben, ✆ 0664/5327156 Der Wasserfall lässt den Teufelsgrabenbach über zwei Felsstufen in die Tiefe stürzen. Die Kugelmühle aus dem 16. Jh. ist eine von zwei noch funktionsfähigen und produzierenden Kugelmühlen im Land Salzburg. @ rin467

Naturerlebnisweg Teufelsgraben, Tobelmühlstr. Auf 2,5 km informieren 17 Stationen über geologische und naturwissenschaftliche Besonderheiten, Highlight ist das Naturdenkmal Wildkarwasserfall.

Hochseilpark Seeham, Tobelmühlstr. 25, ✆ 29029 Erlebnis für Groß und Klein bei 7 Parcours in 5 Ebenen und der 600 m langen Europarutsche in 45 m Höhe. @ jwm126

6 Obertrum am See s. S. 56

Mitterhof (Mattsee)

7 Mattsee s. S. 61

8 Fraham (Seeham)

Gransdorf (Berndorf bei Salzburg)

9 Perwang am Grabensee

Vorwahl: 06217

Gemeindeamt, Hauptstr. 16, ✆ 82470, @ plp686

Zoll- und Heimatmuseum, Oberröderstr. 1, ✆ 82470, ✆ 0664/2371273 Der 1667 erbaute Holzbau diente einst als Zollstation an der Grenze zum Fürsterzbistum Salzburg. Etliche Exponate aus der damaligen Zeit, darüber hinaus noch eine Heimatstube und eine naturkundliche Sammlung, gibt es hier zu bestaunen. @ pfc882

Bergham

Gopperding

Rudersberg

10 Durchham (Nußdorf am Haunsberg)

11 Michaelbeuern (Dorfbeuern)

Vorwahl: 06274

Benediktinerabtei, Michaelbeuern 1, ✆ 8116 Nach einer langen bewegten Geschichte dient das Kloster heute als Schule und Internat sowie als Ort der Besinnung und Spiritualität. Im Rahmen einer Führung können das mittelalterliche Refektorium, der Rottmayr-Guggenbichler-Altar, die Bibliothek sowie die prächtigen Fresken besichtigt werden. @ tke141

Dorfbeuern

Moosdorf

12 Hackenbuch (Moosdorf)

Moormuseum, Hackenbuch 128, ✆ 07748/6814, ✆ 07748/6808 In einer ehemaligen Dienstbotenwohnung wird die Entstehung der Moore, deren Flora und Fauna, der händische und maschinelle Torfabbau und die Renaturierung der Moore erläutert. Schlüssel für Besichtigung nebenan im Gasthaus Leopolder. @ lsu647

Ibm (Eggelsberg)

Ibmer Moor. Mit rund 2000 ha bietet die größte zusammenhängende Moorlandschaft Österreichs eine Vielfalt teils seltener Moorpflanzen sowie eines der größten Brachvögelvorkommen des Landes. Es gibt einen Moorlehrpfad mit Infotafeln über Flora und Fauna. @ fos838

13 Franking

Kino Museum, Eggenham 1, ✆ 0664/4551836 Das private Museum für Kino- und Fernsehtechnik bietet über 3000 Exponate europäischer Kinotechnik der vergangenen 100 Jahre. @ qgw338

Holzöster (Franking)

Vorwahl: 06277

Tourismusbüro, Holzöster 79, Strandbad Holzöster, ✆ 8119, @ llm232

Strandbad, Holzöster 79, @ wrn776

14 Haigermoos

Bauernmuseum Anthalerstadl, Haigermoos 5, ✆ 06277/8129 In dem privaten Museum sind bäuerliche Geräte und Werkzeuge ausgestellt. @ ihr731

Pfarrkirche, Haigermoos 16, ✆ 06277/8687, ✆ 06277/8112. Die spätgotische Doppelkirche wurde Mitte des 15. Jhs. erbaut, die Unterkirche wurde direkt in den Hügel hineingebaut und darauf die Oberkirche errichtet. Die Oberkirche ist den Heiligen Petrus und Paulus geweiht, die Unterkirche dem Hl. Johannes. @ omi775

15 Ostermiething

Marktgemeindeamt, Bergstr. 30, ✆ 06278/6255, @ jmb854

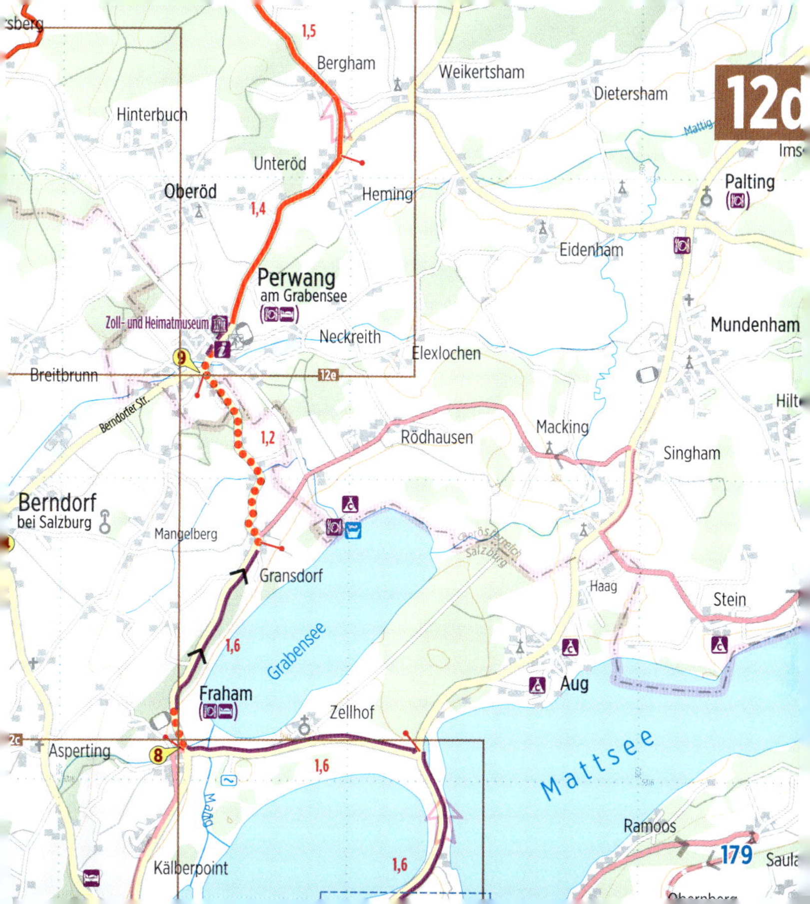
12d
Bergham
Weikertsham
Dietersham
Hinterbuch
Unteröd
Oberöd
Heming
Palting
Eidenham
Perwang
am Grabensee
Zoll- und Heimatmuseum
Neckreith
Elexlochen
Mundenham
Breitbrunn
12e
Berndorfer Str.
Rödhausen
Macking
Singham
Berndorf
bei Salzburg
Mangelberg
Gransdorf
Haag
Stein
Grabensee
Fraham
Zellhof
Aug
Asperting
Mattsee
Ramoos
Kälberpoint
Mattig
1,5
1,4
1,2
1,6
1,6
1,6
1,6
9
8

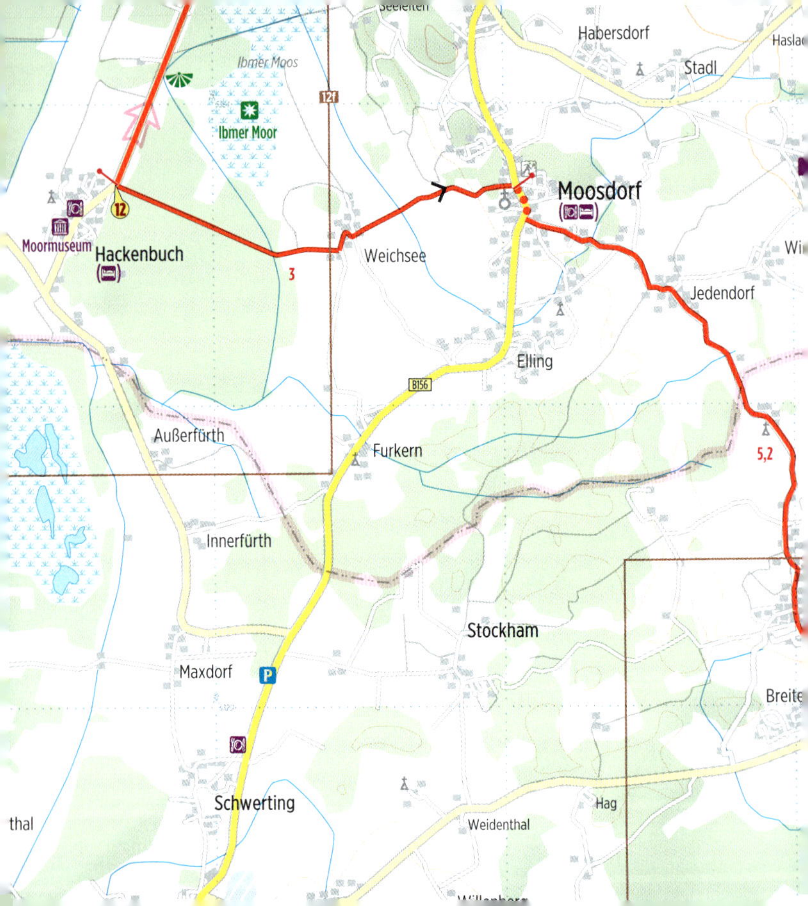
Habersdorf
Haslac
Stadl
Ibmer Moos
12f
Ibmer Moor
Moosdorf
12
Moormuseum
Hackenbuch
3
Weichsee
Wi
Jedendorf
Elling
B156
Außerfürth
Furkern
5,2
Innerfürth
Stockham
Maxdorf
P
Breite
Schwerting
Hag
thal
Weidenthal

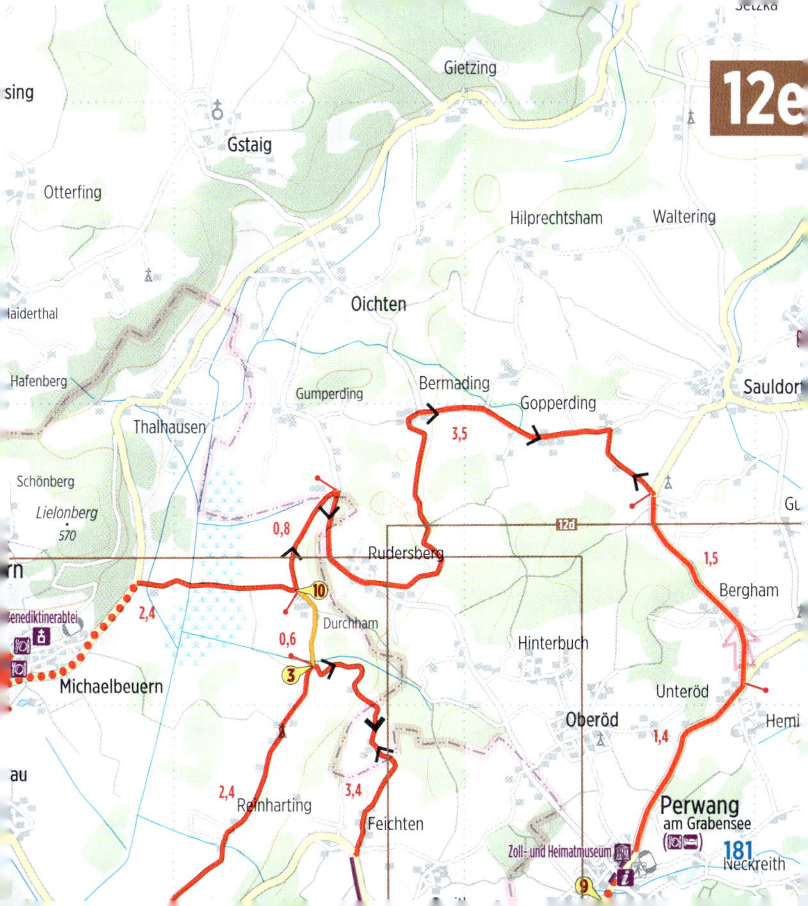
12e
Gietzing
Gstaig
Otterfing
Hilprechtsham
Waltering
Oichten
Hafenberg
Gumperding
Bermading
Gopperding
Saulдorf
Thalhausen
3,5
Schönberg
Lielonberg
570
0,8
Rudersberg
12d
1,5
Bergham
10
2,4
Benediktinerabtei
Durchham
0,6
Hinterbuch
3
Michaelbeuern
Unteröd
Oberöd
1,4
2,4
Reinharting
3,4
Feichten
Perwang
am Grabensee
181
Neckreith
Zoll- und Heimatmuseum
9

Ibmer Moor

Erlebnisbad, Weilhartstr. 70, ✆ 06278/7540, @ kxx826

16 Tittmoning ⓓ

Vorwahl: 08683

Tourist-Info, Stadtpl. 1, ✆ 700710, @ tab238

Museum Rupertiwinkel, Burg 7, in der Burg, ✆ 891718, ✆ 700710 Einzigartige Sammlungen in der einst fürsterzbischöflichen Burg Tittmoning (13. Jh.) mit Volkskunst, Handwerks- und Landwirtschaftsgeräten u. v. m. @ ubg365

Burg Tittmoning, Burg 7. Die Burg, die in den 1980er Jahren renoviert wurde, war vormals Sitz der Salzburger Erzbischöfe und später ein Jagdschloss. Heute ist das Museum Rupertiwinkel sowie das Gerbereimuseum in der Burg untergebracht. @ xpv635

Die Stadt Tittmoning blickt auf eine über 750-jährige Vergangenheit zurück und wurde von allen Epochen dieser Zeit geprägt. Zum reizvollen Stadtplatz, der von stilvollen Bürgerhäusern umrahmt ist, gelangt man durch das Laufener und das Burghausener Tor. Zu den augenfälligsten Bauten am Platz

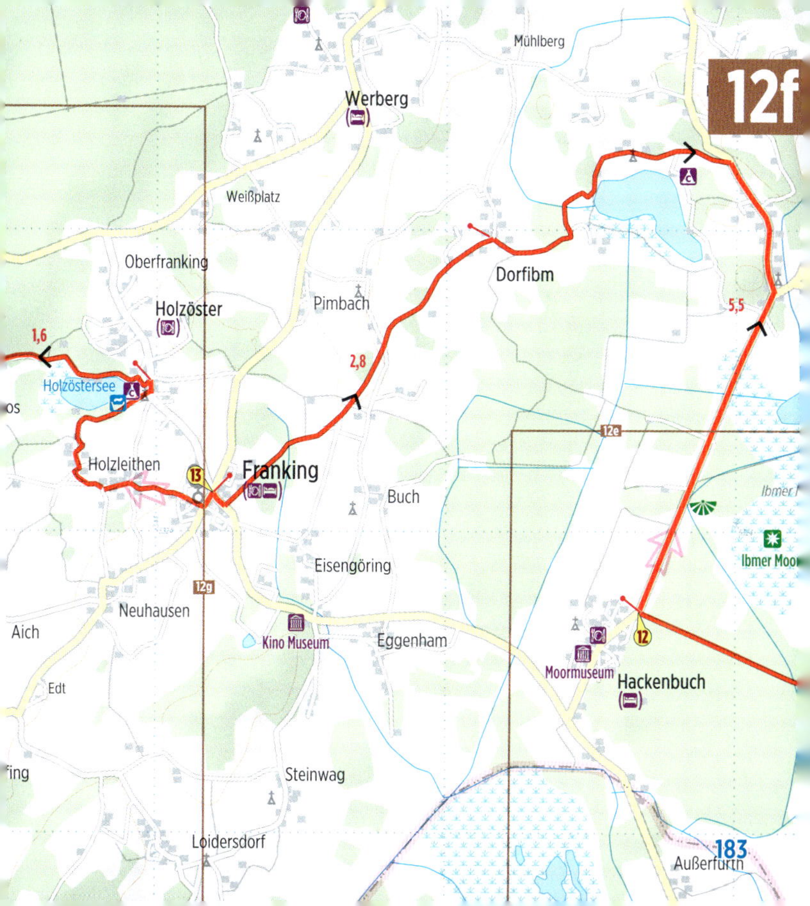

12f
Mühlberg
Werberg
Weißplatz
Oberfranking
Holzöster
Pimbach
Dorfibm
1,6
2,8
5,5
Holzöstersee
Holzleithen
13
Franking
Buch
12e
Ibmer Moor
Eisengöring
12g
Neuhausen
Aich
Kino Museum
Eggenham
12
Moormuseum
Hackenbuch
Edt
Steinwag
Loidersdorf
Außerfurth

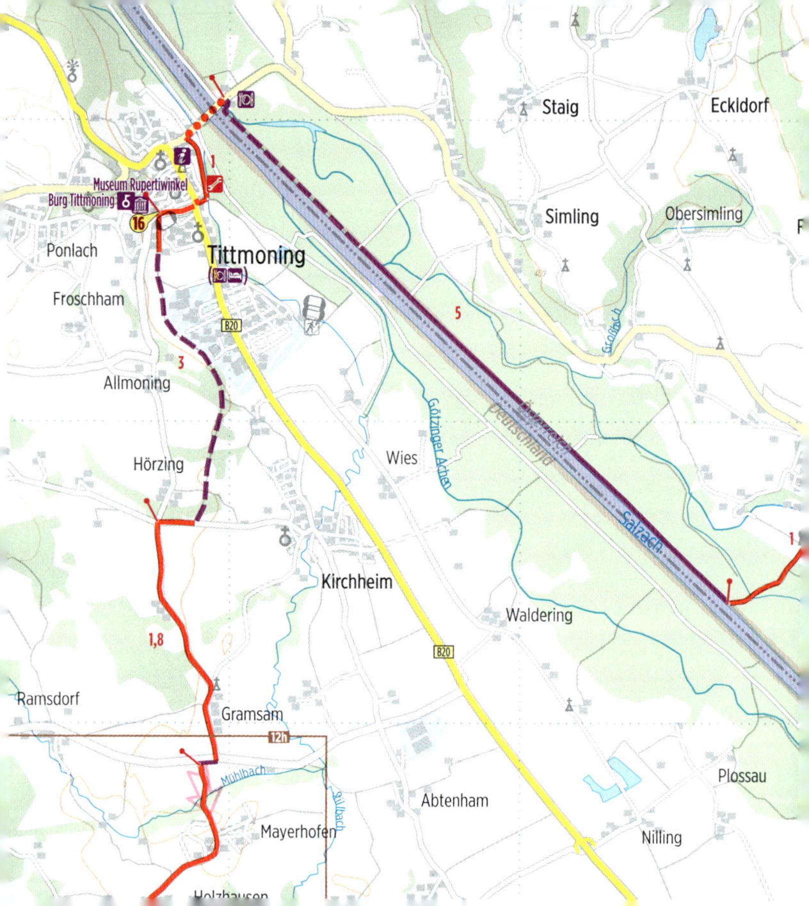
Staig
Eckldorf
Simling
Obersimling
Museum Rupertiwinkel
Burg Tittmoning
16
Ponlach
Tittmoning
Froschham
1
B20
3
5
Großbach
Allmoning
Götzinger Achen
Deutschland
Salzach
Wies
Hörzing
Kirchheim
Waldering
1,8
Ramsdorf
Gramsam
12h
Mühlbach
Sulbach
Mayerhofen
Abtenham
Plossau
Nilling

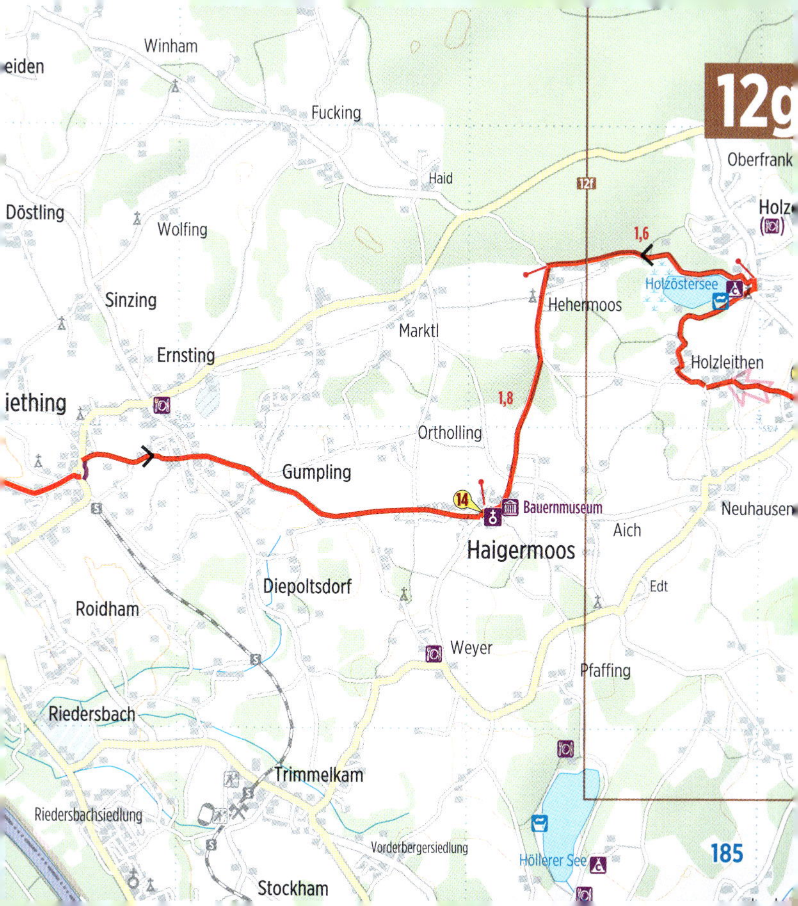
12g
Winham
eiden
Fucking
Haid
12f
Oberfrank
Holz
Döstling
Wolfing
1,6
Holzöstersee
Sinzing
Hehermoos
Marktl
Holzleithen
Ernsting
iething
1,8
Ortholling
Gumpling
14
Bauernmuseum
Neuhausen
Aich
Haigermoos
Diepoltsdorf
Edt
Roidham
Weyer
Pfaffing
Riedersbach
Trimmelkam
Riedersbachsiedlung
Vorderbergersiedlung
Höllerer See
Stockham

Burg Tittmoning

gehört das Rathaus mit seiner Rokokofassade von 1751. Zwölf vergoldete Köpfe römischer Kaiser bilden den dekorativen Schmuck. Die klassizistischen Heldenköpfe erinnern daran, dass Tittmoning einst Teil des „Imperium Romanum" war. Neben dem Laufener Tor gibt es den Storchenbrunnen, ein eher ungewöhnlicheres Wahrzeichen der Stadt. Der Storch, Symbol der siegreichen Vernunft, trägt eine gekrönte Schlange im Schnabel. Vermutlich zierte diese Figur im 17. Jahrhundert die Pferdeschwemme.

17 Törring (Tittmoning) Ⓓ

18 Tengling (Taching am See) Ⓓ

St. Coloman, Coloman 2, ✆ 08681/331. Die schlichte spätgotische Wallfahrtskirche wurde um 1500 erbaut. @ kat182

Strandbad Tengling, Tachinger See, ✆ 08681/1444, @ smf743

19 Taching am See Ⓓ

Tourist-Info, Am Strandbad 1, ✆ 08681/1444, @ dka134

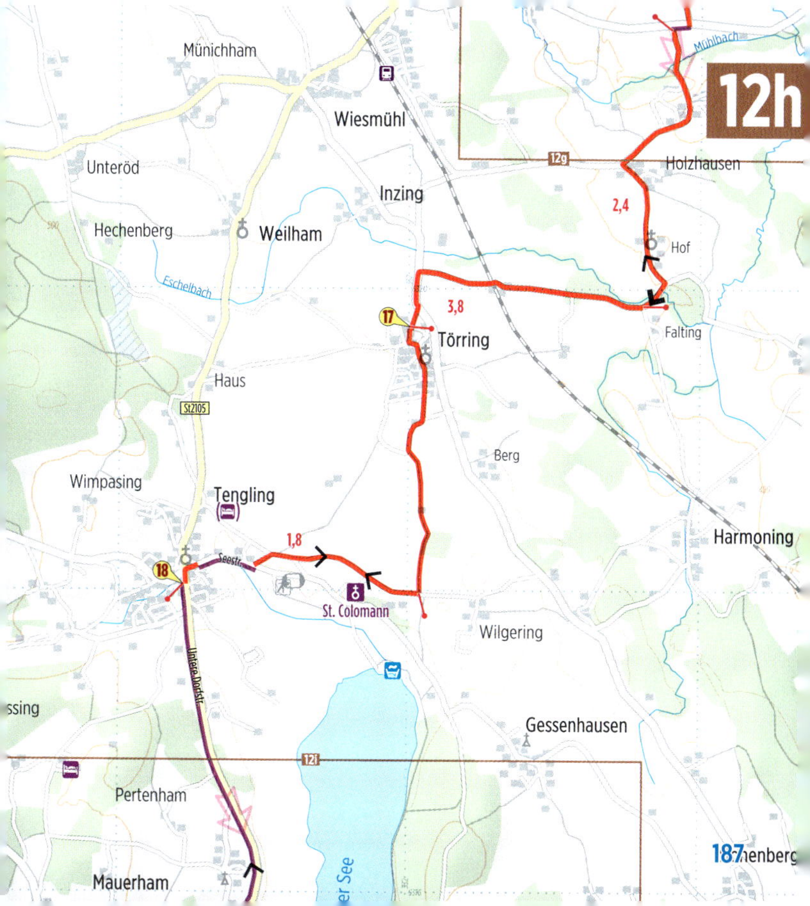

12h
Münichham
Wiesmühl
Unteröd
Inzing
Holzhausen
12g
Mühlbach
2,4
Hechenberg
Weilham
Hof
Eschelbach
3,8
17
Törring
Falting
Haus
St2105
Berg
Wimpasing
Tengling
Harmoning
1,8
18
Seestr.
St. Colomann
Wilgering
Untere Dorfstr.
ssing
Gessenhausen
12i
Pertenham
Mauerham
er See

enberg

Waging am See

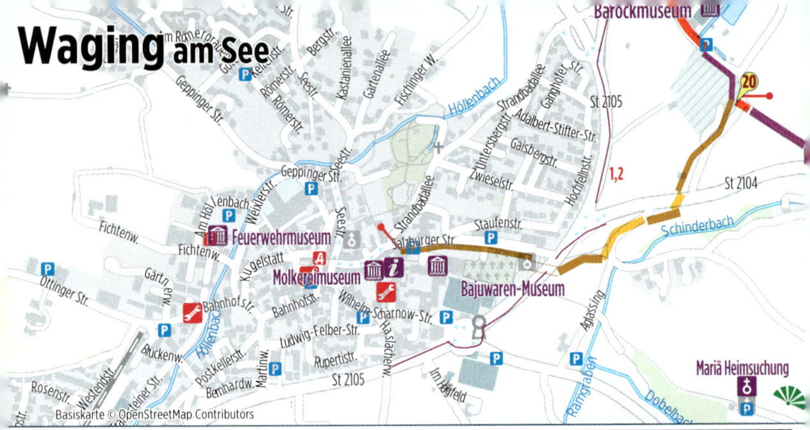

TIPP **20** Rechts, entlang der **Strandbadallee**, führt Sie die orange Route ins Zentrum von Waging.

20 Waging am See Ⓓ

Vorwahl: 08681

- Tourist-Info, Salzburger Str. 32, ✆ 313, @ lhx256
- **Bajuwarenmuseum**, Salzburger Str. 32, ✆ 45870, ✆ 313 Thema: Funde und Informationen zu den Bajuwaren. @ pyj146
- **Barockmuseum**, Am See 1, ✆ 0160/5933266 Beeindruckende Privatsammlung von 250 Exponaten nam-

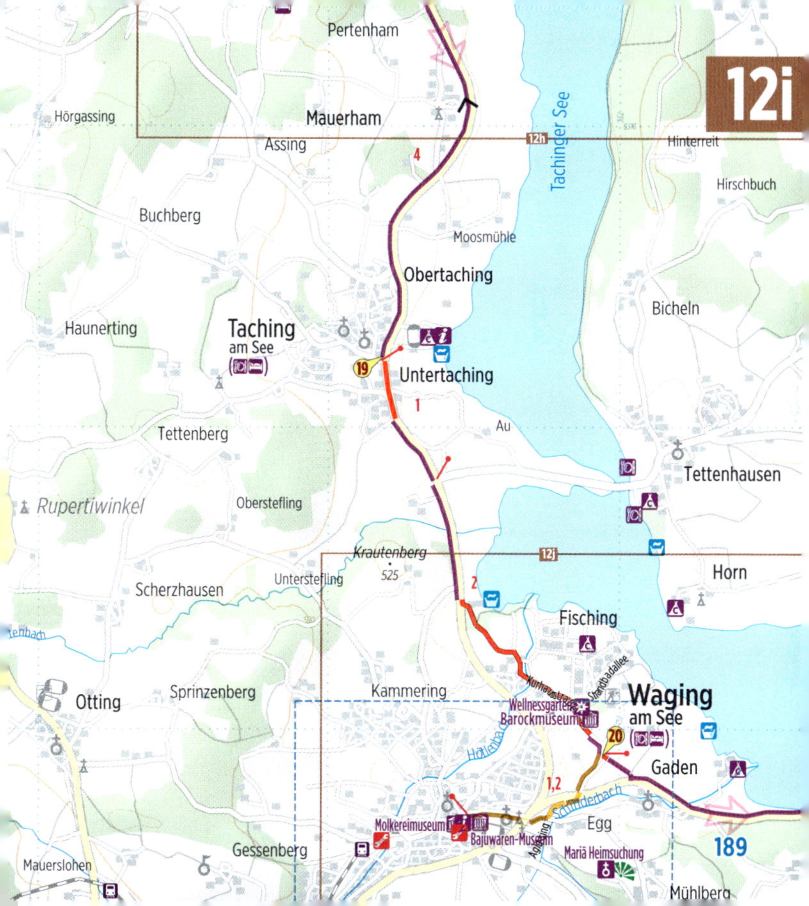

12i
Pertenham
Mauerham
Hörgassing
Assing
12h
Tachinger See
Hinterreit
Hirschbuch
Buchberg
Moosmühle
Obertaching
Bicheln
Haunerting
Taching
am See
19
Untertaching
Tettenberg
Au
Tettenhausen
Rupertiwinkel
Oberstefling
Krautenberg
525
12j
Horn
Scherzhausen
Unterstefling
Fisching
Kammering
Kurhausstraße
Strandbadallee
Waging
am See
Otting
Sprinzenberg
Wellnessgarten
Barockmuseum
20
Gaden
Schinderbach
Egg
Molkereimuseum
Bajuwaren-Museum
Mariä Heimsuchung
Gessenberg
Mauerslohen
Mühlberg
189

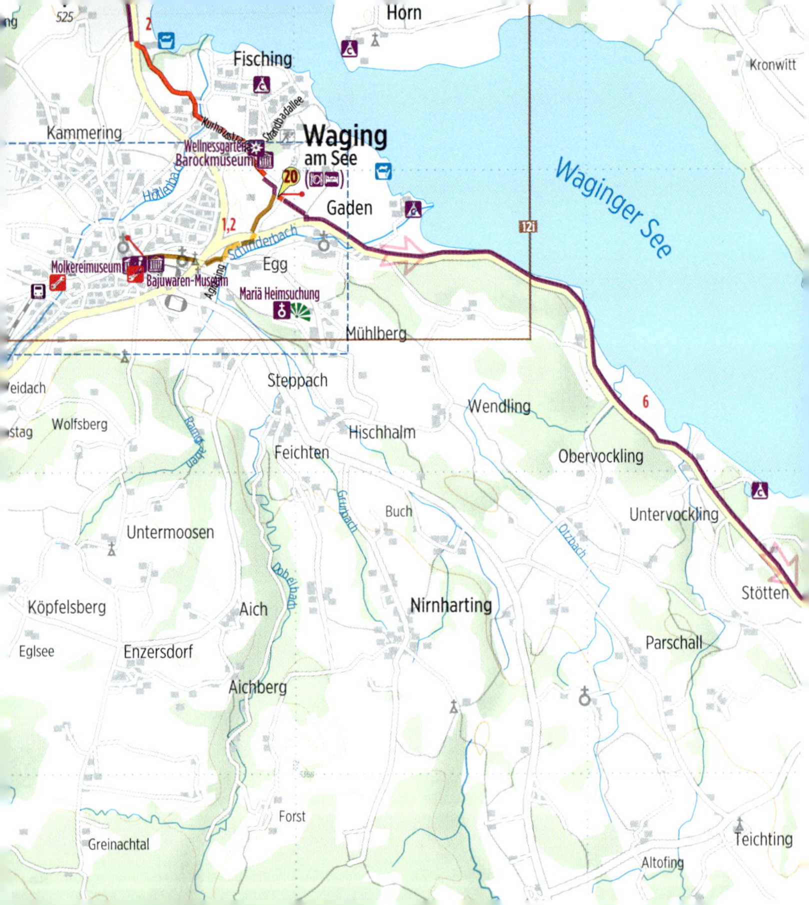

Horn
Fisching
Kronwitt
Kammering
Waging
am See
Wellnessgarten
Barockmuseum
Kurhausstraße
Strandbadallee
Höllenbach
Gaden
Waginger See
Schinderbach
Egg
Molkereimuseum
Bajuwaren-Museum
Mariä Heimsuchung
Mühlberg
Steppach
Wendling
Hischhalm
Feichten
Obervockling
Untervockling
Wolfsberg
Buch
Götzbach
Untermoosen
Dobelbach
Köpfelsberg
Aich
Nirnharting
Stötten
Eglsee
Enzersdorf
Parschall
Aichberg
Forst
Greinachtal
Teichting
Altofing
20
12i
6
1,2
2
525

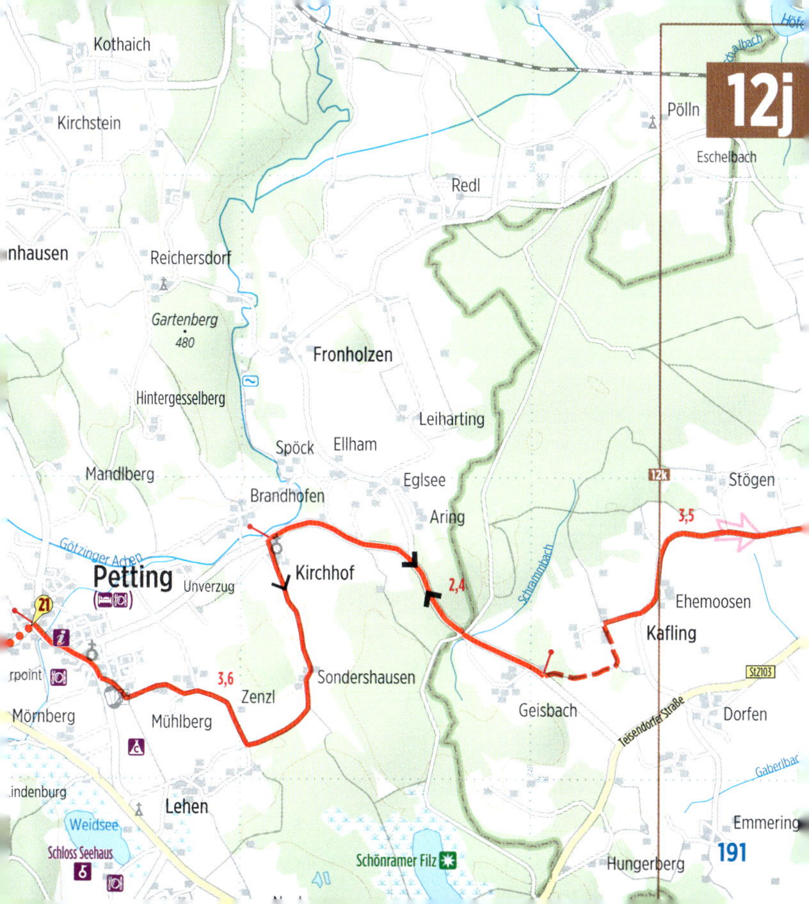

12j
Kothaich
Kirchstein
Pölln
Eschelbach
Redl
nhausen
Reichersdorf
Gartenberg
480
Fronholzen
Hintergesselberg
Leiharting
Spöck
Ellham
Mandlberg
Eglsee
Brandhofen
12k
Stögen
Aring
3,5
Götzinger Achen
Petting
Unverzug
Kirchhof
2,4
Schrammbach
Ehemoosen
21
Kafling
rpoint
3,6
Sondershausen
St2103
Zenzl
Geisbach
Mörnberg
Mühlberg
Teisendorfer Straße
Dorfen
Gaberlbach
indenburg
Lehen
Weidsee
Emmering
Schloss Seehaus
Schönramer Filz
Hungerberg

hafter Meister aus fünf Jahrhunderten und deren Kunstepochen. @ jbu881

- **Molkereimuseum**, Marktpl. 10, ✆ 4040 Die Ausstellung „Damals & Heute" erläutert die Firmengeschichte der 1902 vom 21-jährigen Basil Weixler gegründeten Bergader Privatkäserei. @ iuo256
- **Vogelmuseum**, Salzburger Str. 32, ✆ 313 Die Artenvielfalt der heimischen und europäischen Vögel wird in Themengruppen und Lebensräumen dargestellt. Auch zahlreiche Säugetiere befinden sich unter den 300 Exponaten. @ lku223
- **Mariä Heimsuchung**, Mühlberg 2, ✆ 218. Die Wallfahrtskirche hat ihren Ursprung im Jahr 1671, wo ein Nischenbildstock erbaut wurde, der eher kapellenartig ausfiel. Aufgrund des großen Zustroms an Pilgern wurde 1709-13 schließlich eine Kirche erbaut. 1857-62 wurde das Gebäude restauriert und die Innenausstattung umgestaltet. @ fiv383
- **Wellnessgarten**, Am See 7-9, ✆ 9845. Naturschwimmteiche, Saunalandschaft, Sinnesgarten. @ jfk745

Am 23. September 1777 brach Wolfgang Amadeus Mozart gemeinsam mit seiner Mutter zu einer Konzertreise nach Paris auf. In seinem ersten Brief, den er von dieser Reise an seinen Vater schickte, berichtete er von seinem Aufenthalt in Waging. Er schrieb, dass er und seine Mutter wie Fürsten lebten. Das Gebiet von Waging war schon von den Kelten und später von den Römern und den Bajuwaren bewohnt. Die Bajuwaren gaben dem Ort auch seinen Namen, da sie den Ort nach ihrem Anführer Wago benannten. Ende des 14. Jahrhunderts wird Waging zum Markt erhoben. Der Ort nimmt zwar während des Dreißigjährigen Krieges keinen Schaden, dafür hatten aber die Bewohner von Waging später im österreichischen Erbfolgekrieg und durch die Napoleonischen Feldzüge zu leiden.

Nach dem Zweiten Weltkrieg flüchten viele Menschen nach Waging und bauen sich hier ein zweites Leben auf. Heute ist Waging ein beliebter Urlaubsort, der Mitte des 20. Jahrhunderts das Prädikat Luftkurort verliehen bekam.

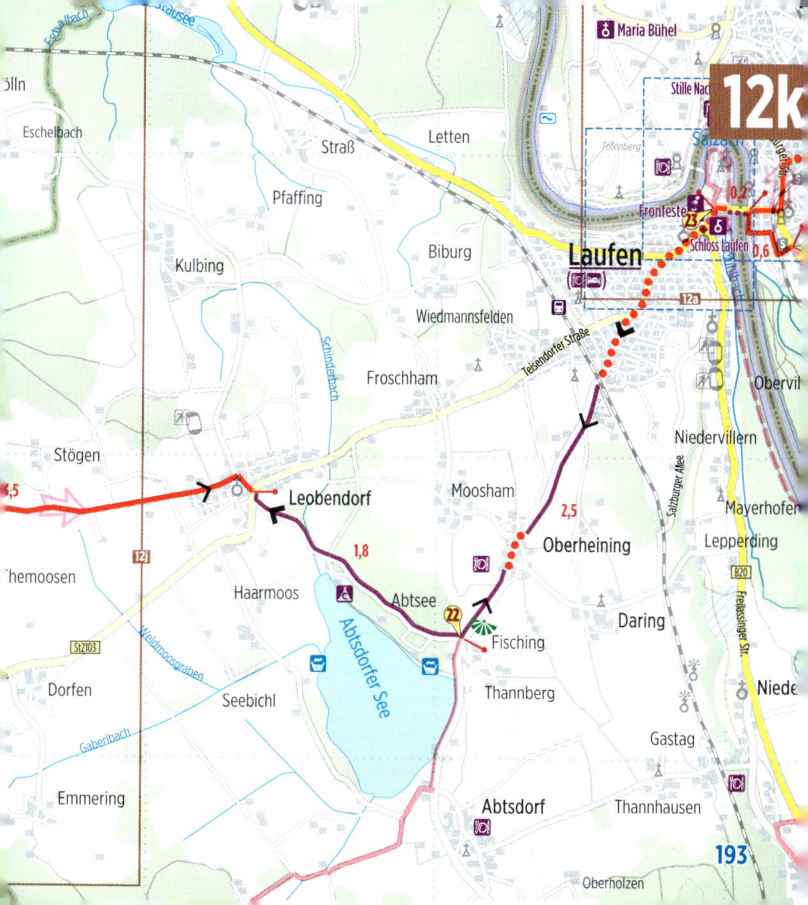
Maria Bühel
Stille Nac
Salzach
Tofenberg
Fronfeste
23
Schloss Laufen
0,2
0,6
Laufen
12a
Eschelbach
Straß
Letten
Pfaffing
Kulbing
Biburg
Wiedmannsfelden
Teisendorfer Straße
Froschham
Schinderbach
Obervil
Niedervillern
Stögen
Leobendorf
Moosham
2,5
Salzburger Allee
Mayerhofen
12j
1,8
Oberheining
Lepperding
hemoosen
Haarmoos
Abtsee
B20
22
Fisching
Daring
Freilassinger Str.
St2103
Weidmoosgraben
Abtsdorfer See
Dorfen
Seebichl
Thannberg
Niede
Gaberlbach
Gastag
Emmering
Abtsdorf
Thannhausen
Oberholzen

Oberndorf, Wallfahrtskirche Maria Bühel

TIPP **20** In der Linkskurve rechts in den Radweg und in Folge entlang der St 2104 Richtung Petting fahren.

Gaden (Waging am See) Ⓓ

21 Petting Ⓓ

Vorwahl: 08686

Touristinformation, Hauptstr. 34, ✆ 200, @ eaa661

Schloss Seehaus, Seehaus 1. In der Spätgotik wurde die Burg zu einer Schlossanlage umgebaut, heute ist sie in Privatbesitz und nicht zu besichtigen. @ lcm153

Abtsee (Laufen) Ⓓ

Abtsdorfer See, Abtsee

22 Fisching (Laufen) Ⓓ

Oberheining (Laufen) Ⓓ

23 Laufen s. S. 140

1 Oberndorf s. S. 171

Tour 13 Tauernradweg 1: Von Salzburg nach Zell am See 96,4 km

HM/km: ↗ 6,1 (592m) ↘ 2,6 (255m) **Radweg:** 48 % **Unbefestigt:** 16 % **Verkehr:** 6 %

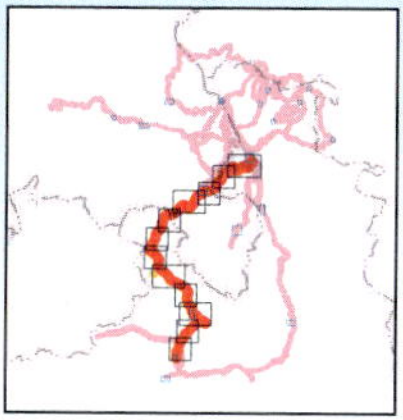

Beginnend von Salzburg geht es über das ‚Kleine Deutsche Eck' in das bayerische Städtchen Bad Reichenhall. Weiter geht es dann entlang der Saalach über Schneizlreuth nach Unken und schließlich nach Lofer. Von hier führt der Weg über St. Martin, durch Weißbach und schließlich über Saalfelden, Maria Alm und Maishofen nach Zell am See. Von hier aus kann man mit der Pinzgauer Lokalbahn einen Ausflug zu den sehenswerten Krimmler Wasserfällen machen.

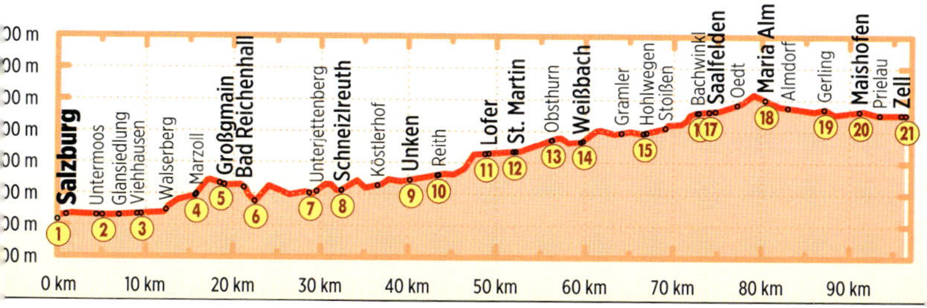

Charakteristik

Start: Salzburg

Ziel: Zell am See

Wegbeschaffenheit: Die Route verläuft großteils auf befestigten bzw. asphaltierten Radwegen und Straßen.

Verkehr: Die Tour führt meist über ruhige Straßen und Radwege, nur ab und an fahren Sie auf Landstraßen im Verkehr.

Beschilderung: Durchgängig beschildert (weiße Schrift auf grünem Hintergrund).

Steigungen: Die Strecke birgt immer wieder leichte Steigungen.

An- und Abreise: Der Regionalexpress und die S-Bahn verkehren zwischen Zell am See und Salzburg (Fahrzeit: 1,5-2 Std.).

Anschlusstour(en): 1, 7, 8, 9, 14

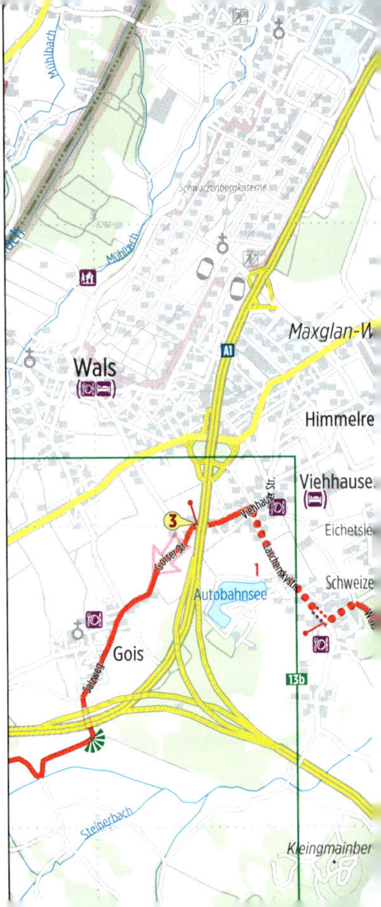

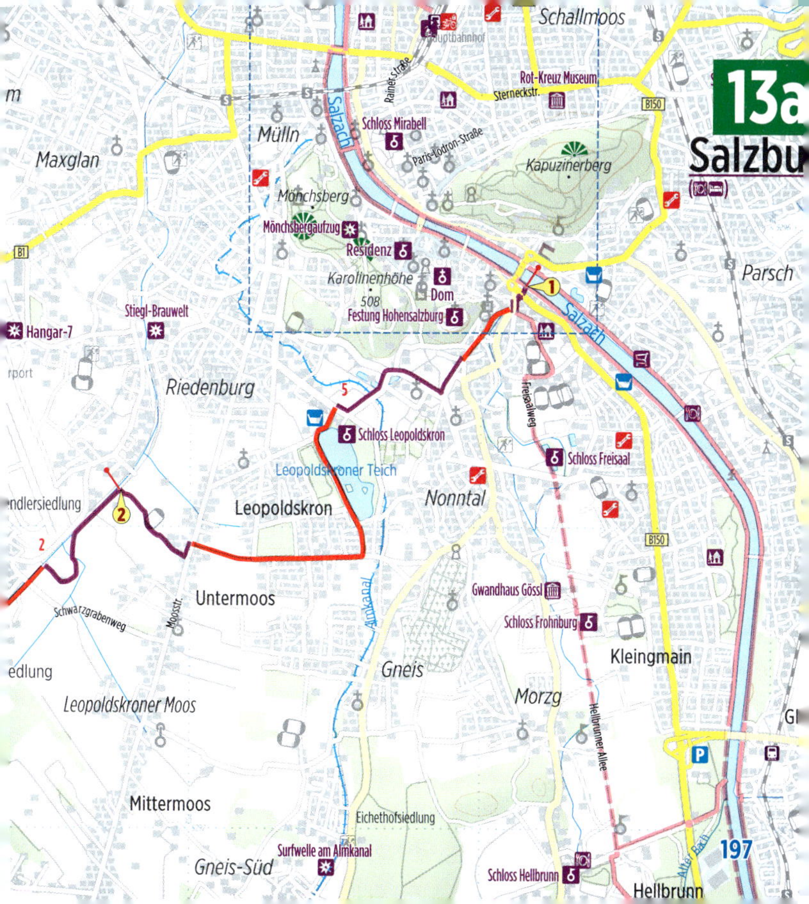
Schallmoos
Hauptbahnhof
Rainer-Straße
Rot-Kreuz Museum
Sterneckstr.
B150
Salzach
Mülln
Schloss Mirabell
Paris-Lodron-Straße
Kapuzinerberg
Maxglan
Mönchsberg
Mönchsbergaufzug
Residenz
B1
Parsch
Karolinenhöhe
508
Dom
Festung Hohensalzburg
Stiegl-Brauwelt
Hangar-7
rport
Riedenburg
Freisaalweg
Schloss Leopoldskron
Leopoldskroner Teich
Schloss Freisaal
ndlersiedlung
Leopoldskron
Nonntal
B150
Untermoos
Schwarzgrabenweg
Moosstr.
Almkanal
Gwandhaus Gössl
Schloss Frohnburg
edlung
Gneis
Kleingmain
Morzg
Leopoldskroner Moos
Hellbrunner Allee
Gl
Mittermoos
Eichethofsiedlung
Surfwelle am Almkanal
Gneis-Süd
Schloss Hellbrunn
Alter Bach
Hellbrunn

Schloss Marzoll

1 Salzburg s. S. 21

Leopoldskron-Moos (Salzburg)

Schloss Leopoldskron, Leopoldskronstr. 56-58. Das Schloss wurde 1736 als Familiensitz von Salzburgs Fürsterzbischof Leopold Anton Freiherr von Firmian erbaut. 1918 kaufte Max Reinhardt das damals baufällige Schloss und renovierte es. Zusammen mit Hugo von Hofmannsthal und Richard Strauss begründete er hier im Jahr 1920 die Salzburger Festspiele. 1938 wurde das Schloss von der nationalsozialistischen Regierung konfisziert und Reinhardt, der zu dieser Zeit in Hollywood lebte, kehrte nie mehr nach Leopoldskron zurück. Heute ist das Schloss eine luxuriöse Seminar- und Eventlocation. @ fwq456

TIPP **2** Am Glanbach links in den Glan-Treppelweg.

3 Viehhausen (Wals-Siezenheim)

4 Marzoll (Bad Reichenhall) (D)

Vorwahl: 08651

Pfarrkirche St. Valentin, Schloßberg 11, ✆ 602680. Teile des 1142 errichteten romanischen Kerns sind noch vorhanden, mit gotischem Chor und Turm aus dem 15. Jh., barockisiert in der Mitte des 18. Jhs. @ irk237

Schloss Marzoll, Schloßberg 2. Zwischen 1527 und 1536 von Familie Fröschl erbaut, die hohe Einnahmen aus Salzsiede-Anlagen erwirtschaftete. In der Mitte des 19. Jhs. von den Freiherrn von Malsen im neugotischen Stil umgestaltet. Privat, nicht zugänglich. @ gkf813

Hinterreit (Großgmain)

Salzburger Freilichtmuseum, Hasenweg 1, ✆ 0662/850011 Auf einem 50 ha

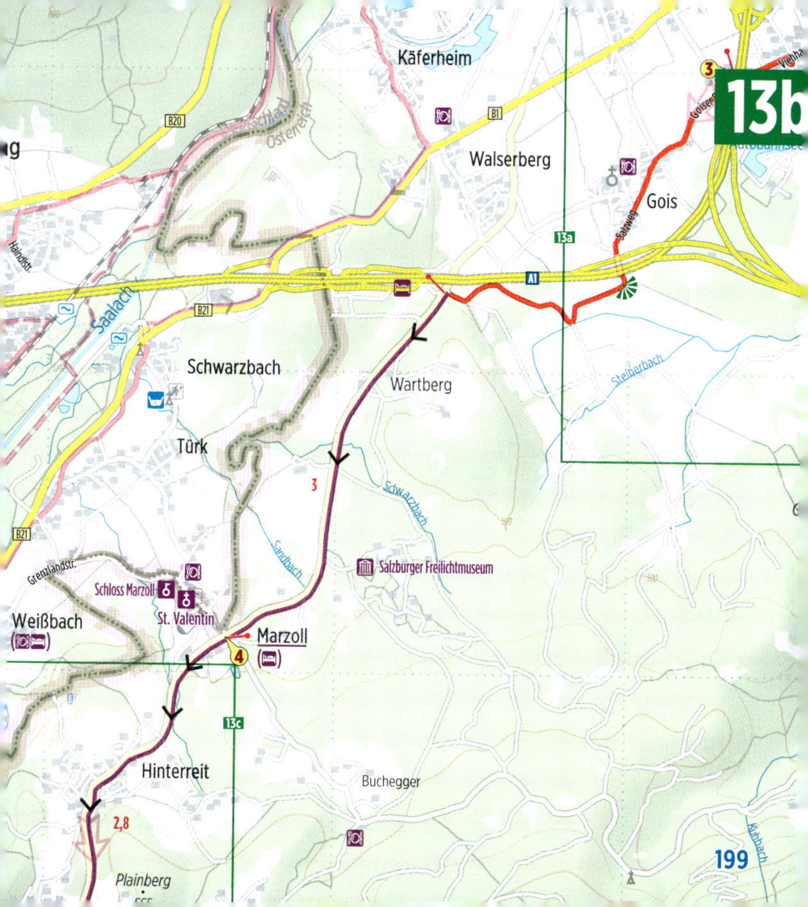

13b
Käferheim
B20
B1
Österreich
Walserberg
Gois
Salzweg
Haindlstr.
Saalach
B21
A1
13a
Schwarzbach
Wartberg
Steinerbach
Türk
3
Schwarzbach
Sandbach
Salzburger Freilichtmuseum
Grenzlandstr.
Schloss Marzoll
St. Valentin
Weißbach
Marzoll
4
13c
Hinterreit
Buchegger
2,8
Plainberg
Kuhbach

großen Areal am Fuße des Untersberges wurden historisch wertvolle Bauernhöfe (16.-20. Jh.) aus dem Land Salzburg errichtet. @ cvl714

5 Großgmain

Vorwahl: 06247

Tourist-Information, Salzburgerstr. 250, ✆ 82780, @ iyu821

Marienwallfahrtskirche, Salzburgerstr. Bekannt für die „Schöne Madonna“ (1395) und die gotischen Tafelbilder des Meisters von Großgmain.

Ruine Plainburg, Plainburgstr. Die Burg ist mit ihrer Aussichtsplattform ein beliebtes Ausflugsziel und zählt zu den ältesten Ruinen Österreichs.

Bayerisch Gmain (D)

Vorwahl: 08651

Tourist-Information, Großgmainer Str. 14, ✆ 7151150, @ oao858

Bergkurgarten, Alpentalstr. Der Bergkurgarten befindet sich am Fuße des Dreisesselberges und ist idealer Ausgangspunkt für viele Wanderungen. @ xyp153

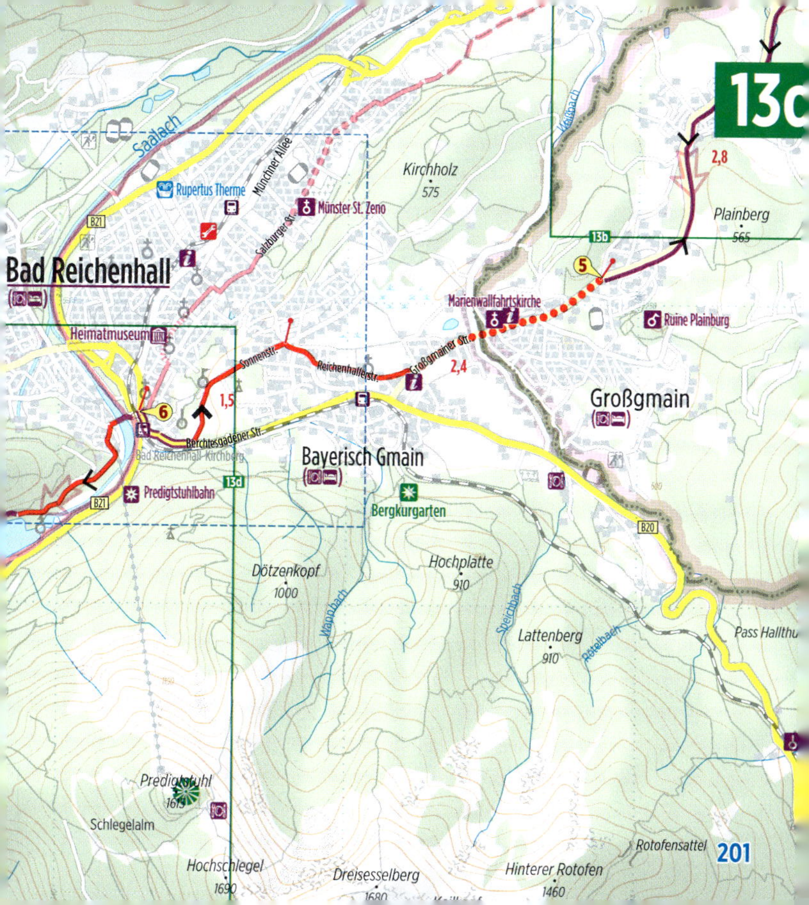
13c
Saalach
Rupertus Therme
Münchner Allee
Münster St. Zeno
Salzburger Str.
Kirchholz
575
Bad Reichenhall
B21
Heimatmuseum
Sonnenstr.
Reichenhallerstr.
Großgmainer Str.
2,4
Marienwallfahrtskirche
Ruine Plainburg
Plainberg
565
2,8
13b
Weißbach
5
6
1,5
Berchtesgadener Str.
Bad Reichenhall-Kirchberg
Predigtstuhlbahn
13d
Bayerisch Gmain
Großgmain
Bergkurgarten
B20
Dötzenkopf
1000
Hochplatte
910
Wappbach
Speichbach
Lattenberg
910
Rötelbach
Pass Hallthu
Predigtstuhl
1613
Schlegelalm
Hochschlegel
1690
Dreisesselberg
1680
Hinterer Rotofen
1460
Rotofensattel

6 Bad Reichenhall s. S. 119

7 Unterjettenberg (Schneizlreuth) Ⓓ

8 Schneizlreuth Ⓓ

Tourist-Info, Berchtesgadener Str. 12, OT Weißbach a. d. Alpenstraße, ✆ 08665/5229710, @ myd221

9 Unken

Vorwahl: 06589

Gemeinde Unken, Niederland 147, ✆ 4202, @ tni783

Regionalmuseum Kalchofengut, Unken 25, ✆ 4502 Es sind neben Gegenständen des bäuerlichen Alltags auch Fundstücke aus der Bronze- und Hallstattzeit zu sehen. @ hrh148

Festung Kniepass, Unkenberg 1, ✆ 4245 Pass- und Verteidigungsanlage von 1621, heute Ort für kulturelle Veranstaltungen und Ausstellungen. @ ynq828

Freizeitzentrum, Niederland 164, ✆ 4300. Hallenbad, Sauna, Freibad mit Riesenwasserrutsche, Whirlpool uvm. @ rex351

Der Ursprung des Namens Unken ist bis heute ungeklärt. In der Geschichte taucht

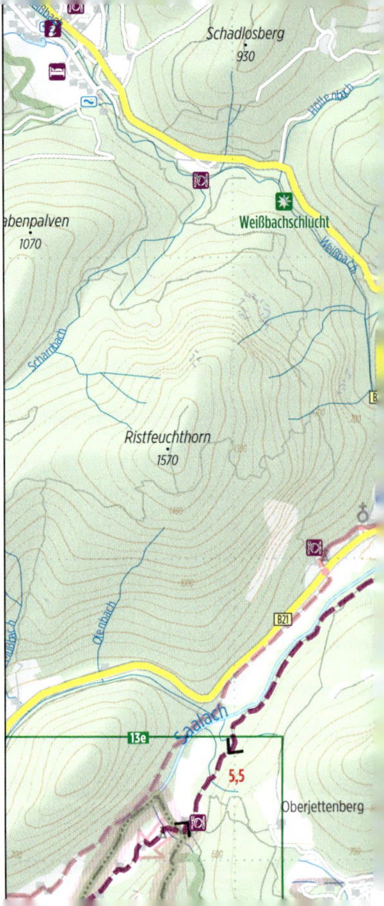

Berner
Thumsee
Ruine Karlstein
Pankrazkirche
St2101
Kirchberg
13c
Predigtstuhlbahn
B21
Gfällgraben
Saalachsee
Müllnerhörndl
1255
6,5
Pflasterbachhörndl
1270
Echt Posch
Baumgarten
Predigtstuhl
1613
Schlegelalm
Hochsc
169
euth
lrichsholz
B21 B305
7
Fronau
0,5
0,8
B21
Vogelspitz
1285
Unterjettenberg
Hochmaiskopf
1390
Kratzer
1300
B305

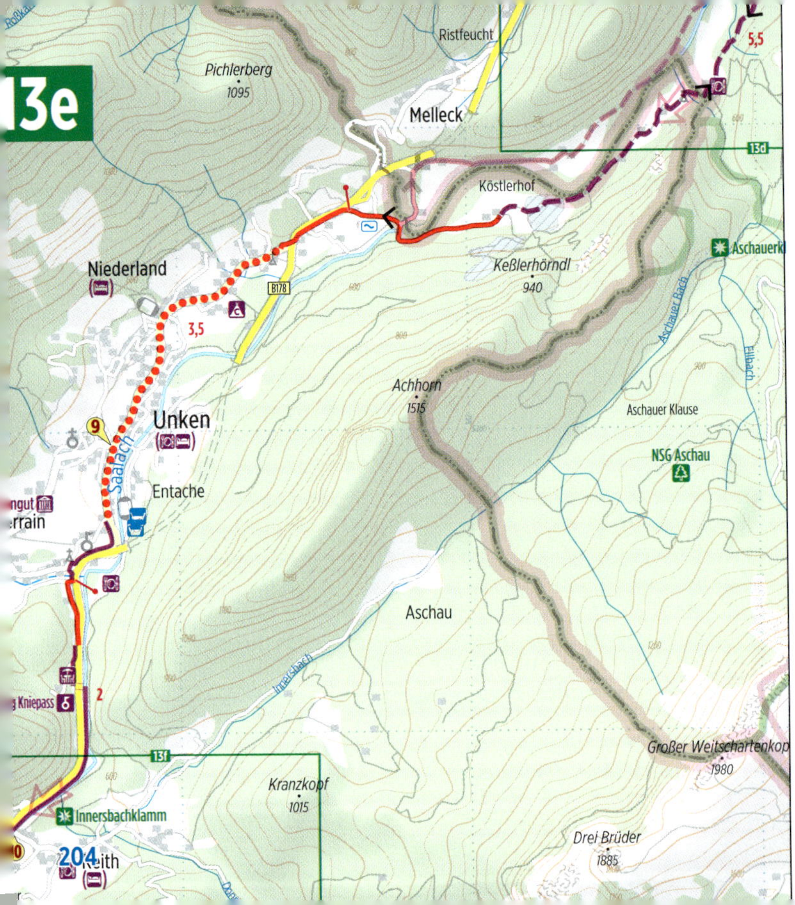
13e
Ristfeucht
5,5
Pichlerberg
1095
Melleck
13d
Köstlerhof
Niederland
Keßlerhörndl
940
B178
3,5
Aschauerkl
Aschauer Bach
Ellbach
Achhorn
1515
Unken
Aschauer Klause
9
Saalach
NSG Aschau
Entache
ngut
rrain
Aschau
Innersbach
2
Kniepass
Großer Weitschartenkop
1980
13f
Kranzkopf
1015
Innersbachklamm
Drei Brüder
1885
204
Keith

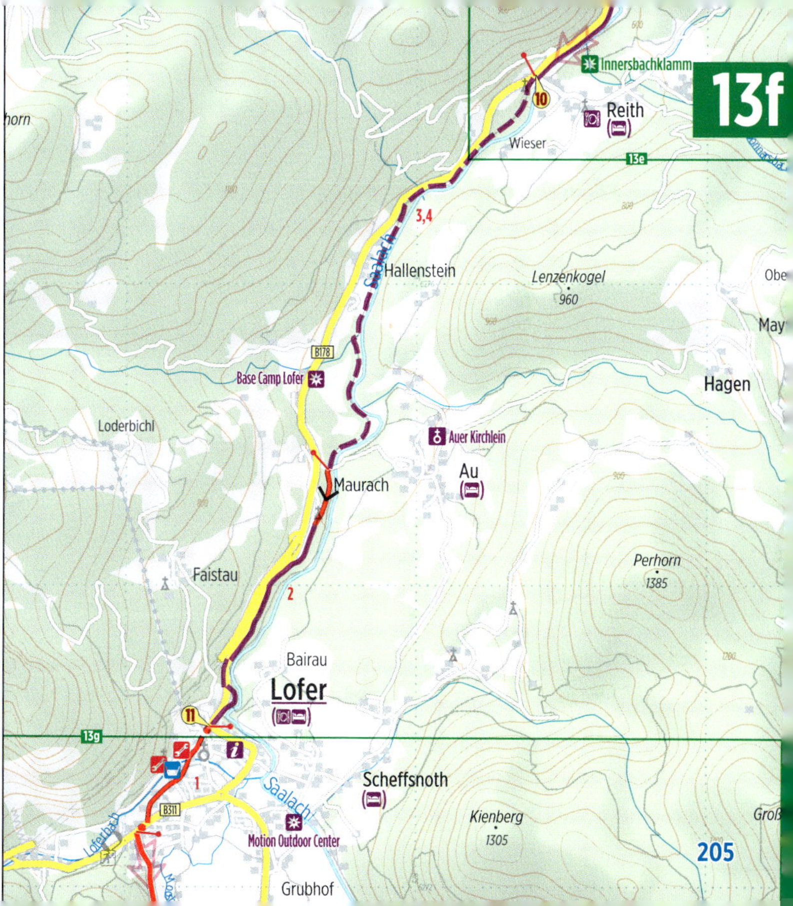
13f
Innersbachklamm
Reith
Wieser
10
13e
horn
3,4
Saalach
Hallenstein
Lenzenkogel
960
Obe
May
B178
Base Camp Lofer
Hagen
Loderbichl
Auer Kirchlein
Au
Maurach
Perhorn
1385
Faistau
2
Bairau
Lofer
11
13g
1
B311
Saalach
Scheffsnoth
Loferbach
Motion Outdoor Center
Kienberg
1305
Groß
Grubhof

der Ort immer wieder mit eigenartigen Bezeichnungen wie Unchine, Vnchen, Uncna, Vunchne oder Hunche auf. Im Jahr 1137 wird Unken erstmals urkundlich erwähnt. Damals erfolgte unter Propst Gerhoch von Reichersberg die Übereignung einer Salzpfanne in Reichenhall mit sechs Hofplätzen in den Wäldern von Unchen. Dieses Reichersberg liegt übrigens am Inn im oberösterreichischen Innviertel, wo auch der Tauernradweg vorbeiführt. Unken ist heute ein beliebter Winter- und Sommersportort, der seinen Gästen einiges zu bieten hat.

10 Reith (Unken)

Inersbachklamm, Loferer Str. Die Gehzeit durch die Klamm dauert etwa 15 Min. (kostenlos), Raftingtouren und „Gumpenspringen" werden auch angeboten. Am Klammeingang kann man baden. @ jaa761

11 Lofer

Vorwahl: 06588

Motion Outdoor Center, Lofer 330, ✆ 7524. Wildwasser- und Actionsport, Rafting, Canyoning, etc. @ dfw251

Steinbergbad, Lofer 339, ✆ 7296, @ vxs617

Lofer hatte schon früh als Poststation Bedeutung. Gasthöfe und Schmiedewerkstätten entwickelten sich, Händler und Handwerker folgten nach, sodass Lofer bereits 1232 zum Markt erhoben wurde. Der Handel florierte prächtig – bis zum Bau der Giselabahn, welche von Salzburg über Zell am See und Saalfelden nach Innsbruck führte und Lofer dadurch ins wirtschaftliche Abseits geriet. Man überlegte sich neue Strategien und entdeckte den Tourismus für sich. 1883 wurde der Verkehrsverein

13g
Scheffsnoth
Kienberg
1305
Saalach
Loferbach
B311
Motion Outdoor Center
Grubhof
(675 m)
13f
Gumping
Mosbach
Rauchenberg
2,2
St. Martin
bei Lofer
Wildmoossiedlung
Strohwollner Schlucht
Strohwollen
Kötschmairho
1595
12
Rauchenberg
1295
1
Kirchental
Oberdorf
Maria Kirchental
Pass Luftenstein (655 m)
Wildenthal
Strupberg
945
Wildenbach
Thurneck
1315
3,4
Hundsfuß
1235
13h
Obsthurn
13
Naturbadegebiet Vorderkaser
Saalach

Lofer gegründet, 1892 das Schwimmbad gebaut und 1900 die ersten Tennisplätze. 1910 erhielt der Ort schließlich eine Kraftpostverbindung nach Bad Reichenhall. Heute ist Lofer ein beliebter Tourismusort, der Sommer wie Winter gerne besucht wird.

12 St. Martin bei Lofer

Vorwahl: 06588

- **Gemeindeamt**, Dorf Nr. 9, ✆ 8510, @ wod458
- **Wallfahrtskirche Maria Kirchental**, Kirchental 1, westl. von St. Martin, ✆ 8528. Die barocke Kirche mit dem Beinamen Pinzgauer Dom wurde Ende des 17. Jhs. nach Plänen von Fischer von Erlach erbaut. @ htp756
- **Strohwollner Schlucht**, Wildental (24) Die imposante Schlucht ist für Kinder ab 4 Jahren geeignet. Der Rundgang dauert etwa 30 Min. @ kat834

AUSFLUG 13 Hier bietet sich ein Ausflug zum idyllischen Naturbadegebiet und zur Vorderkaserklamm an.

13 Obsthurn (St. Martin bei Lofer)

Vorwahl: 06588

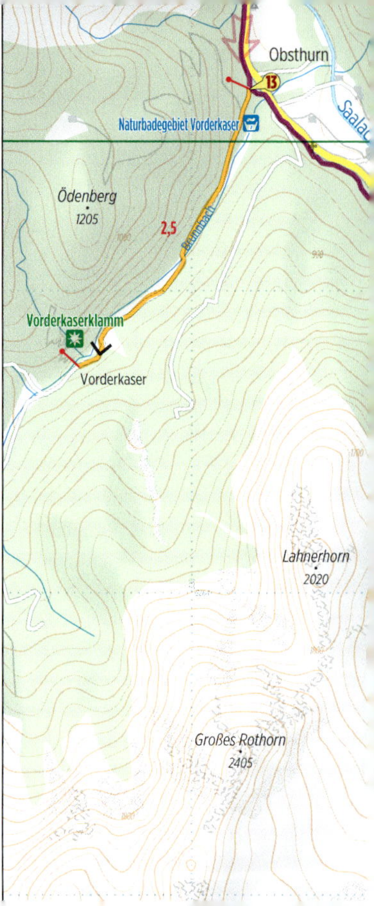

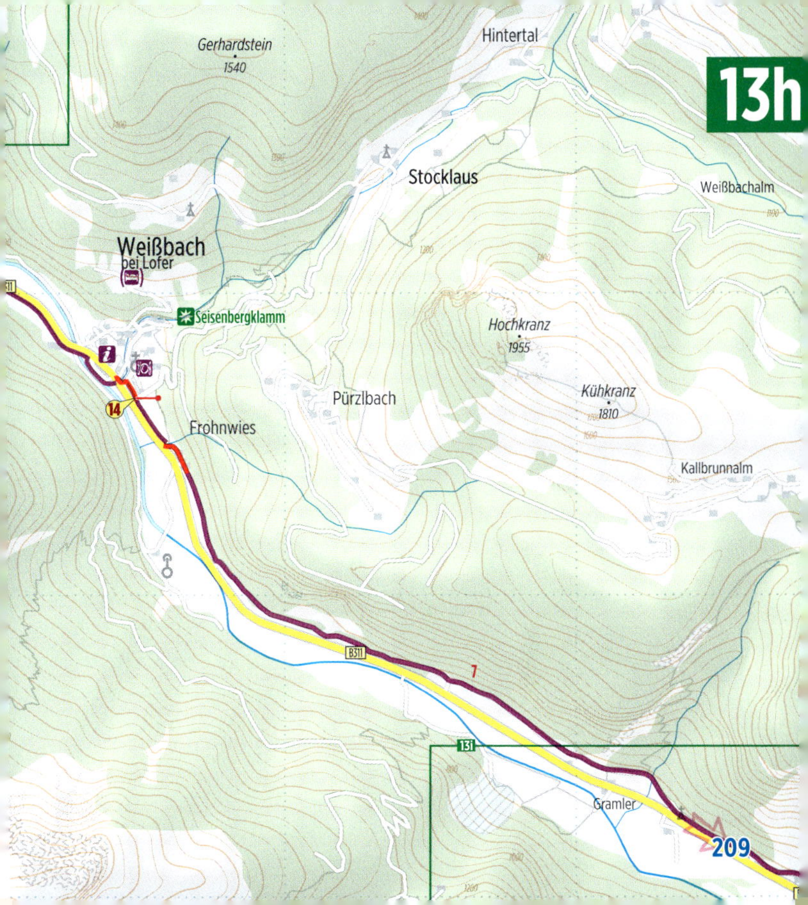

13h
Gerhardstein
1540
Hintertal
Stocklaus
Weißbachalm
Weißbach
bei Lofer
Seisenbergklamm
Hochkranz
1955
Pürzlbach
Kühkranz
1810
Frohnwies
Kallbrunnalm
14
B311
7
13i
Gramler
209

Seisenbergklamm

Lamprechtshöhle, Obsthurn 28, ✆ 8343, ✆ 0650/2202749 Mit 35 km Länge die längste Durchgangshöhle der Welt, davon sind 700 m im Rahmen von Führungen zugänglich. Warme Kleidung mitnehmen, es hat ganzjährig 4-6°C! @ agb265

Vorderkaserklamm, Obsthurn 42, ✆ 8510 Die Klamm entstand vor etwa 13.000 Jahren am Ende der Eiszeit, als das Gletschereis abgeschmolzen ist. Sie ist seit 1882 für Besucher begehbar. Sehr idyllisch ist auch der Weg vom unteren Parkplatz zur Klamm. @ imf313

Naturbadegebiet Vorderkaser, Obsthurn, @ gix745

14 Weißbach bei Lofer

Vorwahl: 06582

Seisenbergklamm, Unterweißbach 36, ✆ 82424 Direkt im Ortszentrum befindet sich der Eingang zur 600 m langen und bis zu 50 m tiefen Klamm, die Engstellen von nur 80 cm Breite aufweist. @ hpw243

15 Hohlwegen (Saalfelden)

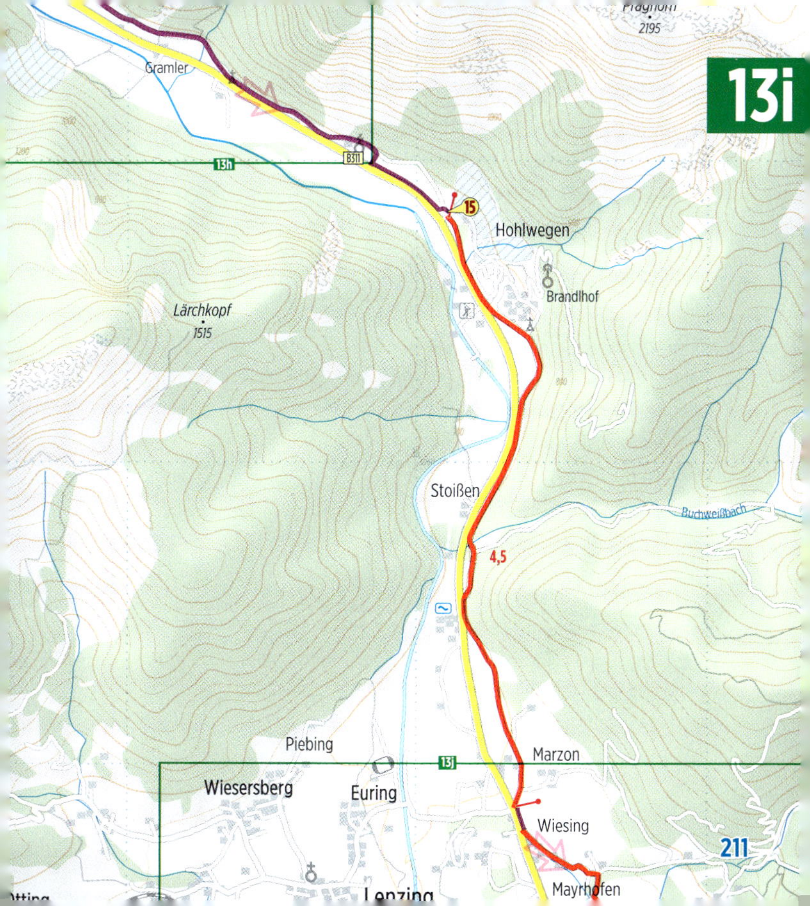
13i
Pfaghorn
2195
Gramler
B311
13h
15
Hohlwegen
Brandlhof
Lärchkopf
1515
Stoißen
Buchweißbach
4,5
Piebing
Marzon
13j
Wiesersberg
Euring
Wiesing
211
Mayrhofen
Lenzing

16 Bachwinkl (Saalfelden)

Einsiedelei am Palfen, Bachwinkl 12, nördlich von Saalfelden, ✆ 06582/72382. Die heute noch bewohnte Felseneremitage am Fuße des Steinernen Meeres ist über einen Waldweg ab Bürgerau oder Bachwinkl in etwa 25 min erreichbar. @ fip412

Burg Lichtenberg, Bachwinkl 11. Die Burg wurde Mitte des 13. Jhs. erbaut. 1526 wurde sie im Bauernaufstand zerstört und bis 1580 wiederaufgebaut. In den folgenden Jahrhunderten verfiel die Burg zunehmend. 1699 wollte sich der Erzbischof aus der Verantwortung zur Erhaltung stehlen und teilte die Burg der für das Kriegswesen zuständigen Landschaft zu, diese erhob jedoch dagegen Einspruch. Erst 1791 wurde das Anwesen notdürftig saniert. 1870 wurde die Burg an Dr. Adolf Ritter Weiß von Teßbach versteigert und damit endgültig vom Verfall gerettet. Damals bekam Schloss Lichtenberg sein heutiges Aussehen. Noch heute ist die Familie im Besitz des gesamten Areals.

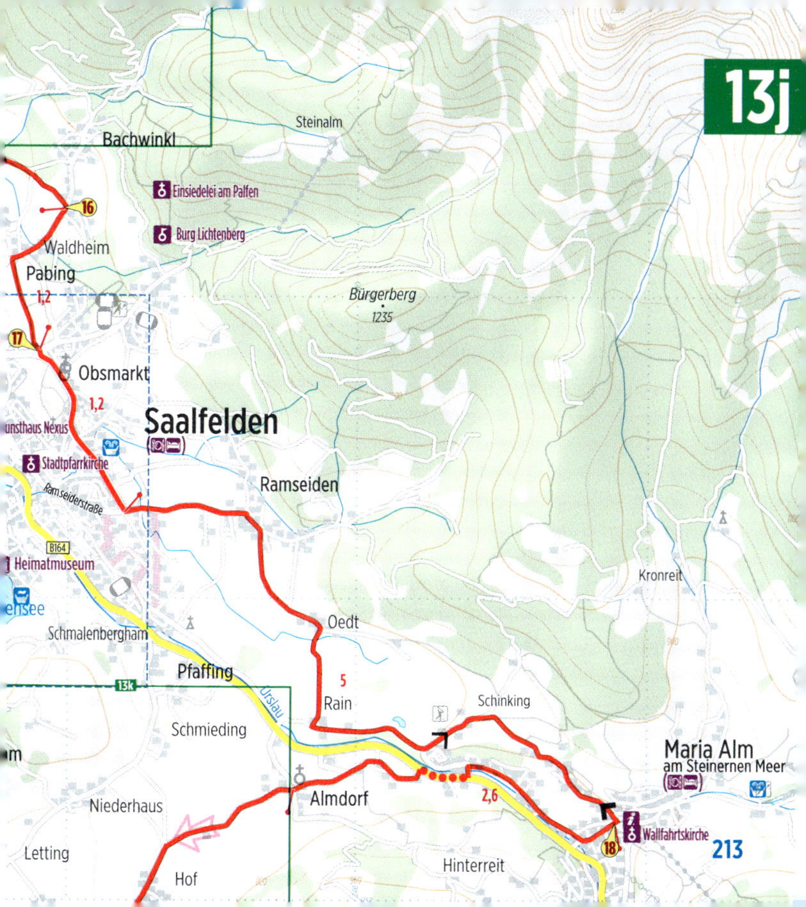
13j
Bachwinkl
Steinalm
Einsiedelei am Palfen
Burg Lichtenberg
Waldheim
Pabing
Bürgerberg
1235
Obsmarkt
Saalfelden
unsthaus Nexus
Stadtpfarrkirche
Ramseiderstraße
Ramseiden
B164
Heimatmuseum
ensee
Schmalenbergham
Pfaffing
13k
Oedt
Rain
Urslau
Schinking
Schmieding
Kronreit
Maria Alm
am Steinernen Meer
Almdorf
Niederhaus
Letting
Hof
Hinterreit
Wallfahrtskirche
16
17
18
1,2
5
2,6

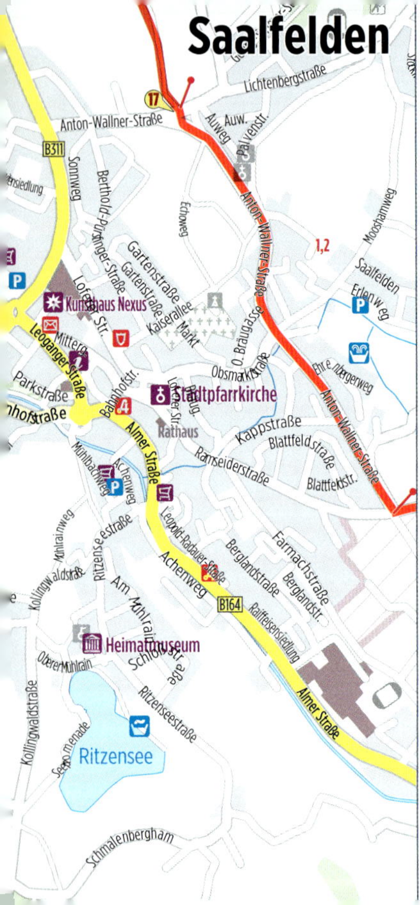

17 Saalfelden

Vorwahl: 06582

Saalfelden Leogang Tourismus, Mitterg. 21a, ☎ 7066011, ☎ 7066012, @ ulg882

Pinzgauer Heimatmuseum, Museumspl. 1, Schloss Ritzen, ☎ 72759 Sehenswerte Einrichtung über Geschichte und Volkskultur, Handwerk und Brauchtum mitsamt der größten alpenländischen Krippensammlung. @ qar842

Stadtpfarrkirche, Lofererstr. 11, ☎ 72382. Der ursprünglich romanische Bau wurde im Mittelalter mit gotischen Elementen versehen und im 17. und 18. Jh. völlig erneuert. Nach Bränden im 18. und 19. Jh. wurde sie in neuromanischer Form wieder aufgebaut. @ ais128

Kunsthaus Nexus, Am Postpl. 1, ☎ 75999. Vielfältiges Kunst- und Kulturangebot: Theater, Kabarett, Vorträge, Literatur und Konzerte aller Art begeistern Jung und Alt. @ ysn568

Sommerrodelbahn Biberg, Kehlbach 55, ☎ 72173 1600 m langes Rodelerlebnis

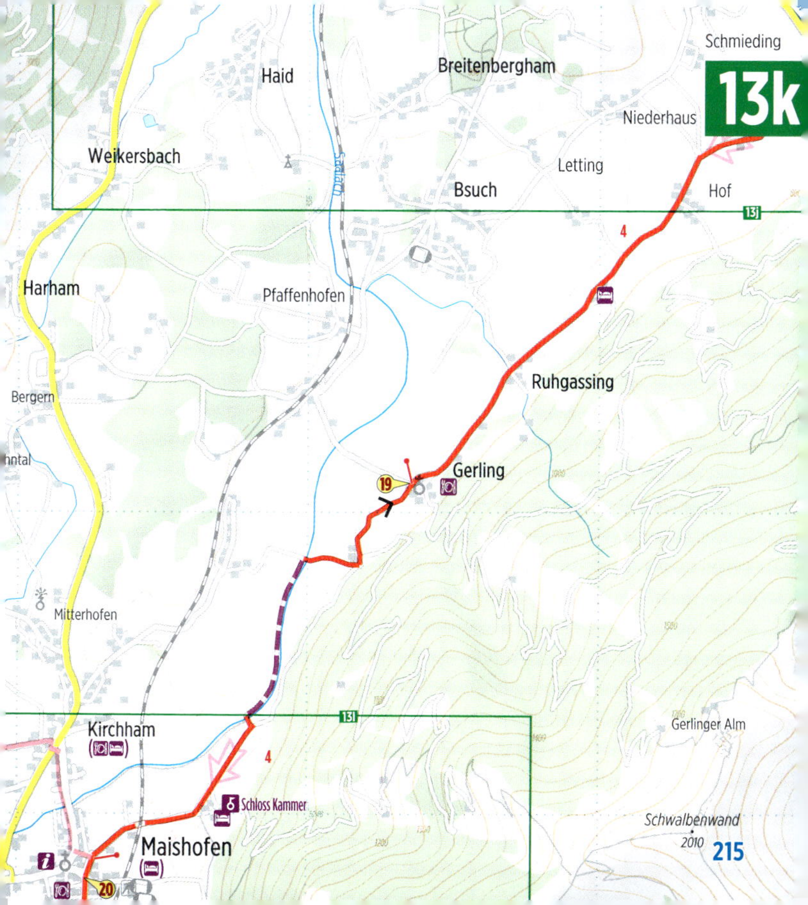
Schmieding
13k
Breitenbergham
Haid
Niederhaus
Weikersbach
Saalach
Letting
Bsuch
Hof
13j
4
Harham
Pfaffenhofen
Ruhgassing
Bergern
nntal
Gerling
19
Mitterhofen
Gerlinger Alm
Kirchham
13l
4
Schloss Kammer
Maishofen
Schwalbenwand
2010
20

mit 63 aufregenden Kurven am Biberg. @ bwv187

- **Ritzensee**, Ritzenseestr. 37, ✆ 72519, @ dtp318
- **Erlebnisschwimmbad Obsmarkt**, Obsmarktstr. 38a, ✆ 73459, @ ulb231

18 Maria Alm a. Steinernen Meer

Vorwahl: 06584

- **Tourismusverband**, Am Gemeindepl. 7, ✆ 20388, @ kvw835
- **Wallfahrtskirche Maria Alm**, Pfarrhofweg 1, ✆ 7241 Der 84 m hohe Spitzturm der ursprünglich gotischen Kirche ist der höchste Kirchturm des Salzburger Landes. @ ity137
- **Erlebnis-Freibad Sommerstein**, Sommersteinweg 2, ✆ 7705, @ kmp585

19 Gerling (Saalfelden)

20 Maishofen

Vorwahl: 06542

- **Tourismusverband**, Saalhofstr. 2, ✆ 683180, @ olk553
- **Schloss Kammer**, Kammererstr. 22, ✆ 6822020. Auf der Rückseite des Bauernschlosses befindet sich eine Kapelle, ein historischer Schießstand und ein

Maria Alm

13l
Stablbergkapelle
Kirchham
Saalach
4
Schloss Kammer
Maishofen
20
13k
Atzing
Atzingberg
1495
Mayerhofen
2,4
Unterreit
Badhausfeld
3
Point
Oberreit
Schloss Prielau
Pointner Berg
1305
Prielau
Wiesenlehen
Einödsiedlung
2,8
Schmitten
Thumersbach
Thumersbach
Vogtturm
Rathaus
Zell
am See
Zeller See
21
Ronachkogel
325
Grafteilen

Zell am See

kleiner Turm. Das Anwesen wird heute als Hotel und Restaurant geführt. @ hfr753

Prielau (Zell am See)

6 **Schloss Prielau**, Hofmannsthalstr. 10, ✆ 06542/729110. Das ehemalige fürstbischöfliche Jagdschloss wurde 1425 erstmals erwähnt. 1560–65 wurde es von Hans Christoph Perner von Rettenwörth umgebaut und erhielt sein heutiges Aussehen. 1987 kaufte die Familie Porsche das Anwesen und gestaltete das Schloss zu einem Hotel mit Restaurant um. Auf dem Gelände befindet sich eine barocke Kapelle. @ ejp764

21 Zell am See s. S. 229

Tour 14 Glemmtal-Radweg 32,5 km

HM/km: ↗ 16,8 (547m) ↘ 0,1 (2m) **Radweg:** 78 % **Unbefestigt:** 8 % **Verkehr:** 2 %

Die Tour startet in Zell am See und führt von Maishofen durch das gesamte Glemmtal über Viehhofen, Saalbach-Hinterglemm und Lengau bis zum Talschluss. Stetig bergauf radeln Sie stets am Ufer der Saalach entlang, meist abseits der Straße zwischen freien Wiesen oder unter schattigen Bäumen.

Charakteristik

Start: Zell am See

Ziel: Talschluss

Wegbeschaffenheit: Die Route verläuft bis auf das letzte Stück gänzlich auf asphaltierten Radwegen und Straßen.

Verkehr: Die Tour führt großteils auf Radwegen und ab und an auf ruhigen Nebenstraßen, mit stärkerem Verkehr müssen Sie nur in Hinterglemm rechnen.

Beschilderung: Bis Maishofen Tauernradweg, ab Maishofen durchgängig als Glemmtal Radweg beschildert (weiße Schrift auf grünem Hintergrund).

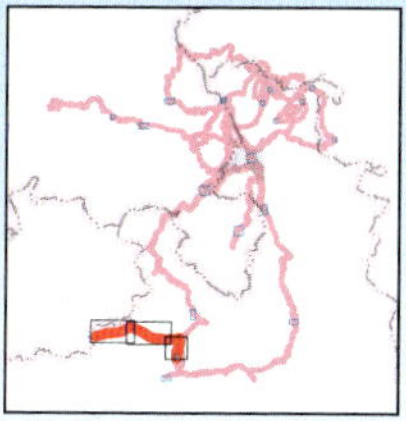

Steigungen: Ab Maishofen geht es stetig bergauf.

Tipp: Wenn Sie sich die Rückfahrt ersparen wollen, oder die Tour lieber bergab (ab Talschluss) fahren wollen, können Sie ein Auto abstellen und mit dem Bus (Postbus 680, Station Hinterglemm-Lindlingalm) zurückfahren um es zu holen.

An- und Abreise: Der Regionalexpress und die S-Bahn verkehren zwischen Zell am See und Salzburg (Fahrzeit: 1,5-2 Std.).

Anschlusstour(en): 13, 15, 16

Zeller See

1 Zell am See s. S. 229

TIPP **Entlang des Zeller Sees radeln Sie am Tauernradweg über Prielau nach Maishofen, wo der Glemmtal Radweg beginnt.**

Prielau (Zell am See)

Schloss Prielau, Hofmannsthalstr. 10, ✆ 06542/729110. Das ehemalige fürstbischöfliche Jagdschloss wurde 1425 erstmals erwähnt. 1560–65 wurde es von Hans Christoph Perner von Rettenwörth umgebaut und erhielt sein heutiges Aussehen. 1987 kaufte die Familie Porsche das Anwesen und gestaltete das Schloss zu einem Hotel mit Restaurant um. Auf dem Gelände befindet sich eine barocke Kapelle. @ ejp764

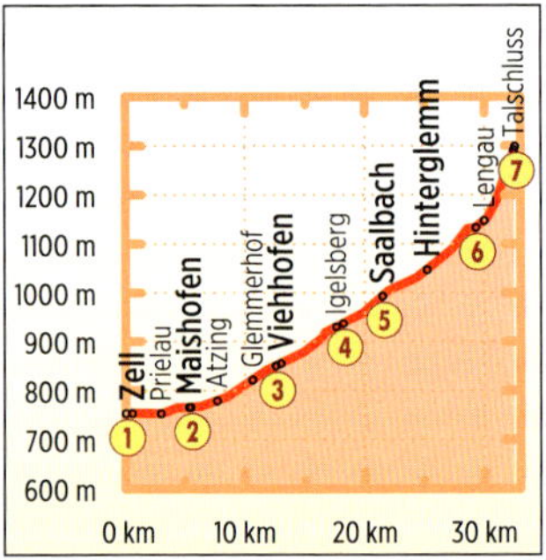

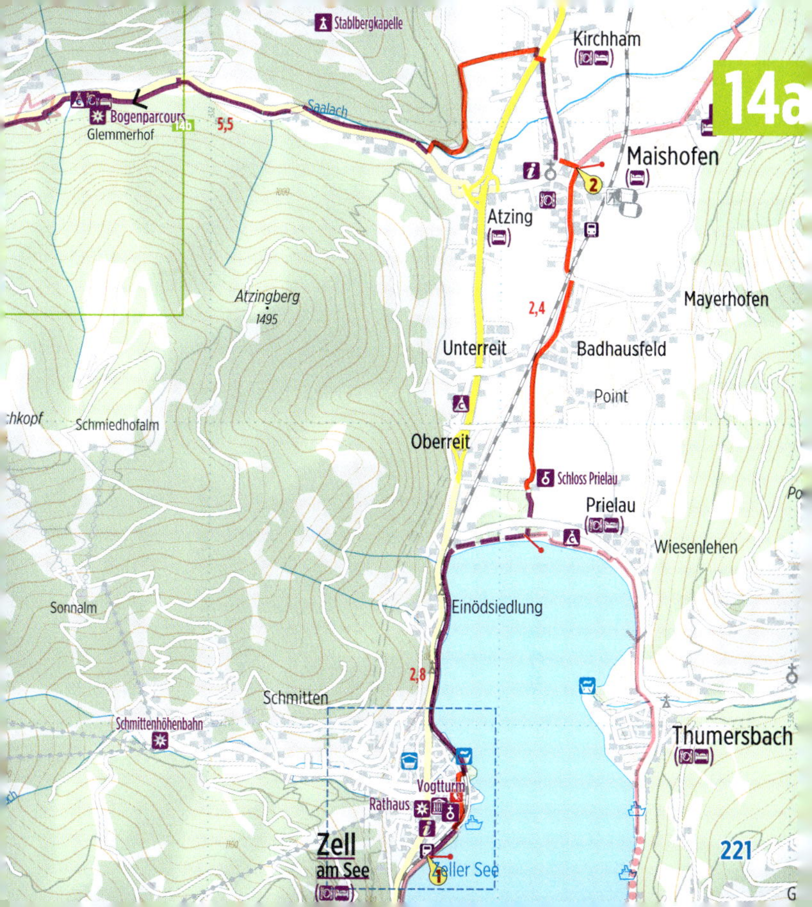

Stablbergkapelle
Kirchham
14a
Bogenparcours
14b
Glemmerhof
5,5
Saalach
Maishofen
2
Atzing
Atzingberg
1495
2,4
Mayerhofen
Unterreit
Badhausfeld
Point
chkopf
Schmiedhofalm
Oberreit
Schloss Prielau
Prielau
Wiesenlehen
Sonnalm
Einödsiedlung
2,8
Schmitten
Schmittenhöhenbahn
Thumersbach
Vogtturm
Rathaus
Zell
am See
Zeller See
1

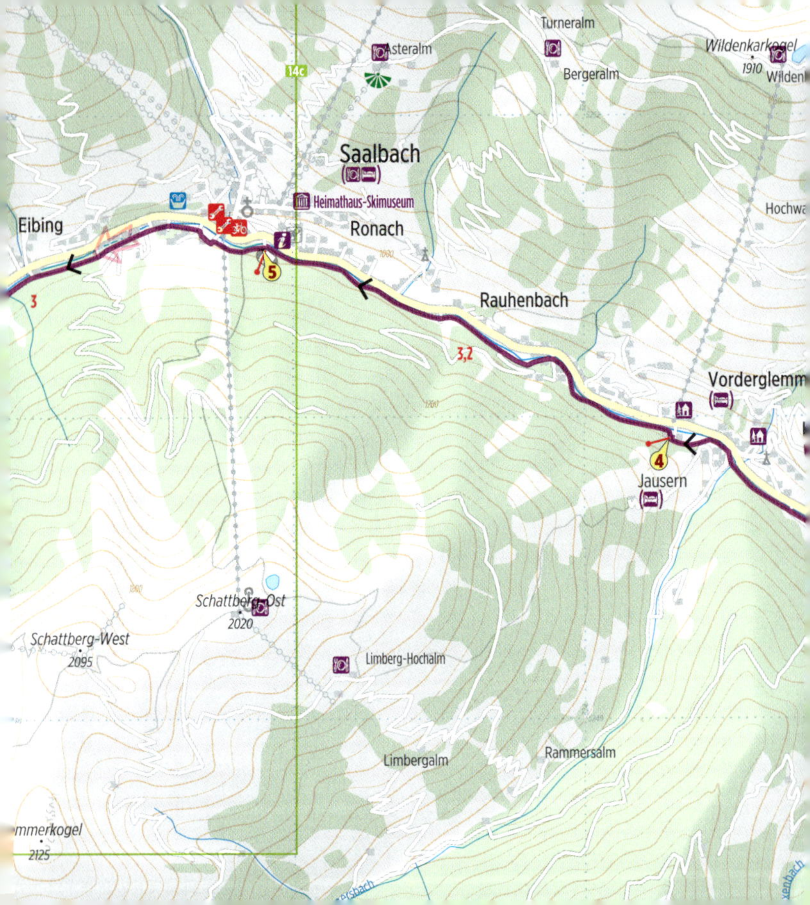
Turneralm
Asteralm
Bergeralm
Wildenkarkogel
1910
14c
Saalbach
Heimathaus-Skimuseum
Eibing
Ronach
5
3
Rauhenbach
3,2
Vorderglemm
4
Jausern
Schattberg-Ost
2020
Schattberg-West
2095
Limberg-Hochalm
Limbergalm
Rammersalm

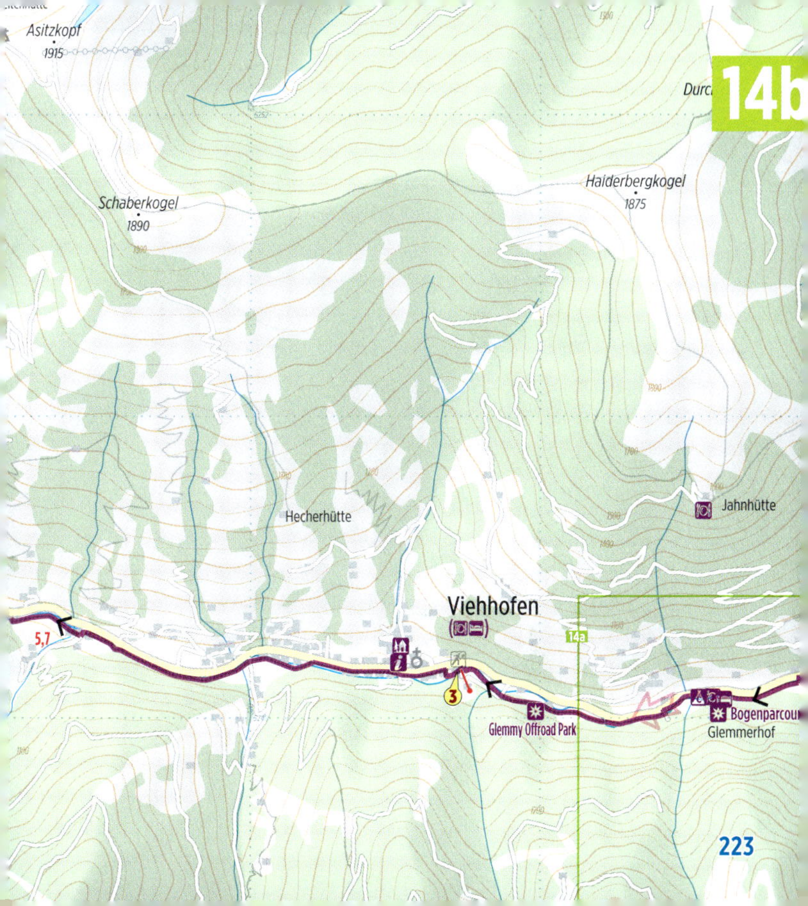
14b
Asitzkopf
1915
Schaberkogel
1890
Haiderbergkogel
1875
Hecherhütte
Jahnhütte
Viehhofen
14a
5,7
3
Glemmy Offroad Park
Glemmerhof

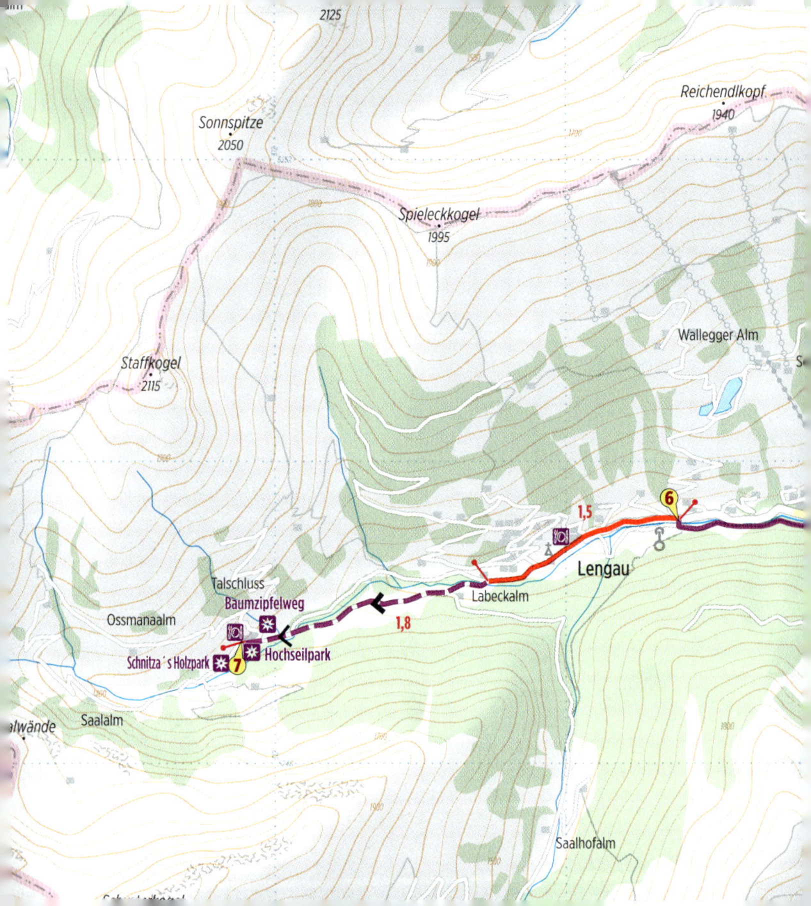
2125
Reichendlkopf
1940
Sonnspitze
2050
Spieleckkogel
1995
Staffkogel
2115
Wallegger Alm
6
1,5
Lengau
Labeckalm
Talschluss
Baumzipfelweg
Ossmanaalm
1,8
Hochseilpark
Schnitza´s Holzpark
7
Saalalm
Saalhofalm

14c
Lieneralm
Reiterkogel
1820
Reiteralm
Tirol
Salzburg
Roßwaldhütte
Sportalm
14b
Eibing
3
5
Auhof
Familienpark
Hinterglemm
1,6
Saalach
Märchenwald
Wiesern
Schwarzach
Schattberg-West
2095
2020
Fritz-Hintermayr-Hütte
Stemmerkogel

2 Maishofen

Vorwahl: 06542

Tourismusverband, Saalhofstr. 2, ✆ 683180, @ olk553

Schloss Kammer, Kammererstr. 22, ✆ 6822020. Auf der Rückseite des Bauernschlosses befindet sich eine Kapelle, ein historischer Schießstand und ein kleiner Turm. Das Anwesen wird heute als Hotel und Restaurant geführt. @ hfr753

Kirchham (Maishofen)

Glemmerhof (Viehhofen)

Bogenparcours, Glemmerstr. 52, ✆ 06542/68576 Der Parcours bietet 28 naturgetreu nachgebildete Tiere im Wald, Dauer: 2-3 Stunden. @ fgu828

3 Viehhofen

Vorwahl: 06542

TVB Viehhofen, Dorfpl. 104, ✆ 68559, @ mmn143

Glemmy Offroad Park, Burgsteinweg, ✆ 0664/3709685 od. 0664/8954855 Quad Gelände auf einer Fläche von 60.000 m² mit Offroad Strecken unterschiedlichster Art und Schwierigkeit. @ rrw527

Vorderglemm (Saalbach-Hinterglemm)

4 Jausern (Saalbach-Hinterglemm)

5 Saalbach-Hinterglemm

Vorwahl: 06541

Tourismus Service Center, Glemmtaler Landesstr. 550, ✆ 680068, @ ntv185

Heimathaus - Skimuseum, General Weitlanderweg 58, ✆ 7958, ✆ 0664/4767807 Hier wird die Geschichte von Saalbach-Hinterglemm, die Entwicklung vom armen Bergbauerndorf zum Fremdenverkehrsort, dargestellt. Gleich daneben, in einem Bauernhaus aus dem Jahr 1698, befindet sich das Skimuseum mit über 200 Exponaten aus der Skigeschichte Saalbach-Hinterglemms. @ aoc257

Hl. Nikolaus und Hl. Bartholomäus, Dorfpl., ✆ 6215. Die Kirche wurde 1410 erstmals erwähnt. Der heutige, barocke Bau wurde 1724 eingeweiht, der Nordturm ist im Kern noch gotisch und wurde 1777 erhöht.

Familienpark Hinterglemm, Hasenbachweg 257 Großer Spielplatz mit Go-Kart-Bahn.

Märchenwald, Glemmtaler Landesstr. 401 Hier kann man sich in die berühmten

Glemmtaler Baumzipfelweg

Märchen wie „Frau Holle“ und „Rotkäppchen“ hineinversetzen. @ hjm524

Erlebnisbad Käpt'n Hook, Glemmerstr. 290, ✆ 6516, ✆ 661125, @ oee124

6 Lengau (Saalbach-Hinterglemm)

7 Talschluss (Saalbach-Hinterglemm)

Vorwahl: 06217

Glemmtaler Baumzipfelweg, Talschlussweg 367, ✆ 29029 Der höchstgelegene Wipfelwanderweg Europas ist ein 1 km langer Rundweg, Highlight ist die 200 m lange „Golden Gate Brücke der Alpen“. @ xrn157

Hochseilpark, Talschlussweg 367, ✆ 29029 Größter Hochseilpark Europas mit einer Gesamtlänge von über 8 km. @ xsg644

Schnitza's Holzpark, Talschlussweg, ✆ 0660/4248453 Abenteuer- und Erlebnisspielplatz mit geschnitzten Holztieren, Alpen-Minigolf, Balancierbalken und Lehrpfad. @ noh778

Tour 15 Zeller See Umrundung 11,2 km

HM/km: ↗ 2,1 (24m) ↘ 2,1 (24m) Radweg: 69 % Unbefestigt: 25 % Verkehr: 17 %

Vom Bahnhof in Zell am See geht es auf der Seepromenade zum Nordufer, hier können Sie Schloss Prielau besichtigen. Über Thumersbach fahren Sie entlang der Seeuferstraße durch das Landschaftsschutzgebiet "Zeller Moos" nach Schüttdorf und wieder nach Zell am See zurück.

Unterwegs bieten sich spektakuläre Aussichten auf das Steinerne Meer, die Hohen Tauern und den Gletscher des Kitzsteinhorns.

Charakteristik

Start/Ziel: Zell am See

Wegbeschaffenheit: Die Route verläuft auf gekiesten bzw. asphaltierten Radwegen und Straßen.

Verkehr: Der Radweg verläuft meist auf ruhigen Radwegen, nur am Ostufer fahren Sie für ein Teilstück auf der Straße im Verkehr.

Beschilderung: Durchgängig beschildert (grüne Schilder mit weißer Schrift).

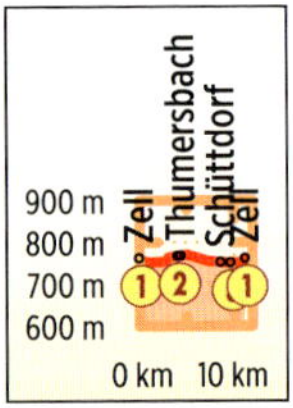

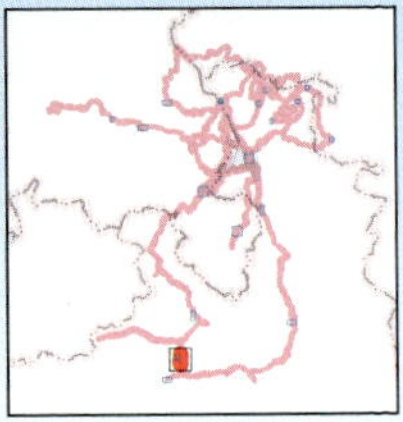

Steigungen: Bis auf eine leichte Steigung vor Thumersbach ist die Strecke steigungsfrei.

An- und Abreise: Der Regionalexpress und die S-Bahn verkehren zwischen Zell am See und Salzburg (Fahrzeit: 1,5-2 Std.).

Anschlusstour(en): 13, 16

1 Zell am See

Vorwahl: 06542

Information, Brucker Bundesstr. 1a, ✆ 770, @ wtr748

Schifffahrten & Bootstouren in Zell am See, Esplanade, ✆ 789211, ⏲ Überfahrten: Mitte Mai-Anf. Sept., Panorama Rundfahrten: Anf. April-Mitte Okt. Genießen Sie einen einmaligen Blick auf die umliegenden Gipfel bei einer Schifffahrt auf dem Zeller See. @ sqm813

Museum Vogtturm, Stadtpl. 8, ✆ 20509 ⏲ Besonders interessant sind die bäuerlichen Trachten und der Trachtenschmuck, es gibt auch historische Skiausrüstungen zu bestaunen. @ cqj772

St. Hippolyt, Stadtpl. Die heutige Stadtpfarrkirche präsentiert sich als dreischiffige Pfeilerbasilika der Hoch- und Spätromanik (12./13. Jh.) mit gotischen Umformungen. Von der ursprünglichen ottonischen Saalkirche des 10. Jhs. ist nur mehr die westliche Hälfte der Krypta erhalten. Mitte des 15. Jhs. wurde der mächtige spätgotische Westturm, das Wahrzeichen Zell am Sees, angebaut. @ ssy245

Rathaus, Brucker Bundesstr. 2. Das ehemalige Schloss Rosenberg wurde 1583 von den Gewerke-Brüdern Karl und Hans Rosenberger errichtet. 1970 kaufte die Stadtgemeinde das Schloss und adaptierte es als Rathaus.

Schmittenhöhenbahn, Schmittenstr. 119, ✆ 7890, @ mdg164

Strandbäder. Zell am See, Thumersbach, Seespitz und Prielau. @ pct358

Zell am See, Stadtplatz

Hallenbad, Steinerg. 3-5, ✆ 7850, @ cqj113

Prielau (Zell am See)

Schloss Prielau, Hofmannsthalstr. 10, ✆ 06542/729110. Das ehemalige fürstbischöfliche Jagdschloss wurde 1425 erstmals erwähnt. 1560–65 wurde es von Hans Christoph Perner von Rettenwörth umgebaut und erhielt sein heutiges Aussehen. 1987 kaufte die Familie Porsche das Anwesen und gestaltete das Schloss zu einem Hotel mit Restaurant um. Auf dem Gelände befindet sich eine barocke Kapelle. @ ejp764

2 Thumersbach (Zell am See)

Vorwahl: 06542

Strandbad, Pocherweg 28, ✆ 78570, @ dpg221

Erlberg (Zell am See)

Strandbad Erlberg, Seeuferstr. 186, ✆ 0650/4540126, @ btk448

3 Schüttdorf (Zell am See)

Vorwahl: 06542

Strandbad Seespitz, Seespitzstr. 9, ✆ 78580, @ pok458

1 Zell am See s. S. 229

falm
Oberreit
Schloss Prielau
Prielau
Pointner
1305
Wiesenlehen
2,4
Einödsiedlung
2,4
Schmitten
Thumersbach
Thumersbach
ittenhöhenbahn
Vogtturm
Rathaus
Zell
am See
1,5
Zeller See
Ronachko
1325
Grafteilen
3
Plettsauberg
1300
Erlberg
Keilberg
Seespitzstraße
Granisiedlung
2,6
Karl-Vogt-Straße
Schüttdorf
Bruckberg
Flugplatzstraße
Porscheallee
Schüttbach
Zellermoos

Tour 16 Tauernradweg 2: Von Zell am See nach Salzburg 105,1 km

HM/km: ↗ 3,5 (371m) ↘ 6,7 (708m) Radweg: 50 % Unbefestigt: 22 % Verkehr: 14 %

Von Zell am See geht es über St. Johann im Pongau, Bischofshofen und Werfen nach Sulzau. Danach führt die Route durch das Tennengauer Salzachtal vorbei an Golling und Kuchl nach Hallein. Weiter entlang des Salzachufers radeln Sie schließlich zum Ziel der Tour, Salzburg.

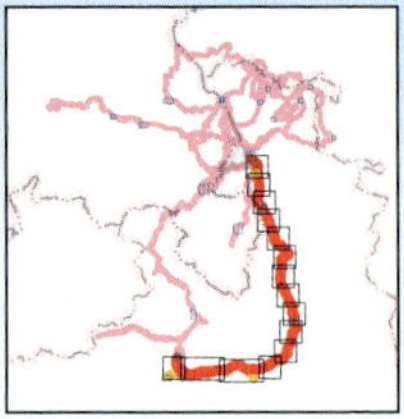

Charakteristik

Start: Zell am See

Ziel: Salzburg

Wegbeschaffenheit: Die Route verläuft großteils auf asphaltierten Radwegen und Straßen, nur zeitweise radeln Sie auf unbefestigten Wegen.

Verkehr: Die Tour führt meist über ruhige Straßen und Radwege, nur ab und an fahren Sie auf Landstraßen im Verkehr.

Beschilderung: Durchgängig beschildert (weiße Schrift auf grünem Hintergrund).

Steigungen: Die Strecke birgt ein paar leichte und auch drei kräftige Steigungen (nach Lend, bei Werfen und beim Pass Lueg).

An- und Abreise: Der Regionalexpress und die S-Bahn verkehren zwischen Zell am See und Salzburg (Fahrzeit: 1,5-2 Std.).

Anschlusstour(en): 1, 2, 8, 15

1 Zell am See s. S. 229

Schüttdorf (Zell am See)

Vorwahl: 06542

Strandbad Seespitz, Seespitzstr. 9, ✆ 78580, @ pok458

Fischhorn (Bruck a. d. Großglocknerstraße)

Schloss Fischhorn, Zellerstr. 36. Der mächtige Burgbau befindet sich in Privatbesitz und ist für die Öffentlichkeit nicht zugänglich. @ blh476

2 Bruck a. d. Großglocknerstraße

Vorwahl: 06545

Tourist Info Bruck, Raiffeisenstr. 2, ✆ 7295, @ tdw217

Marien Kirche, Glocknerstr. 3, ✆ 7331. Schon vor 1400 stand hier eine Kirche, die jedoch durch ein Großfeuer zerstört wurde. Die heutige Pfarrkirche (1868/69) ist als dreischiffige Basilika im neugotischen Stil erbaut. @ gwj822

Großglockner Hochalpenstraße, ✆ 06542/549927. Der Weg zum 3.797 m hohen Großglockner, dem höchsten Berg Österreichs. Der Glocknerbus bringt Sie von Bruck auf die Kaiser-Franz-Josefs-Höhe. Fahrzeit ca. 2 Std. @ qvm141

Schlossbad, Sportplatzstr. 16, ✆ 7102, @ ysv117

Der Erste Weltkrieg brachte neue Grenzen zwischen Italien und Österreich mit sich und der Brennerpass wurde zum Grenzübergang zwischen beiden Staaten. Der Ruf nach

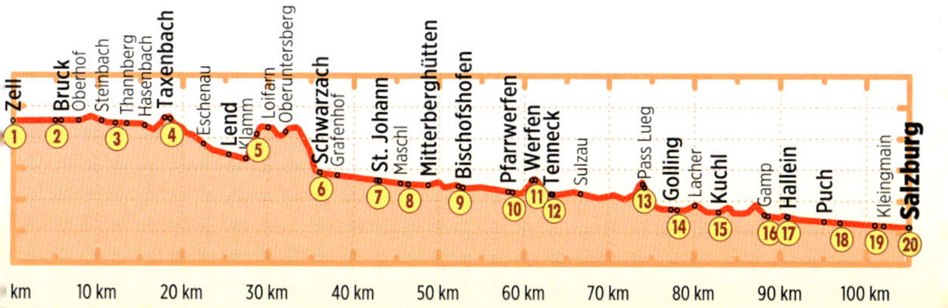

einer innerösterreichischen Straßenverbindung zwischen Nordtirol, Salzburg, Osttirol und Kärnten wurde laut. 1935 war es dann soweit: nach fünfjähriger Bauzeit wurde die Großglockner-Hochalpenstraße, damals die höchstgelegene Bergstraße Europas, eröffnet. Der höchste Punkt liegt in 2.572 Metern Höhe (Parkplatz Edelweißspitze). Der Bau war Österreichs wichtigstes Beschäftigungsprogramm zur Bekämpfung der Arbeitslosigkeit. Noch heute ist die Straße ein Anziehungspunkt für viele Touristen.

AUSFLUG **2** Wenn Sie hier rechts in den Radweg einbiegen und der orangen Route folgen, können Sie einen Abstecher nach Kaprun machen.

Kaprun

Vorwahl: 06547

Tourismus Information, Salzburger Pl. 6, ✆ 8080, @ ewl233

Kaprun Museum, Kirchpl. 4, ✆ 0664/9316228 Das Museum in einem 400 Jahre alten Steinbauernhaus informiert über die Entwicklung Kapruns in den letzten 100 Jahren. @ osv684

Vötters Fahrzeugmuseum, Schlossstr. 32, ✆ 71340 Ein Oldtimer Museum der „1950er-70er Jahre" mit 180 Exponaten auf 1.400 m² Ausstellungsfläche (Autos, Motorräder, Roller, Mopeds, alte Gletscherbahn Kitzsteinhorn). @ igw347

Burg Kaprun, Schlossstr. 55, ✆ 7653, ✆ 0676/5653012. Ihr Ursprung liegt im 12. Jh., wiederaufgebaut wurde sie im heutigen Grundriss um 1600. Burgführung jeden Montag um 17 Uhr. @ obc811

Gletscherbahnen Kitzsteinhorn, Kesselfallstr. 60, ✆ 8700, @ bgd462

Hochgebirgsstauseen Glockner-Kaprun, Kesselfallstr. 98, ca. 15 km südlich von Kaprun, ✆ 050/31323201, @ lta465

Maisi Flitzer, Kitzsteinhornpl. 1a, ✆ 8700 Die erste Alpen-Achterbahn im Salzburger Land. @ sge677

Sigmund-Thun-Klamm, Krafthausstr. 22, ✆ 0681/84924737 Die Kapruner Ache ist für die bizarren Formen der Schlucht verantwortlich, die nach dem ehem. Statthalter von Salzburg benannt ist. @ obh134

Zell
am See
Zeller See
16a
Plettsauberg
1300
Keilberg
Seespitzstraße
Granisiedlung
Dürnberg
1300
Aufhausenbach
Karl-Vogt-Straße
Schüttdorf
Bruckberg
Porscheallee
16b
Flugplatzstraße
Zellermoos
2,8
Aufhausen
B311
Fischhorn
Fürth
Schloss Fischhorn
Kapruner Ache
Salzach
Tauern Spa
3
Krössenbach
Kaprun Moor
siedlung
Kaprun
1,8
Mayereinöden
Maisi Flitzer
aprun Museum
Burg Kaprun
Vötters Fahrzeugmuseum

Tauern Spa, Tauern Spa Pl. 1, ✆ 20400. Erlebnistherme mit Hotel im Nationalpark Hohe Tauern. @ afx768

Hauserdorf (Bruck a. d. Großglocknerstraße)

Frost Rafting & Canyoning, Hauserdorfstr. 2, ✆ 0660/4730666, @ jdn863

3 Gries (Bruck a. d. Großglocknerstraße)

4 Taxenbach

Vorwahl: 06543

Tourismusverband, Marktstr. 33, ✆ 5252, @ qyo763

Rafting Center, Marktstr. 1, ✆ 5352, ✆ 0664/4025149. Wildwasser-Rafting für alle, die es aufregend mögen. Die Räder werden kostenlos zur Ausstiegsstelle transportiert. @ pad625

Kitzlochklamm, Kitzlochklammstr. 1, ✆ 5219 Die Rauriser Ache hat in jahrtausendelanger Arbeit diese Schlucht aus dem Fels gewaschen, die Sie nun auf gesicherten Wegen und Brücken bewundern können. Beim 300 m langen Kitz-Klettersteig stellen sich geübte

Kaprun, Hochgebirgsstauseen

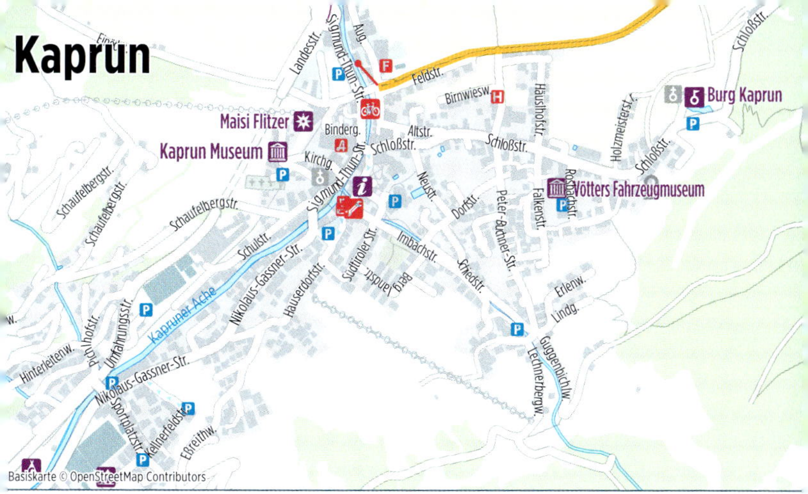

Kletterer einer Herausforderung. Im Juli und Aug. finden Dienstagabend Klang und Klamm Fackelwanderungen statt. @ psh135

Die meisten Häuser in dem verwinkelten, fast romantischen Ort sind viele Generationen alt. Allen voran das Gasthaus zur Post, das sich einer 700-jährigen Vergangenheit rühmen kann. Die meist interessanten historischen Gebäude sind auf dem 1,5 Stunden dauernden Themenwanderweg „Taxenbacher Zeitreise" beschildert.

AUSFLUG **5** Wenn Sie hier geradeaus weiterfahren und der orangen Route folgen, können Sie einen Abstecher nach Klammstein mit der sehenswerten Burg machen.

Lend

i Tourismusverband Lend - Embach, Dorf 12, ✆ 06543/7215, @ wxw882

Klammstein (Dorfgastein)

Vorwahl: 06433

Burg Klammstein, Nr. 26, ✆ 7603, ✆ 0660/6597615 1272 wurde die Burg

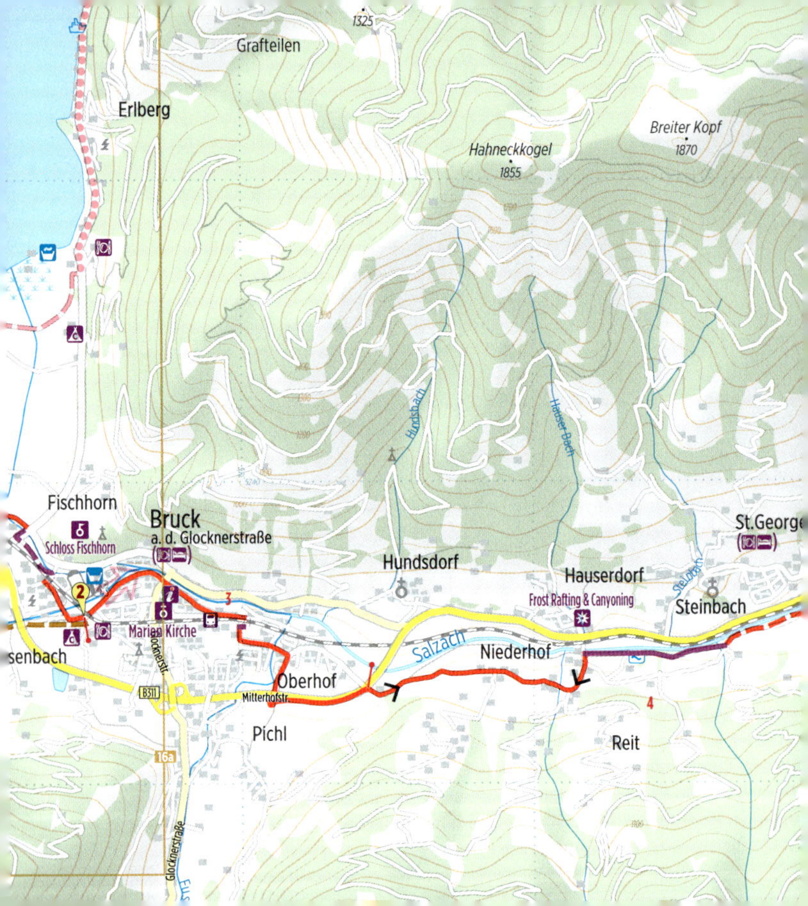
1325
Grafteilen
Erlberg
Breiter Kopf
1870
Hahneckkogel
1855
Hundsbach
Hauser Bach
Fischhorn
Schloss Fischhorn
Bruck
a. d. Glocknerstraße
Hundsdorf
Hauserdorf
St.George
Frost Rafting & Canyoning
Steinbach
Steinbach
2
3
Marien Kirche
Salzach
Niederhof
senbach
Oberhof
B311
Mitterhofstr.
4
Pichl
Reit
16a
Glocknerstr.
Glocknerstraße

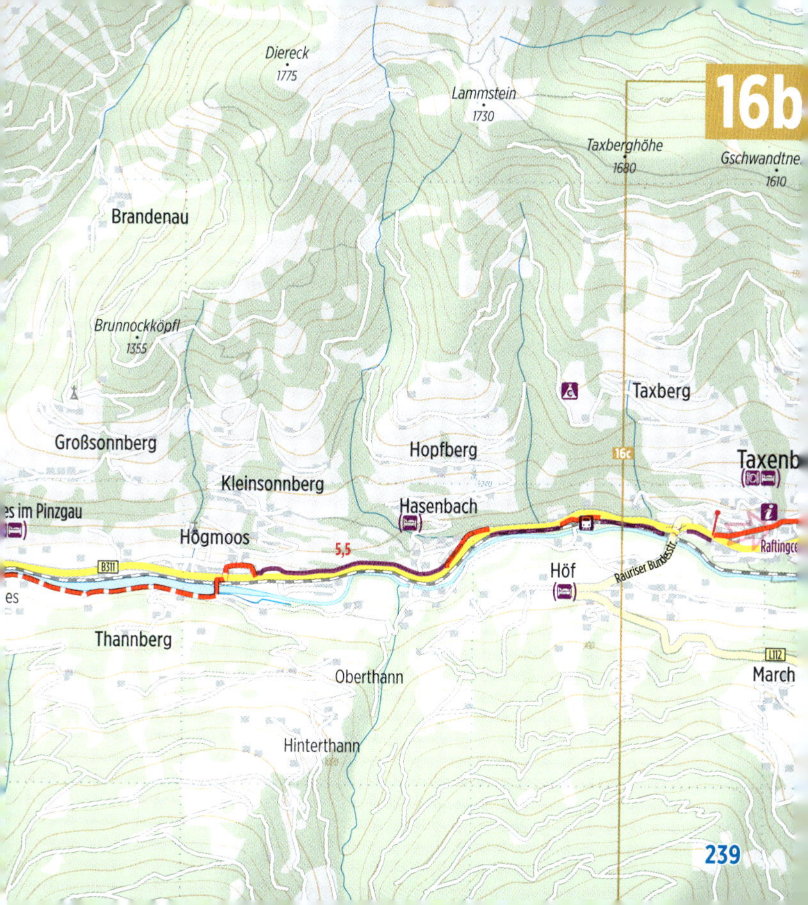

16b
Diereck
1775
Lammstein
1730
Taxberghöhe
1680
Gschwandtne
1610
Brandenau
Brunnockköpfl
1355
Taxberg
Großsonnberg
Hopfberg
16c
Taxenb
Kleinsonnberg
Hasenbach
es im Pinzgau
Högmoos
5,5
B311
Höf
Rauriser Bundesstr.
Raftingce
es
Thannberg
L112
March
Oberthann
Hinterthann

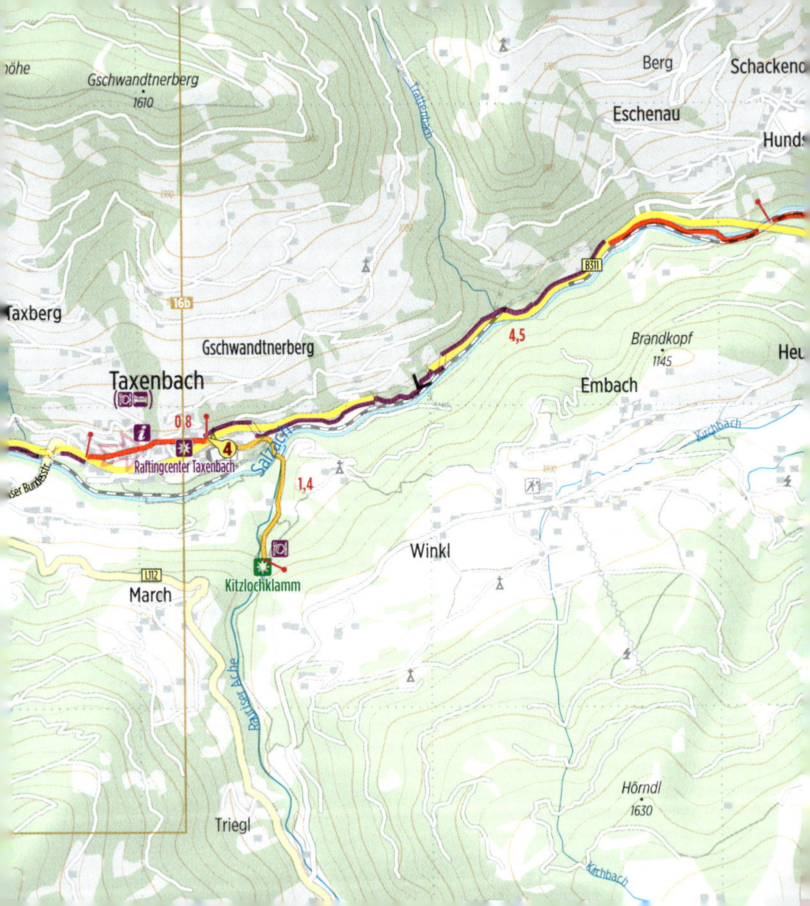

Gschwandtnerberg
1610
Berg
Schackend
Eschenau
Hunds
Trattenbach
B311
16b
Taxberg
4,5
Brandkopf
1145
Heu
Gschwandtnerberg
Taxenbach
Embach
0,8
Kirchbach
4
Raftingcenter Taxenbach
Salzach
1,4
Winkl
L112
March
Kitzlochklamm
Rauriser Ache
Hörndl
1630
Triegl
Kirchbach

16c
Schloss Golde
Boden
Altenhof
Hofmark
Buchberg
1235
Buchbergdörfl
Taxbach
16d
Buchberg
Lend
Bruderau
0,8
5
Loifarn
4
4,5
Gigerach
Teufenbach
Klamm
5
Gasteiner Ache
Gasteiner Klamm
Kögerlalm
Entrische Kirche
Rauchkögerl
1810
Burg Klammstein
Klammstein

erstmals urkundlich erwähnt, bis ins 16. Jh. befand sich hier der Sitz der Verwaltung der Bergwerke und der Gerichtsbarkeit. @ jos633

Naturhöhle „Entrische Kirche", Klammstein 30, ✆ 7695, ✆ 0664/9800570, ✆ 0664/9861347 Diese Tropfsteinhöhle wurde im 15. Jh. entdeckt und diente im 16. Jh. den Anhängern Martin Luthers als geheimer Versammlungsort. Bis heute ist die Höhle naturwissenschaftlich interessant, als Rückzugsort seltener Fledermausarten. @ snl533

Gasteiner Klamm. Die 4 km lange Klamm wird von der Gasteiner Ache durchflossen. Von der Bundesstr. (Aussichtspunkt) zu bewundern - nicht begehbar.

6 Schwarzach im Pongau

Vorwahl: 06415

Tourismusverband Salzburger Sonnenterrasse, Salzleckerstr. 8, ✆ 7520, @ qoi268

Museum Tauernbahn, Bahnhofstr. 14, ✆ 0664/1528907 Jährlich wechselnde Ausstellungen zum Thema Tauernbahn sowie zu aktuellen Ereignissen. Mit einer maßstabsgetreu nachgebauten Modellbahnanlage. @ efl687

Schloss Schernberg, Schernberg 1, ✆ 7210 Das zu Beginn des 14. Jhs. erbaute Schloss mit seinem gotischen Kern wurde sowohl im 16. als auch im 19. Jh. umgestaltet. Besonders sehenswert ist die gotische Kapelle aus dem Jahr 1402 mit Flügelaltar. Heute befindet sich ein Pflegeheim im Schloss und es kann nur die Kapelle besichtigt werden. @ nhq111

Salzleckertisch, Marktpl. 1, im Rathaus, ✆ 6191. Der Tisch erinnert an die Vertreibung der Protestanten aus dem Pongau.

Erlebnisbad, Salzburgerstr. 9, ✆ 7577, @ wth641

Auf einem Hügel am linken Salzachufer entstand zu Beginn des 14. Jahrhunderts der Turm zu Schernberg (heute Schloss Schernberg). 1370 verkauften „Hartneid der alte Schernperger" und sein Sohn Hartel den Turm an Heinrich den Grafen.

Das Jahr 1731 blieb den Schwarzachern lange in Erinnerung. In diesem Jahr ordnete der Fürsterzbischof Firmian von Salzburg an, dass alle Protestanten entweder ihrem Glauben abschwören oder das Land verlas-

Goldegg
Schattau
16e
Salzleckertisch
6
16d
Schloss Goldegg
Hasling
Seebach
Schwarzach
im Pongau
Hofmark
Oberhof
3,2
B311
Salzach
Taxbach
Ausgleichsbecken
Oberuntersberg
Klamm
oifarn
4
16c
Heukareck
Sandkogel
2248
Kirche
Haßeck
2119
Paarsee
Schiedreitspitz
2095
Gasteiner Höhe
1995

Liechtensteinklamm

sen müssten. In Schwarzach schworen sich daraufhin die evangelischen Bauern aus dem Pongau, ihrer Religion treu zu bleiben und die Befehle des Salzburger Erzbischofs nicht zu befolgen. Dieser Bund ging als sogenannter „Salzleckerbund" in die Geschichte ein. Er stellte sich aber als wenig erfolgreich heraus, denn im Jahr darauf mussten an die 20.000 Protestanten ihres Glaubens wegen das Land verlassen. Für die zurückgebliebenen Bauern ließ der Erzbischof ein Missionshaus errichten.

7 St. Johann im Pongau

Vorwahl: 06412

- **Tourismusinfo**, Ing. Ludwig-Pech-Str. 1, ✆ 6036, @ ype277
- **Pongauer Dom**, Wagrainer Str. 10, ✆ 4363. Die 924 erstmals urkundlich erwähnte Pfarrkirche wurde, nachdem ein großer Brand die meisten Gebäude um den Markt vernichtet hatte, 1855-61 zur Gänze neu aufgebaut. Nach den Plänen des Münchner Architekten Georg Schneider entstand so eine neugotische, dreischiffige Basilika. Das Westturmpaar wurde unter der Leitung des Salzburgers Josef Wessiken erst etwas später geschaffen. Die beherrschende Lage über dem Salzachtal und der majestätische Innenraum machen den Bau zum

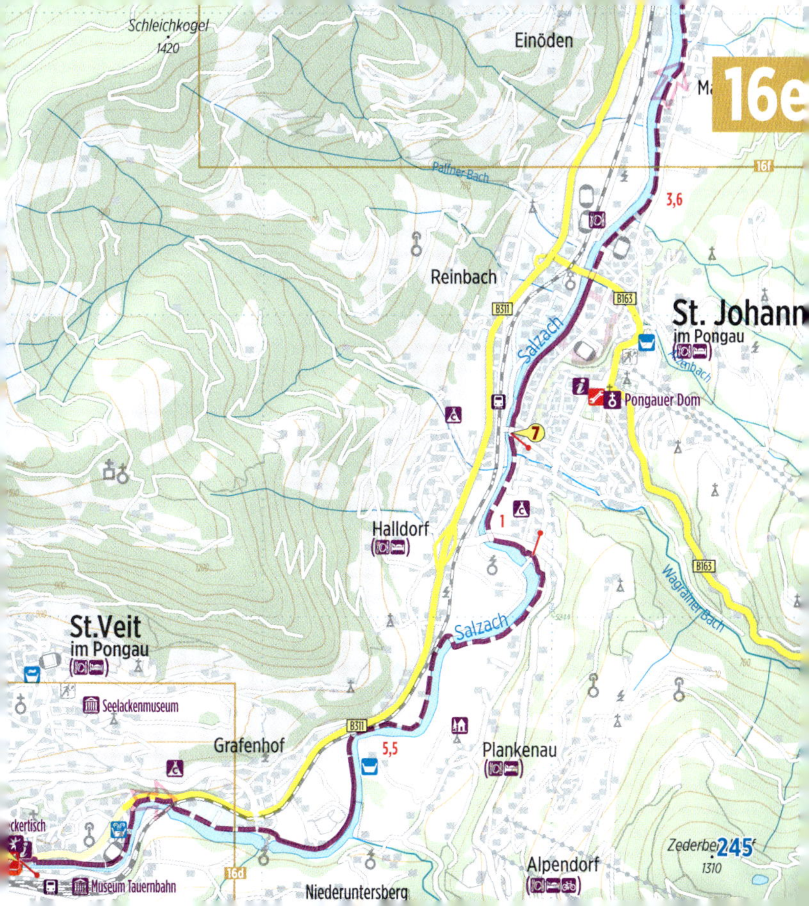

16e
Schleichkogel
1420
Einöden
Palfner Bach
16f
3,6
Reinbach
B311
B163
St. Johann
im Pongau
Salzach
Pongauer Dom
7
1
Halldorf
Salzach
St.Veit
im Pongau
Seelackenmuseum
B311
Wagrainer Bach
B163
Grafenhof
5,5
Plankenau
Zederberg
1310
Alpendorf
Niederuntersberg
16d
Museum Tauernbahn

Hauptwerk der kirchlichen Architektur des Historismus in Salzburg. Die neugotischen Altäre beherbergen aber auch spätgotische Figuren. @ eyg844

Annakapelle, Wagrainer Str. 10. Nach dem verheerenden Brand von 1855 diente die Kapelle als Gotteshaus für die evangelische Gemeinde. @ ksi663

Liechtensteinklamm, ✆ 8572 Die Klamm wurde 1875 durch eine Spende des Fürsten von Liechtenstein begehbar gemacht. Gewaltiges Naturschauspiel mit 50 m hohem Wasserfall am Ende der Klamm. @ yph867

Waldschwimmbad, Badweg 5, ✆ 6002, @ fxj725

Erste Besiedelung des Gebietes gab es bereits in der Bronzezeit (ca. 2000 v. Chr.). Schriftlich erwähnt wurde der Ort erstmals 1074: „ad sanctum Johannem in villa". Ab 1290 entwickelte sich St. Johann zum Markt, 1816 wurde er schließlich Österreich zugehörig. Am 31. Mai 1855 vernichtete ein Großbrand fast den gesamten Ort. 1929 erhielt St. Johann das Recht zur Führung eines Wappens. Im Jahr 2000 wurde die Marktgemeinde schließlich zur Stadt erhoben.

8 Urreiting (St. Johann im Pongau)

9 Bischofshofen

Vorwahl: 06462

Tourismusverband, Salzburger Str. 1, ✆ 2471, @ eyy767

Museum Bischofshofen, Rosenthal 41, ✆ 0664/34196412702 Themen des Museums sind prähistorische Montanarchäologie und sakrale Kunst. @ bta388

Frauenkirche, Friedhofg. 1359 wurde die gotische Kirche erstmals urkundlich erwähnt. Kunsthistorisch wertvoll sind das Tabernakel aus dem 17. Jh., die Fresken aus dem 15. Jh. sowie die gemalten Epitaphien. @ nby861

Burgruine Bachsfall, oberhalb des romantischen Gainfeldwasserfalles Sie ist der ehemalige Sitz der Herren von Pongowe, auch der Name des Bezirkes Pongau leitet sich daraus ab.

Geopark Erz der Alpen, Besucherzentrum, Rosenthal 41, ✆ 20291 Der neu errichtete Geopark präsentiert geologische Besonderheiten und trägt maßgeblich zur

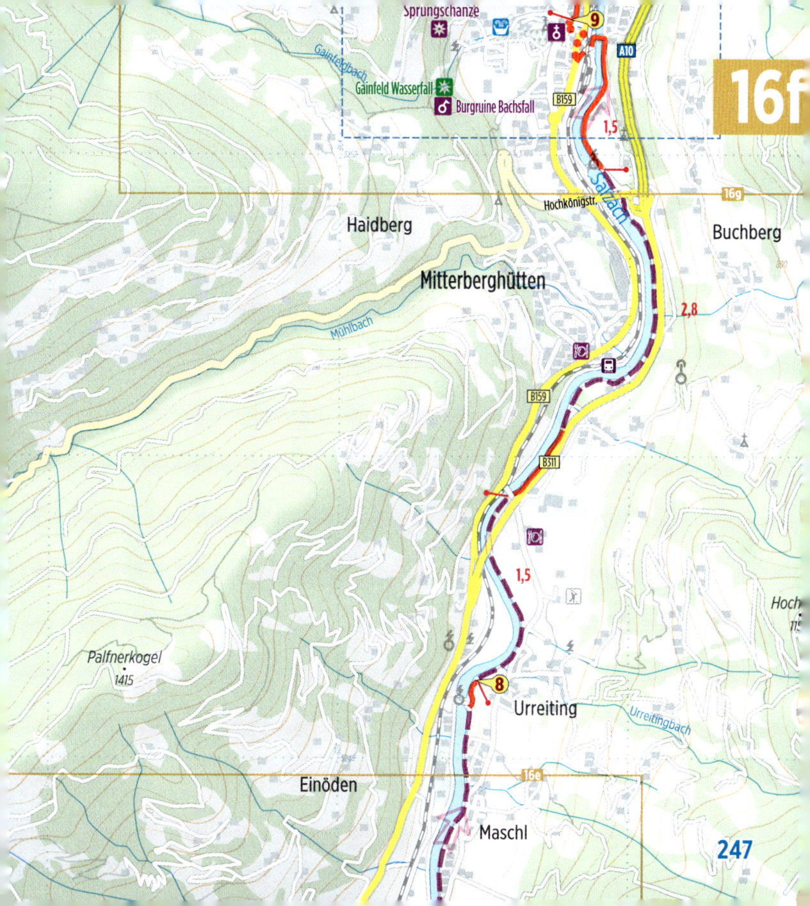
Sprungschanze
9
A10
Gainferlbach
Gainfeld Wasserfall
Burgruine Bachsfall
B159
1,5
Salzach
16g
Hochkönigstr.
Haidberg
Buchberg
Mitterberghütten
Mühlbach
2,8
B159
B311
1,5
Palfnerkogel
1415
8
Urreiting
Urreitingbach
Einöden
16e
Maschl

Bewusstseinsbildung hinsichtlich Bedeutung, Wert und Erhaltung für die Nachwelt bei. Der Erzweg Kupfer bildet das Rückgrat des Geoparks. Der attraktiv gestaltete Wanderweg verbindet die Museen und Schaubergwerke miteinander. @ yoj412

Sprungschanze, Rosenthal 41, ✆ 2471. Bekannt durch das jährl. Finale der Internationalen Vierschanzentournee. Diese weltweit größte Sommer-Mattenschanze wird als Trainingszentrum genutzt. Das Areal ist frei zugänglich und kann jederzeit besichtigt werden. Ein beschilderter Radweg führt vom Franz-Mohshammer-Platz zur Schanze. @ oke546

Gainfeld-Wasserfall (24) Ein neu errichteter Wasserfallsteig führt über 350 Stufen zur Burgruine Bachsfall (auch „Pongowe" genannt), herrlicher Panoramablick über die Stadt. @ hqm772

Erlebnisbad, Rosenthal 28, ✆ 2329, @ axs543

Bischofshofen

Bischofshofen

Jungsteinzeitliche Funde belegen die frühe Besiedelung des Raumes Bischofshofen. Unter Bischof Rupert wurden im 8. Jahrhundert nach einer „wundersamen Lichtererscheinung" ein dem Heiligen Maximilian geweihtes Kirchlein und eine Mönchszelle errichtet. Um dieses Kirchlein herum entstand eine Siedlung, die den Namen „Pongo" trug. Als Hofmark der Chiemgauer Bischöfe erhielt der Ort im 12. Jahrhundert den Namen „Hof" oder „Bischofshof". Für einen dieser Chiemseer Bischöfe, Sylvester Phlieger, wurde 1453 eine marmorne Tumba (sargartiges Grabmal) gebaut. Sie weist Reliefs von Hans Baldauf auf und ist das einzige erhaltene gotische Hochgrab im Salzburger Land. Im Pfarrhof wird eine einzigartige Kostbarkeit aufbewahrt: das Rupertuskreuz, eine irische Metallarbeit, deren Entstehungszeit etwa auf 800 nach Christus angesetzt wird. Das Museum am Kastenturm zeigt eine Auswahl an hochinteressanten Objekten aus der langen und bewegten Geschichte der Stadt.

Burg Hohenwerfen

Bischofshofen hat jedoch nicht nur historische Kostbarkeiten zu bieten, es genießt auch einen ausgezeichneten Ruf als Sommer- und Wintersportzentrum. Bekannt durch das alljährliche Finale der Vierschanzentournee bietet Bischofshofen eine Vielzahl an Ausflugs- und Freizeitmöglichkeiten.

10 Pfarrwerfen

Vorwahl: 06468

Tourismusverband, Dorfwerfen 4, ✆ 5390, @ glj857

Freilichtmuseum 7 Mühlen, Dorfwerfen 4, ✆ 5390 Die Geschichte des Mahlens von der Steinzeit bis heute und Getreideanbau in Pfarrwerfen. Bei Besuch können Sie das Rad in einer Radbox abstellen. @ voo817

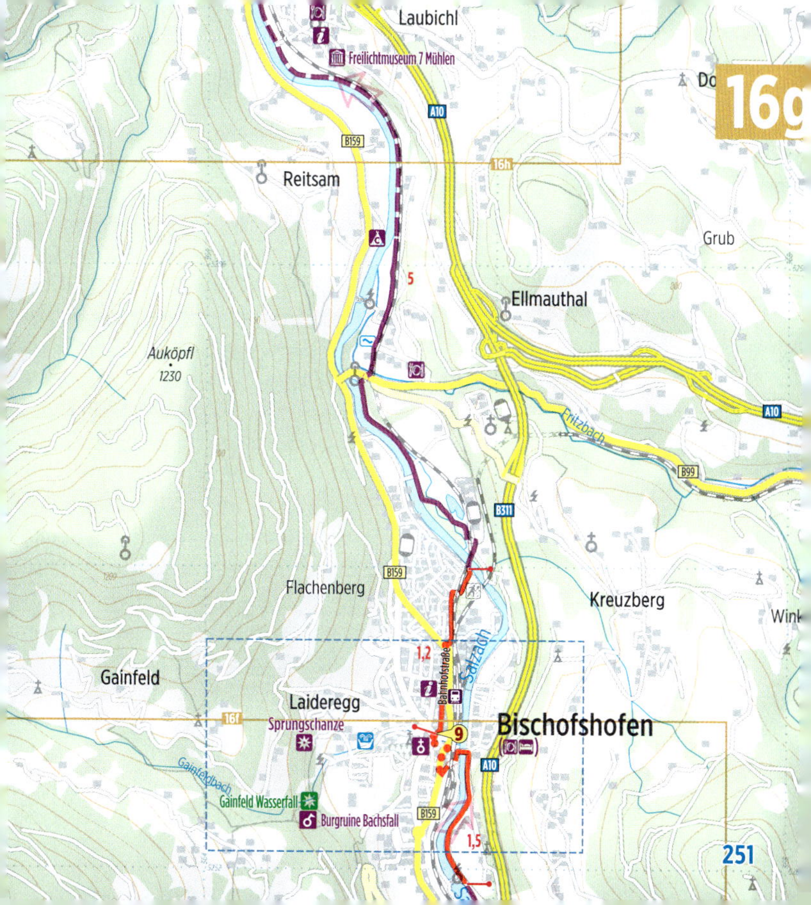

Laubichl
Freilichtmuseum 7 Mühlen
16g
A10
B159
16h
Reitsam
Grub
5
Ellmauthal
Auköpfl
1230
Fritzbach
B99
B311
B159
Flachenberg
Kreuzberg
Wink
1,2
Bahnhofstraße
Salzach
Gainfeld
Laideregg
16f
Sprungschanze
9
Bischofshofen
A10
Gainfeldbach
Gainfeld Wasserfall
Burgruine Bachsfall
B159
1,5

11 Werfen

Vorwahl: 06468

Tourismusverband Werfen, Markt 24, ✆ 5388, @ sxd756

Burg Hohenwerfen, Burgstr. 2, ✆ 7603 Ehemalige erzbischöfliche Wehrburg aus dem 11. Jh. Die Burgfalknerei und die Greifvogelwarte gelten als besondere Attraktion auf der Burg. Erstes Österreichisches Falknereimuseum, spektakuläre Festwochenenden, Ritterladen, Ritteressen, Ausstellungen. @ yno356

Eisriesenwelt Werfen, Eishöhlenstr. 30, ca. 6 km nördlich von Werfen, ✆ 5248 Die Eisriesenwelt stellt ein labyrinthisch verzweigtes Höhlensystem dar, das teilweise mit Eisschichten bedeckt ist, die bizarre Formen ausbilden. Die Gesamtlänge der vermessenen Höhlen beträgt 40 km. Erste Erkundungen der Höhlen führte im Jahr 1879 A. Posselt-Csorich durch, 1912 unternahm Alexander von Mörk neuerliche Expeditionen und setzte damit die systematische Erforschung der Höhle durch die Mitglieder der Salzburger Vereins für Speläologie ein. Die größte zu-

16h
2400
Tenneck
16i
Sulzerberg
Salzach
Blühnbach
Burg Hohenwerfen
Scharten
Sound of Music Trail
Markt
Werfen
Schlaming
Dielalm
B159
1,5
Rettenbach
Lehen
Imlau
Pfarrwerfen
Wenger Bach
16g
Laubichl
Freilichtmuseum 7 Mühlen
Imlaubach
A10
B159

16i
Steinwändhorn
1865
Salzach
B159
Schafgebirgspitz
1715
16j
Pass-Lueg-Straße
Sulzauer Kogel
2070
Sulzau
Windischkop
2255
Hochkogel
2280
7,5
Salzach
Hühne
A10
Eisriesenwelt
16h
12
Tenneck

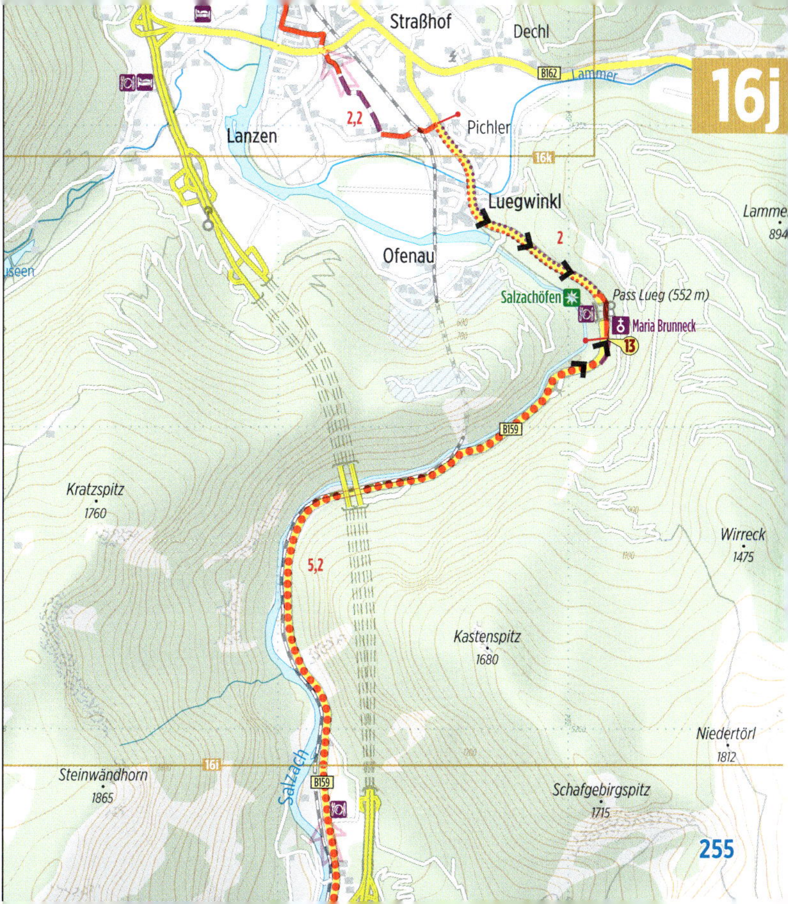

Straßhof
Dechl
B162
Lammer
16j
Pichler
2,2
Lanzen
16k
Luegwinkl
Lamme
894
2
Ofenau
useen
Salzachöfen
Pass Lueg (552 m)
Maria Brunneck
13
B159
Kratzspitz
1760
5,2
Wirreck
1475
Kastenspitz
1680
Niedertörl
1812
16i
Steinwändhorn
1865
Salzach
B159
Schafgebirgspitz
1715

gängliche Eishöhle der Welt erreichen Sie mit einem Linienbus ab Werfen und weiter via Seilbahn, die zwischen 9-18 Uhr stündlich verkehrt. Für den Besuch benötigt man gutes Schuhwerk und warme Kleidung, Dauer ca. 4 Std. @ jrp815

The Sound of Music Trail, Markt 24. Der rund 1,4 km lange Wanderweg mit 12 Stationen und Erinnerungen aus dem weltberühmten Musical macht die Geschichte der Familie Trapp begehbar. Ausgangspunkt: TVB Werfen, mit festem Schuhwerk entlang des ehem. Wanderweges Kaisersteig, Dauer ca. 45 min. @ wcx244

Freibad, Schwimmbadstr. 7, ✆ 0664/5588342, @ btg675

Der Markt Werfen ist bereits 1242 in Urkunden erwähnt. Schon seit jeher säumen kunstvolle Häuser den langgestreckten Straßenplatz. Das markanteste Gebäude in der östlichen Zeile ist das ehemalige Gerichtsgebäude mit seinem gotischen Turm. In der westlichen Häuserzeile findet sich der mächtige „Brennhof", der im 16. Jahrhundert errichtet wurde. Die Straßenfront des Hauses trägt gotisierende Maßwerkdekoration. Hoch über dem Markt residiert die Festung Hohenwerfen. Sie wurde im Zuge des Investiturstreits um 1077 als provisorische Befestigung errichtet. Zur Zeit der Bauernkriege Anfang des 16. Jahrhunderts wurde die Burg verstärkt. Die heutige Gestalt erhielt sie 1563. Unter Kaiser Franz I. wurde die Burg renoviert.

12 Tenneck (Werfen)

13 Pass Lueg (Golling a. d. Salzach)

Maria Brunneck, Pass Lueg. In der Nähe der Salzachöfen liegt die 1764-66 im Rokokostil errichtete Wallfahrtskirche. @ tyq545

Salzachöfen, Salzachtal Bundesstr. 82, ✆ 0699/11437302 od. 0660/2603820 (7d) 100 m tiefe, teilweise unterirdische Schlucht. @ cgg568

14 Golling a. d. Salzach

Vorwahl: 06244

Tourismusverband, Markt 85, ✆ 4356, @ yqo675

Museum Burg Golling, Markt 1, ✆ 0664/5321270 Paläontologie und

16k
Stockach
Schleierfall
Georgenberg
Lanz
Mansbach
Jadorter Str.
Wenger
Weißen
Asten
Kuchl
Weißenbach-Siedlung
Lackenweg
Dornerdörfl
Hellweng
15
Museum Kuchl
Kuchlbach
Weißenbach
Strubau
Fischerauer
2,8
Kertererbach
Ramsegg
B159
Rußegg
Salzach
Gasteig
Weißenbach
Haschberg
Mitterbach
Lacher
St. Nikolaus
Golling
a. d. Salzach
Gollinger Wasserfall
Torrent Outdoor Experience
1,8
Torren
14
Museum Burg Golling
Aqua Salza
A10
16j
16l
Straßhof
Kleiner Göll
1750
2,2
257
Pichler
Lanzen
Schönbachkopf

Gollinger Wasserfall

Urgeschichte bilden die Schwerpunkte der Ausstellungen im historischen Burgareal. @ vwr571

Aqua Salza, Möslstr. 199, ✆ 200400, @ fnn642

Torren (Golling a. d. Salzach)

Wallfahrtskirche St. Nikolaus, Weißenbachstr. 308 Die 1139 erstmals erwähnte spätgotische Kirche wurde 1517 geweiht, später erfolgte ein barocker Innenausbau. Sie liegt an einem prähistorischen Siedlungsplatz. @ lpj727

Torrent Outdoor Experience, Wasserfallstr. 24, ✆ 0660/1917370. Canyoning, Rafting und Wildwasserabenteuer. @ hdd151

Gollinger Wasserfall In zwei Stufen stürzen die Wassermassen des Schwarzbaches über 76 m in die Tiefe. @ kna453

15 Kuchl

Vorwahl: 06244

Tourismusverband, Markt 25, ✆ 6227, @ wtn512

Museum Kuchl, Severinplatz 24c, ✆ 30386 Ausstellung von Gegenständen des Brauchtums und römischer Fundstücke. @ mvw637

Schleierfall, Weißenbach 36 Der kleiner Wasserfall am Wanderweg 21 erinnert an einen Brautschleier.

Bürgerausee, Am Sportpl. 316, @ rhe442

Kuchl war schon den Römern ein Begriff, die Siedlung am Fuße des mächtigen Göll findet sich als „Cucullae" in einer römischen Straßenkarte verzeichnet.

16 Gamp (Hallein)

16l
A10
L256
Brennerei Guglhof
Salzach
2
Kotbach
Gamperstraße Süd
Salzach
St. Margarethen
St. Barbarastr.
16m
Heiltherme Bad Vigaun
Schaubergwerk/Salzwelten
Keltendorf
Gamp
16
Kurhotel St. Josef
Bad Dürrnberg
Winterstall
Bad Vigaun
Mesnerhäusl
Raspenhöhe
895
Sommerrodelbahn
B159
Tauglbach
Weinleiten
Gmerk
Plaick
3,4
Garnei
Seeleiten
B999
Zinkenkopf
1335
Schrambach
A10
Geißstallhöhe
1260
Speckleiten
Roßfeldstr.
Jadorf
16k
Stockach
Schleierfall
Schleierfall
Wenger
Jadorfer Str

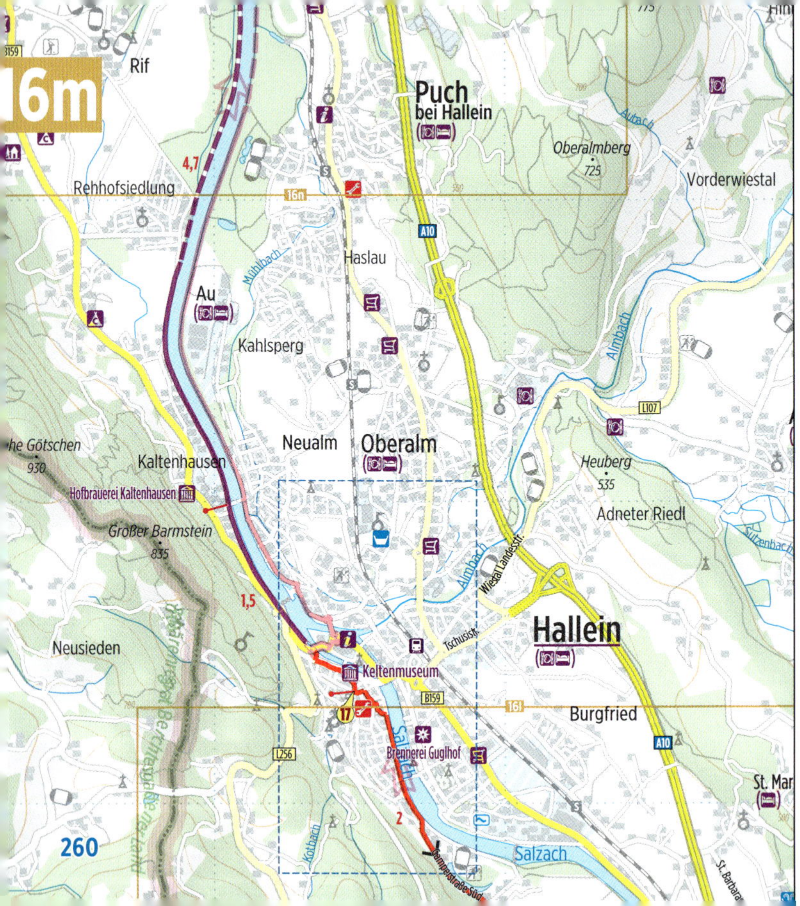
16m
Rif
Puch
bei Hallein
Oberalmberg
725
Vorderwiestal
Aubach
Rehhofsiedlung
16n
4,7
A10
Haslau
Mühlbach
Au
Kahlsperg
Almbach
L107
Neualm
Oberalm
Heuberg
535
he Götschen
930
Kaltenhausen
Hofbrauerei Kaltenhausen
Adneter Riedl
Großer Barmstein
835
Wiestal Landesstr.
1,5
Hallein
Tschusistr.
Neusieden
Keltenmuseum
B159
16l
Burgfried
17
L256
Salzach
Brennerei Guglhof
A10
St. Mar
2
Kotbach
Salzach
Gamperstraße Süd
St. Barbara
B159

am Almkanal
Schloss Hellbrunn
Hellbrunn
Almbach
Monatsschlössl
Schloss Goldenstein
Heng
16n
H.-v.-Karajan-Str.
Zoo Salzburg
Mühleistr.
16o
Elsbethen
Rinnbach
B150
Sallwastlweg
4
Pfarrkirche
Anif
Haslach
Grödig
Schloss Anif
Kehlbach
A10
Salzach
Golsbach
St. Jakob
am Thurn
Neu-Anif
Kletterpark
18
Gartenau
Niederalm
B150
St. Leonhard
Urstein
Königsseeache
16m
Taxach
B159
Rif
Au
Puch
bei Hallein
4,7
Rehhofsiedlung

Salzburg

17 Hallein s. S. 30

Kaltenhausen (Hallein)

Vorwahl: 06245

Hofbrauerei Kaltenhausen, Salzburger Str. 67, ✆ 7955267. Das Hofbräu Kaltenhausen ist die älteste Brauerei des Salzburger Landes. 1986 wurde hier auch ein Museum eingerichtet, um dem Besucher den alten Beruf des Fassbinders näherzubringen. Führungen nur für Gruppen gegen Voranmeldung. @ tgc542

Taxach (Hallein)

18 Niederalm (Anif)

Anif s. S. 105

AUSFLUG

19 Hier bietet sich ein Abstecher zum sehenswerten Schloss Hellbrunn an.

Hellbrunn (Salzburg)

Volkskunde Museum, Hellbrunner Berg, Monatsschlössl Hellbrunn, ✆ 0662/620808500 Das von Erzbischof Markus Sittikus 1615 erbaute Schlössl beherbergt volkskundliche Sammlungen, historische Perchten- und Schauspielmasken, religiöse Kleinkunst, Möbel, Keramik uvm. @ lvo243

Schloss Hellbrunn, Fürstenweg 37, ✆ 0662/820372 Manieristisch-frühbarockes Lustschloss mit Wasserspielen. @ wjj643

20 Salzburg s. S. 21

Salzburg
160
Schloss Mirabell
Paris-Lodron-Straße
Kapuzinerberg
Mönchsberg
Mönchsbergaufzug
Residenz
Karolinenhöhe
508
Dom
Festung Hohensalzburg
20
Salzach
Parsch
Freisaalweg
Schloss Leopoldskron
Schloss Freisaal
Leopoldskroner Teich
Nonntal
Aigen
Felberbach
Schloss Aigen
3,8
B150
Gwandhaus Gössl
Schloss Frohnburg
Almkanal
Glasbach
Kleingmain
Gneis
Morzg
Glasenbach
Hellbrunner Allee
19
1
Klausbach
Eichethofsiedlung
16n
Surfwelle am Almkanal
Schloss Hellbrunn
Alter Bach
Hellbrunn
Monatsschlössl
Schloss Goldenstein
Hengstberg
775
263
H.-v.-Karajan-
Zoo Salzburg

Übernachtungs- und Serviceverzeichnis

Übernachtungsadressen

Dieses Verzeichnis beinhaltet folgende Übernachtungskategorien:

Kategorien

- i Tourist-Information
- H Hotel
- Hg Hotel garni
- Gh Gasthof, Gasthaus
- P Pension, Gästehaus
- Pz Privatzimmer
- Ho Hostel
- Mo Motel
- NF Naturfreundehaus
- AH Apartmenthotel
- B&B Bed and Breakfast
- B Bungalow
- Fw Ferienwohnung (Auswahl)
- Bh Bauernhof
- Hh Heuhotel
- S Sonstiges
- Jugendherberge, -gästehaus
- Campingplatz
- Zeltplatz (Naturlagerplatz)

Die Auflistung stellt keine Empfehlung einzelner Betriebe dar und erhebt keinen Anspruch auf Vollständigkeit. Um das Verzeichnis stets aktuell zu halten, sind wir für Mitteilungen bezüglich Änderungen jeder Art dankbar. Der einfache Eintrag erfolgt für die Betriebe natürlich kostenfrei, aus Platzgründen können wir diesen allerdings nicht garantieren. Vor allem in Tourismusgebieten

bett+bike adfc

Alle mit dem Bett+Bike-Logo () gekennzeichneten Betriebe erfüllen die vom ADFC vorgeschriebenen Mindestkriterien als „Fahrradfreundliche Gastbetriebe“ und bieten darüber hinaus so manche Annehmlichkeit für Radfahrer. Detaillierte Informationen finden Sie unter ***www.bettundbike.de***.

adfc Allgemeiner Deutscher Fahrrad-Club

mit großem Übernachtungsangebot muss die Liste aus Platzgründen automatisiert leicht gekürzt werden.

Kennzeichnung

I Preiskategorie unter € 25,-
II Preiskategorie € 25,- bis € 35,-
III Preiskategorie € 35,- bis € 50,-
IV Preiskategorie € 50,- bis € 70,-
V Preiskategorie € 70,- bis € 100,-
VI Preiskategorie über € 100,-
o.F. kein Frühstück angeboten
HP mit Halbpension
nur Zimmer mit Etagenbad
Bett+Bike Betrieb
2.5 Entfernung vom Weg in Kilometer Luftlinie

Preise

Die Preise gelten als Richtwert pro Person in einem Doppelzimmer mit Dusche oder Bad inkl. Frühstück.

Die angegebenen Preiskategorien entsprechen dem Stand des Erhebungs- bzw. Überarbeitungszeitraumes und können sich von den tatsächlichen Preisen unterscheiden. Besonders während Messezeiten, aufgrund von unterschiedlichen Zimmertypen und nicht zuletzt saisonal bedingt sind preisliche Schwankungen möglich.

Radwerkstätten u. -vermietung

Fahrradwerkstatt
Fahrradvermietung
E-Bike Ladestation
E-Bike Verleih
abschließbare Abstellanlagen

Entfernung

Die blaue Zahl (2.5) beim Betrieb gibt die Entfernung zur Route in Kilometern an. Bitte beachten Sie, dass sich diese Zahl auf die Luftlinie bezieht, ohne Berücksichtigung der Höhenmeter und der tatsächlichen zurückzulegenden Strecke.

Updates

Aktuelle Korrekturen zum Übernachtungsverzeichnis erhalten Sie über das LiveUpdate auf www.esterbauer.com.

DAS GRÜNE HOTEL
ZUR POST
SALZBURG

Familiengeführtes Stadthotel in dem Umweltbewusstsein und Nachhaltigkeit GROß geschrieben werden. Jeden Morgen verwöhnen wir unsere Gäste mit einem reichhaltigen BIO-Frühstücksbuffet. Kostenlose Radstellplätze (Garage) vorhanden, Radweg in unmittelbarer Nähe. Bei umweltfreundlicher "grüner Anreise" mit dem Rad oder Zug nennen Sie bitte das Stichwort "GREEN", Sie erhalten 10 % Rabatt auf unsere Standard Rate. Gäste mit E-Auto laden kostenfrei ihr Auto bei uns auf.

5020 Salzburg - Maxglaner Hauptstr. 45
Tel.: +43 662 83 23 39-0
info@hotelzurpost.info
www.hotelzurpost.info

Tour 1 - Salzach-Runde 1

DAS STADTHOTEL MIT FLAIR

Charmantes, gemütliches, familiäres Stadthotel, unweit des Bahnhofs in einer ruhigen Seitenstraße. Seit 1902 im Familienbesitz. Unsere Zimmer sind sehr persönlich eingerichtet, 5 davon mit romantischem Himmelbett. Parkplatz und Garagen, Radweg liegt nur 2 Minuten vom Hotel entfernt.

HOTEL ★★★ HOHENSTAUFFEN
FAMILIE REICHL

5020 Salzburg
Elisabethstr. 19 / Ecke Stauffenstr. 18
Tel.: + 43 662 872193 od. 877669
Fax: + 43 662 87219351
info@hotel-hohenstauffen.at
www.hotel-hohenstauffen.at

Salzburg

Vorwahl: 0662

- i Tourist Info Hauptbahnhof, Südtiroler Pl. 1, Bahnhofshalle, ✆ 88987340 0
- i Tourist Info Mozartplatz, Mozartpl. 5, ✆ 88987330 0
- H Fw **Villa Ceconi, Maxglaner Hauptstr. 28, Rezeption im grünen Hotel zur Post, ✆ 8323390, IV** 1.5
- Hg **Hohenstauffen, Elisabethstr. 19, ✆ 872193, III-V** ✪ 0
- Hg Fw **Zur Post, Maxglaner Hauptstr. 45, ✆ 8323390, III-V** ✪ 1.5
- H Altstadt Weiße Taube, Kaig. 9, ✆ 842404, IV-V 0
- H Bloberghof, Hammerauer Str. 4, ✆ 830227, III-IV 4
- H Europa, Rainerstr. 31, ✆ 889930, IV-V 0.5
- H Ganslhof, Vogelweiderstr. 6, ✆ 873853, IV-V 1
- H Gasthof Junior, Innsbrucker Bundesstr. 49, ✆ 827648, IV 1.5
- H Hotel am Mirabellplatz, Paris-Lodron-Str. 1, ✆ 881688, IV-V 0.5
- H Josefa, Nussdorferstr. 5, ✆ 825586, IV-V 1.5
- H Kasererbräu, Kaig. 33, ✆ 842445, III-V 0.5
- H Mercure Salzburg City, Bayerhamerstr. 14, ✆ 8814380, III-IV 0.5
- H Oekotel, Eugen-Müller-Str. 9, ✆ 05/9459460, II 3.5
- H The Little Guesthouse Salzburg, Rennbahnstr. 11, ✆ 623268, IV-V 0.5
- H Via Roma, Nonntaler Hauptstr. 47, ✆ 824984, IV-V 0.5
- H ibis Salzburg Nord, Carl-Zuckmayer Str. 1, ✆ 2144, IV 2
- Hg Pension Katrin, Nonntaler Hauptstr. 49b, ✆ 830860, IV-V 0.5
- Hg Trumer Stube, Bergstr. 6, ✆ 874776, V 0.5
- Gh Plainbrücke, Itzlinger Hauptstr. 91, ✆ 451728, IV-V 1.5
- Gh Schwarzes Rössl, Priesterhausg. 6, ✆ 874426, o.F., IV 0.5
- Gh Überfuhr, Ignaz-Rieder-Kai 43, ✆ 6230100, IV-V 0
- P Adlerhof, Elisabethstr. 25, ✆ 875236, III-IV ✪ 0
- P Elisabeth, Vogelweiderstr. 52, ✆ 871664, III 1
- P Fw Haus Steiner, Moosstr. 156c, ✆ 830031, o.F., II 3.5
- P Fw Haus am Moos, Moosstr. 186a, ✆ 824921, III 4
- P Fw Hutter, Dr.-Matthias-Laireiterstr. 7, ✆ 850031, III-IV 3.5

Pz Haslauer, Moosstr. 142f, ✆ 830764, II 3.5
Ho Ed.-Heinrich-Haus, Eduard Heinrich Str. 2, ✆ 625976, II-III 0.5
Ho Jugendherberge Aigen, Aigner Str. 34, ✆ 623248, II-III 0.5
Ho YO-HO, Paracelsusstr. 9, ✆ 879649, II-III 0.5
B&B Zöller, Moosstr. 64, ✆ 8320090, ✆ 0650/8320090, III 2.5
Haunsperg, Haunspergstr. 27, ✆ 875030, o.F., III 0
Jugend- & Familiengästehaus Salzburg, Josef-Preis-Allee 18, ✆ 842670-0, ✆ 05/7083613, III 0
Camping Nord-Sam, Samstr. 22a, ✆ 660494, I 2
Camping Schloss Aigen, Weberbartl-weg 20, Navi: Glaserstr. eingeben, ✆ 622079, ✆ 633089, I 1
Bergspezl, Eberhard-Fugger-Str. 2, ✆ 642555 1
Bikepalast, Bayerhamerstr. 20a, ✆ 63303040 0.5
Fiets, Moosstr. 100, ✆ 0699/16193939 3
Hervis, Europastr. 1, Europark, ✆ 4352840 2
M&M Bikeshop, Michael-Pacher-Str. 21, ✆ 231011 0.5
Radlfürst, Fürstenallee 39, ✆ 823723 0.5
Radsport Maroné, Nonntalerhauptstr. 26, ✆ 844600 0.5
Radsport Wagner, Zillner Str. 14, ✆ 420098 0.5
aVelo, Willibald-Hauthaler-Str. 10, ✆ 0676/4355950 0.5
carlavelorep, Elisabethstr. 17, ✆ 444080 0.5
Radgaragen. Bezirksgericht/Franz-Hinterholzer Kai 2, Elisabethkirche/Plainstr. 36-40, Hans-Prodinger Str. 5, Kieselgebäude/Franz-Neumeister Str. 10, Lokalbahnhof Bergheim/Oberndorferstraße, Lokalbahnhof Itzling, Plainstr. 93, Neue Mitte Lehen/Stadtbibliothek Scherzhauserfeldstr. 36, S-Bahn-Station Liefering, Bahnweg 17, S-Bahn Station Mülln, Franz-Josefs Kai 25, S-Bahn-Station Sam, Aglassingerstr. 47, Lokalbahnhof Südtiroler Platz

Anif

Vorwahl: 06246

Gästeservice, Aniferstr. 10, ✆ 72365 1.5
H Fw Boutique Hotel & Apartments am Essigmanngut, Reschbergerweg 22, ✆ 75582, III 2

H Friesacher superior, Hellbrunnerstr. 17, ✆ 8977, o.F., V-VI 1

H Friesacher's Aniferhof, Herbert von Karajan-Str. 7, ✆ 723620, IV 1.5

H Schlosswirt, Salzachtalbundesstr. 7, ✆ 72175, V-VI 1

P Gaberhell, Grödiger Str. 50, ✆ 72073, II 2

P Gallnhof, Dr. Franz-Burda-Str. 31, ✆ 72996, ✆ 0660/4422101, II-III 1.5

P Luisenhof, Am Bach 1, ✆ 72512, III 0.5

P Schießling, Hellbrunnerstr. 14, ✆ 72485, ✆ 0664/1426453, o.F., III 1

P Wiesenberger, Aniferstr. 19, ✆ 72454, II 1

Bh Fw Reschbergerhof, Reschbergerweg 17, ✆ 0664/1302120, ✆ 0699/17164773, III 2

Niederalm (Anif)

Vorwahl: 06246

H Kaiserhof, Salzachtal Bundesstr. 135, ✆ 8920, IV-V 1.5

P Landhaus Wenger, Salzachtalbundesstr. 133, ✆ 72630, II 1.5

Hallein

Vorwahl: 06245

i Tourismusverband, Mauttorpromenade 6, Pernerinsel, ✆ 85394 0

H Bockwirt, Thunstr. 12, ✆ 80623, II 0.5

H Hafnerwirt, Salzachtalstr. 3, ✆ 87130, ✆ 80319, III-IV 0.5

P Dorrerbauer, Riferaufeldweg 25, ✆ 76128, I-II 0.5

P Fw Sommerauer, Tschusistr. 71, ✆ 80030, III 1.5

Ho Kolpinghaus-Sommerhotel, Schöndorferpl. 3, ✆ 72023, III 0.5

Grundtner, Metzgerg. 2, ✆ 804930 0.5

Puch bei Hallein

Vorwahl: 06245

i Tourismusverband, Halleiner Landesstr. 111, ✆ 80694 0.5

H 7 Days Premium Salzburg, Urstein Nord 11, ✆ 22432, II-III 0.5

Gh Kirchenwirt, Halleiner Landesstr. 28, ✆ 83134, ✆ 0664/2221208, IV 0.5

P Pension David, Davidstr. 19, ✆ 84082, III-IV 1

Bergspezl, Halleiner Landesstr. 50, ✆ 73000 1

Elsbethen

Vorwahl: 0662

Gh Rechenwirt, Austr. 1, ✆ 623449, III-IV 0

Gh Überfuhr, Überfuhrstr. 2, ✆ 623469, III 0

Tour 2 - Salzach-Runde 2

Salzburg
siehe Tour 1

Bergheim
Vorwahl: 0662

H Gmachl, Dorfstr. 35, ✆ 4521240, VI 0.5

Bh Rauchenbichlgut, Rauchenbichlerstr. 23, ✆ 458048, III 1.5

Prinzbike, Furtmühlstr. 34 1

Oberndorf bei Salzburg
Vorwahl: 06272

i Tourismusverband, Stille-Nacht-Pl. 7, ✆ 4422 0.5

H Alt Oberndorf, Salzburger Str. 119, ✆ 5422, III-IV 1

Gh Salzachhof, Brückenstr. 14, ✆ 4246, II-III 0

Pz Wagner, Ziegeleistr. 9, ✆ 7597, ✆ 0650/4411228, II 1.5

Laufen (D)
Vorwahl: 08682

i Tourist-Info Laufen, Rathauspl. 1, ✆ 898749 0

Gh Greimel, Rottmayrstr. 2, ✆ 371, ✆ 0171/7323463, III 0

Zweirad Eidenhammer, Tittmoninger Str. 70, ✆ 1227 1

Saaldorf-Surheim (D)

P Gasthof Mayrwirt, Untere Str. 24, ✆ 8654/6903090, III-IV 1

Freilassing (D)
Vorwahl: 08654

H Gasthof Moosleitner, Wasserburger Str. 52, ✆ 63060, IV-V 1

Ladestation für Elektrofahrzeuge, Augustinerstr. 2c 0

Tour 3 - Seen-Runde

Itzling (Salzburg)
Vorwahl: 0662

H Auerhahn, Bahnhofstr. 15, ✆ 451052, IV-V 0.5

P Itzlinger Hof, Itzlinger Hauptstr. 11, ✆ 451210, II-III 1

Ho Kolpinghaus, Adolf-Kolping-Str. 10, ✆ 4661512, III-IV 0.5

Pz Camping Stadtblick, Rauchenbichlerstr. 21, ✆ 450652 0.5

Hallwang
Vorwahl: 0662

H Landgasthof Kirchbichl, Dorfstr. 41, ✆ 665900, IV 0.5

Gh Kittl, Hallwanger Landesstr. 34, ✆ 661961, III 1.5

Oberesch (Hallwang)
Vorwahl: 0662

H Berghof Graml, Wiener Bundesstr. 55, ✆ 661955, III-IV 0

iko Europe GmbH, Wiener Bundesstr. 75, ✆ 66066320 0

Eugendorf

Vorwahl: 06225

i Tourismusverband, Salzburger Str. 7, ✆ 8424 0.5

H Gastagwirt, Alte Wienerstr. 37, ✆ 82310, ✆ 0676/841080201, V 0

Hg Santner, Alte Wienerstr. 1, ✆ 82140, IV 0

Gh Neuhofnerwirt, Neuhofenweg 2, ✆ 8392, III 1

Gh Zur Straß, Salzburgerstr. 25, ✆ 8218, III-IV 0.5

P Sonnenhof, Sonnleitenstr. 9, ✆ 06221/7722, II-III 3.5

Pz Vierthalerhof, Dorf 15, ✆ 7646, ✆ 0664/5400837, I 0.5

Radwerk2010, Salzburger Str. 24, ✆ 20101 0.5

Schaming (Eugendorf)

Vorwahl: 06225

Gh Fw Gschirnwirt, Alte Wienerstr. 49, ✆ 8229, IV-V 0

Henndorf am Wallersee

Vorwahl: 06214

i Tourismusverband, Hauptstr. 65, ✆ 6011 0.5

H Seebrunn, Fenning 7a, ✆ 20622, IV-V 1.5

Gh Gersbach, Wiener Str. 51, ✆ 8372, III 1

P Brieger, Wiener Str. 62, ✆ 8373, ✆ 0664/1770227, IV 0.5

Pz Wallmannsberger, Fenningstr. 8a, ✆ 7442, ✆ 066473655423, I 1

Bh Joglbauer, Hof 22, ✆ 6884, ✆ 0664/4449703, o.F., III-IV 1.5

Bh Stoaberer, Ölling 11, ✆ 7528, ✆ 0680/3240105, o.F. 1

Neumarkt am Wallersee

Vorwahl: 06216

i Tourismusverband, Hauptstr. 30, ✆ 6907 0

H Herzog, Maierhofstr. 55, ✆ 45190, III-IV 0.5

Gh Eggerberg, Neufahrn 22, ✆ 6711, II-III 1.5

P Anna Hudler, Kühberg 24, ✆ 5258, II-III 0

P Lauterbacher, Schalkham 67, ✆ 4456, III 1.5

Bh Fw Greischberger Hof, Pfongau 7, ✆ 6053, IV-III 1

Zweirad Wiesmayr, Pfongau 4, ✆ 0664/5219260 1

Köstendorf

Vorwahl: 06216

i Tourismusbüro, Kirchenstr. 5, ✆ 531320, ✆ 0664/4535478 0.5

Gh Frauenschuh Taferne, Dorfpl. 6, ✆ 20741, ✆ 0676/9755634, IV 0

Top in Form, Spanswag 30, ✆ 4385, ✆ 0650/4601300 2

Schleedorf

Vorwahl: 06216

i Tourismusverband, Dorf 95, ✆ 4100 0

Bh Huberbauer, Mölkham 7, ✆ 6359 0.5

Bh Fw Kaiserbauer, Engerreich 2, ✆ 76862, o.F., II-III 1.5

Haus Betanien, Dorf 106, ✆ 20463 0

Mattsee

Vorwahl: 06217

i Tourismusbüro Mattsee, Passauer Str. 30, im fahr(T)raum - Gebäude, ✆ 6080 0

Gh Fw Alpenblick, Wallmannsberg 2, ✆ 5389, III 1

P Feichtner, Fisching 5, ✆ 5445, ✆ 0664/9253928, II-III 0.5

P Kranzinger, Anzing 1, ✆ 5527, III 0.5

P Lindner, Diabelliweg 6, ✆ 7076, III 0.5

Pz Altendorfer, Münsterholzstr. 66-68, ✆ 6028, ✆ 06645124785, o.F., III-IV 0

Pz Fw Gästehaus am See, Seewinkl 11, ✆ 5125, II 0.5

Pz Strasser, Wolf-Dietrich-Weg 14, ✆ 5321, ✆ 0664/11088330, II 0

Bh Berndlergut, Berndler 1, ✆ 7225, ✆ 0664/4293578, o.F., II 1.5

Bh Gräblerhof, Gräbl 1, ✆ 7253, ✆ 0660/7253000, o.F., III 0.5

Camping Jocham, Seglerweg 4, ✆ 7049 1

Zweirad Grabner, Salzburger Str. 29, ✆ 6333 0

Seeham

Vorwahl: 06217

i Tourismusverband, Dorf 12, ✆ 5493 0

H Walkner, Eisenharting 4, ✆ 5550, IV-V 0.5

Gh Entenwirt, Biodorf-Weg 11, ✆ 21008, III 0

P Stiedlbauerhof, Dürnberg 3, ✆ 5303, III. Juli und August nur Wochenbuchung möglich! 1

Fw Haus Költringer, Gröm 2, ✆ 6438 0

Fw Irglbauer, Gröm 1, ✆ 0664/6385208, ✆ 0660/5221767, III 0

Bh Aicherbauer Baby+Kinderhof, Talacker 3, ✆ 6521, o.F., IV-V 1

Bh Ht Tobelmühlhof, Tobelmühlstr. 25/2, ✆ 5347, ✆ 0664/4809141, IV 0.5

Obertrum am See

Vorwahl: 06219

- Tourismusbüro, Schulstr. 2, 6307 0
- Neumayr, Dorfpl. 8, 6302, III-IV 0
- Fischerhof, Seestr. 13, 6358, 0677/62029111, III 0
- Anglberger, Rotschernweg 1, 8214, I-II 0.5
- Kaya - Rotschern Hof, Rotschernweg 2, 8215, 0660/7144822, III 0.5
- Junges Hotel, Mattigtalstr. 8, 8302, III 0
- Strandcamping Oitner, Seestr. 18, 6263 0
- Rad-Verleih, Schulstr. 2, 6307 0

Mödlham (Seekirchen am Wallersee)

Vorwahl: 06212

- Mödlham, Mödlham 1, 6163, II 0

Anthering

Vorwahl: 06223

- Info-Pavillon Tourismusverband, Dorfstr. 1, 2279 0
- **Kernei's Mostheuriger, Bahnhofstr. 11, 3385, 0664/4263408, III 0**
- Hammerschmiede, Hammerschmied-St. 9, 2503, III-V 2
- Haus Waldau, Bahnhofstr. 20, 2213, 0664/88614500, II 0
- Luginger Johanna, Reinthalweg 1, 3062, I-II 0.5
- Spitzauer, Bergstr. 11, 2900, 0664/3933524, III 0
- Christerbauer, Bahnhofstr. 24, 2312, 0664/6411818, III 0
- Neuwirtgut, Bahnhofstr. 21, 2219, 0664/4324639, o.F., II 0

Bergheim siehe Tour 2

Tour 4 - Trumer Seen Route

Mattsee siehe Tour 3

Edt (Perwang am Grabensee)

- Campingplatz Perwang am Grabensee, Edt 4, 06217/8288, 06217/8247, 06766648485 0.5

Seeham siehe Tour 3

Obertrum am See siehe Tour 3

Mitterhof (Mattsee)

Vorwahl: 06217

- Mitterhof, Mitterhof 4, 5570, III 0
- Haas, Mitterhof 5, 6304, I 0
- Wimmer, Hofer 1, 5572, II 0.5

Tour 5 - Tannberg Runde

Köstendorf
siehe Tour 3

Lengau

Vorwahl: 07746

H Jägerwirt, Lengauer Hauptstr. 28, Friedburg, ☎ 2494, IV-V 0

Gh Gästehaus Eichinger, Rieder Str. 5, ☎ 2213 3

Gh Ledl, Teichstätt 48, Friedburg, ☎ 2492 2

Pz Höckner-Mühle, Höcken 3, Schneegattern, ☎ 3110, ☎ 0664/4017901 7

Lochen am See

Vorwahl: 07747

i Tourismusbüro, Ringstr. 14, ☎ 8255 0.5

Gh Bräugasthof, Keltenstr. 2, ☎ 07745/20901, II 0

e-Bike Verleih, Ringstr. 14, ☎ 07745/82550 0.5

Schleedorf
siehe Tour 3

Tour 6 - Wallersee Rundweg

Seekirchen am Wallersee

Vorwahl: 06212

i Tourismusverband, Stiftsg. 1, ☎ 4035 1.5

H Il Mulino, Anton-Windhagerstr. 2, ☎ 31058, IV 1.5

Gh Hirschenwirt, Hauptstr. 54, ☎ 2203, III 1.5

Bh Ferienhof Fink, Zaisberg 5, ☎ 7597, o.F., I-II 2.5

Bh Köllersberghof, Brunn 4, ☎ 5582, o.F., I-III 1

Bh Moosnerbauer, Schöngumprechting 10, ☎ 5098, ☎ 06645147334, I 4

Bh Neubauer, Kothgumprechting 14, ☎ 06216/6464 3.5

Bh Oberdürnberg, Schöngumprechting 22, ☎ 6117, o.F., III 4

Bh Schmiedbergbauer, Halberstätten 19, ☎ 6963, I 4.5

Strandcamping Zell am Wallersee, Seestr. 2, ☎ 4088 0

Forsterpointner, Obertrumer Landesstr. 9, ☎ 2292 1.5

e-Bike & Radverleih, Stiftsg. 1, ☎ 4035 1.5

Fahrradtankstelle Strandbad, Seestr. 2 0

Seewalchen

Vorwahl: 06212

Gh Zipfwirt, Seeburgstr. 2, ☎ 2301, I-II 0.5

Gh Zur Seeburg, Seewalchen 4, ☎ 2385, III 0.5

Fw Gästehaus Strasser, Seewalchen 65, ☎ 5844, II-III 0.5

Wallersee-Zell (Seekirchen am Wallersee)

Vorwahl: 06212

Freizeitcamp Zell, Bayerham 40, 0664/2049010, III 0

Wallersee-Ostbucht (Neumarkt am Wallersee)

Vorwahl: 06216

Seehotel Winkler, Uferstr. 32, 52700, V 0

Seecamp, Uferstr. 3, 208600, 0660/9442233 0

Fenning (Henndorf am Wallersee)

Vorwahl: 06214

Gästehaus Schwaiger, Fenning 127, 7331, 06645113272, II-III 0.5

Fenningerspitz, Fenning 120, 20944, 0664/4044637 0

Fischtaging (Seekirchen am Wallersee)

Vorwahl: 06212

Fischtagging, Fischtagging 8, 2328, 0664/5124096, III 0

Tour 7 - Salzkammergutradweg

Salzburg siehe Tour 1

Itzling (Salzburg) siehe Tour 3

Oberesch (Hallwang) siehe Tour 3

Eugendorf siehe Tour 3

Schaming (Eugendorf) siehe Tour 3

Unterdorf (Thalgau)

Vorwahl: 06235

Grubinger, Salzburger Str. 149, 6175, I 0

Thalgau

Vorwahl: 06235

Tourismusverband, Marktpl. 4, 73500 0

Forsthaus Wartenfels, Vordereggstr. 32, 636455, IV-V 2.5

Betenmacher, Brunnbachweg 14, 73280, IV 0

Santner, Marktpl. 2, 7216, 0664/2065913, IV 0

Mondsee

Vorwahl: 06232

Tourismusverband, Dr. Franz Müller Str. 3, 2270 0

Lackner, Mondseestr. 1, 23590, HP, VI 0

Meingast, Bader-Göbl-Str. 2, 2427, III-IV 0

Stabauer, Salzburger Str. 2, 22850, III-IV 0

Leidingerhof, Obergaisberg 7, 2883, IV-V 1

Hemetsberger, Seebadstr. 1, 4934, 0664/9360079, IV 0

Pz Hochkreuz, Herzog-Odilo-Str. 63, ✆ 2614, ✆ 0676/3166206, III 0

Jugendgästehaus, Krankenhausstr. 9, ✆ 2418, III 0

alpen-bike.com, Herzog-Odilo-Str. 52, ✆ 36511 0

Fischhof (Oberhofen am Irrsee)

Vorwahl: 06213

Gh Fischhof, Fischhof 30, ✆ 8202, ✆ 0677/63510759, o.F., III 0

Oberhofen am Irrsee

Vorwahl: 06213

Tourismusbüro, Oberhofen 12, ✆ 8215 0

P Fw Gästehaus Jedinger, Römerhof 100, ✆ 8446, ✆ 06213/5735367, o.F., II 0

P Koglerhof, Obernberg 13, ✆ 69934, ✆ 0680/2162240, o.F., II-III 1

Bh Moarhof Wildenegg, Fischhof 10, ✆ 8316, ✆ 0664/5361500 0

Moosmühle, Laiter 18, ✆ 8389, ✆ 0676/4023004, ✆ 0676/4068091 1

Irrsdorf (Straßwalchen)

Vorwahl: 06213

Gh Kirchenwirt Irrsdorf, Irrsdorfer Kirchenstr. 50, ✆ 0664/5267678, IV 0

Straßwalchen

Vorwahl: 06215

Tourismusverband, Mayburgerpl. 4, ✆ 6420 0

H Hotel zum Lebzelter/ D'Amici, Marktpl. 1, ✆ 20283, IV 0.5

Gh Landgasthof Franz-Josef, Brunn 2, ✆ 8243, III 3

Gh Post, Marktpl. 9, ✆ 5060, III 0.5

Gh Weichenberger, Braunauer Str. 5, ✆ 8238, ✆ 06642303008, ✆ 0664/2303004, II-III 0.5

Bh Fw Lettner, Stadlberg 15, ✆ 8447, I-II 1

Bh Pointbauer, Stadlberg 6, ✆ 7419, ✆ 0650/6215742, II 1.5

Fahrräder Hierl, Braunauerstr. 18, ✆ 7210 1

Köstendorf siehe Tour 3

Schleedorf siehe Tour 3

Mattsee siehe Tour 3

Seeham siehe Tour 3

Obertrum am See siehe Tour 3

Mödlham (Seekirchen am Wallersee) siehe Tour 3

Anthering siehe Tour 3

Bergheim siehe Tour 2

Tour 8 - Auf dem Mozart-Radweg zum Königssee

Salzburg siehe Tour 1

Anif

siehe Tour 1

Grödig

Vorwahl: 06246

- i Tourismusverband, Gartenauerstr. 8, ✆ 73570 0
- Hg Sallerhof, Hauptstr. 9, ✆ 72521, IV-V 0
- Gh Fürstenbrunn, Fürstenbrunnerstr. 50, ✆ 73342, ✆ 06649495910, III 2.5
- P Bachmann, Bachmannweg 3, ✆ 72141, III 1
- Pz Haus Susanne, Marktstr. 7a, ✆ 0664/5001450, o.F., I-II 0
- Bh Azetmüller, Eichetmühlweg 1, ✆ 72858, I-II 0
- Bh Bachmannhof, Bachmannweg 1, ✆ 72506, o.F., III 1
- Bh Fw Ulmhof, Neue-Heimat-Str. 14, ✆ 75862, I 0.5

St. Leonhard (Grödig)

Vorwahl: 06246

- H Untersberg, Dr.-Friedrich-Oedl-Weg 1, ✆ 72575, IV-V 0
- Gh Schorn, St.-Leonhard-Str. 1, ✆ 72334, IV 0
- Gh Simmerlwirt, St.-Leonhard-Str. 2, ✆ 72466, III 0
- P Bergfried, Untersbergstr. 32, ✆ 73147, II-III 0.5
- P Leonharderhof, Mitterweg 14, ✆ 72640, II 0.5
- Bh Grubergut, Mitterweg 16, ✆ 74611, ✆ 0664/5497542, II 0.5

Marktschellenberg (D)

Vorwahl: 08650

- i Touristinformation, Salzburgerstr. 2, ✆ 988830 0
- H Lampllehen, Kedererweg 8, ✆ 844, III-IV 0.5
- Hg Von der Albe, Marktpl. 7, ✆ 9889-0, III 0
- Gh Kugelmühle, Kugelmühlweg 18, ✆ 461, III 0
- P Doffenmühle, Nesseltalweg 11, ✆ 421, II 2
- P Haus Ehler, Gastagweg 9, ✆ 657, II 0.5
- Bh Bauinglehen, Neusiedenweg 3, ✆ 307, I 2
- Bh Knollehen, Mehlweg 20, ✆ 984694, II 2
- Bh Fw Schnöllnlehen, Unterettenberg 7, ✆ 463 1

Berchtesgaden (D)

Vorwahl: 08652

- i Tourismusregion Berchtesgaden-Königssee, Königsseer Str. 2, ✆ 65650-70 0
- H Bavaria, Sunklergässchen 11, ✆ 96610, IV-V 0
- H Demming, Sunklergässchen 2, ✆ 9610, IV-V 0

H Fischer, Königsseer Str. 51, ✆ 9550, V-VI 0.5

H Landhaus Heinz, Kälbersteinstr. 36, ✆ 3734, I-III 0

H Schwabenwirt, Königsseer Str. 1, ✆ 2022, III-IV 0

H Fw Weiherbach, Weiherbachweg 8, ✆ 978880, III-IV 0.5

Gh Fw Rostalm, Rostwaldstr. 12, ✆ 657578, o.F., III 0.5

P Belvedere, Eberweinweg 1, ✆ 3573, II-III 0

P Grüßer, Hansererweg 18, ✆ 62609, II-III 0

P Haus Burgl, Renothenweg 27, ✆ 3980, II 2.5

P Rennlehen, Rennweg 21, ✆ 62180, IV 1

P Untersbergblick, Locksteinstr. 31, ✆ 63880, II 0.5

P Villa Lockstein, Locksteinstr. 18, ✆ 61496, III 0.5

Pz Deml, Bergwerkstr. 68, ✆ 61099, ✆ 0175/5282882, III-IV 0.5

Fw Kilianmühle, Königsallee 2, ✆ 64292, III 0

Bh Fw Mitterweinfeld, Weinfeldweg 6, ✆ 61374, III-IV 0.5

Bh Nagllehen, Locksteinstr. 33, ✆ 62505, I-II 0.5

Sport M+R Brandner, Bergwerkstr. 52, ✆ 1434 0.5

Intersport Renoth, Triftpl. 1, Schönau, ✆ 975000 0

Schönau a. Königssee (D)

Vorwahl: 08652

i Tourist-Information im Rathaus, Rathauspl. 1, ✆ 1760 0.5

H Alpenhof, Richard-Voss-Str. 30, ✆ 6020, HP, V-VI 1

H Alpina, Ulmenweg 14-16, ✆ 65090, V 0.5

H Brunneck, Im Weihermoos 1, ✆ 96310, IV 0.5

H Explorer Hotel Berchtesgaden, Hofreitstr. 7, ✆ 9771500, ✆ 0160/3309635, III-V 0

H Sporthotel, Oberschönauer Str. 19, ✆ 657535, III 1

H Zechmeisterlehen, Wahlstr. 35, ✆ 9450, HP, VI 1

Hg Hanauerlehen, Hanauerweg 6, ✆ 3970, IV-V 0.5

Gh Kohlhiasl, Oberschönauer Str. 44, ✆ 6558750, III 1

Gh Waldstein, Königsseer Fußweg 17, ✆ 2427, III 0

P Am Alpenpark, Schornstr. 40, ✆ 690544, III 0

P Berganemone, Grünsteinstr. 35/37, ✆ 61544, III 1.5

P Greti, Waldhauserstr. 20, ✆ 975297, III-IV 0.5

P Hochfeld, Hofreitstr. 17, ✆ 4124, IV 0

P Fw Landhaus Maltermoos, Im Maltermoos 9, ✆ 4225, II 0.5

P Unterstein, Untersteinerstr. 29, ✆ 2664, III-IV 0.5

Fw Rasp, An der Stangermühle 17a, ✆ 66365, I-II 0

Bh Schwöblehen, Schwöbg. 14, ✆ 64323, III-IV 0.5

P Camping Mühlleiten, Königsseer Str. 70, ✆ 4584, I 0

Grafenlehen, Königsseer Fußweg 71, ✆ 6554488 0

Alpenbikes, Schornstr. 2, ✆ 9787887 0.5

Königssee (Schönau a. Königssee) D

Vorwahl: 08652

Tourist-Information am Königssee, Seestr. 3, ✆ 655980 0

H Bergheimat, Brandnerstr. 16, ✆ 6080, IV 0.5

H Königssee, Seestr. 29, ✆ 6580, III-IV 0.5

H Königsseer-Hof, Seestr. 6, ✆ 947860, IV 0

Hg Schiffmeister, Seestr. 34, ✆ 96350, V 0.5

P Brandtnerhof, Brandnerstr. 18, ✆ 2336, II-III 0.5

Intersport Renoth, Seestr. 25, ✆ 3528 0.5

Tour 9 - Saalachtal-Radweg

Bad Reichenhall D

Vorwahl: 08651

Touristinfo im Kurgastzentrum, Wittelsbacher Str. 15, ✆ 715110 0.5

H Almrausch, Frühlingstr. 5, ✆ 9669-0, III-IV 0.5

H Alpina, Adolf-Schmid-Str. 5, ✆ 9750, II-IV 0.5

H Bergfried & Schönblick, Tivolistr. 3, ✆ 95880, III 0.5

H Dora, Frühlingstr. 12, ✆ 95880, III-IV 0.5

H Galerie Hotel, Mackstr. 2, ✆ 9670, III-IV 0

H Karlsteiner Stuben, Staufenstr. 18, ✆ 9800, III 1

H Residenz Bavaria, Am Münster 3, ✆ 7760, IV-V 0.5

H Fw Sonnenbichl, Adolf-Schmid-Str. 2, ✆ 78080, IV-V 0

Hg Haus Lex, Salzburger Str. 42, ✆ 2147, IV 0

Hg St. Georg, Friedrich-Ebert-Allee 20, ✆ 98610, III-IV 0.5

Hg Steiermark, Riedelstr. 4, ✆ 7687833, III 0.5

Hg Villa Rein, Frühlingstr. 8, ✆ 761970, III 0.5

Pz Gästehaus Färber, Kirchholzstr. 1,

✆ 3462, ✆ 0170/1611533, II 0

Pz Gästehaus Mauerer, Ludwig-Thoma-Str. 9, ✆ 5517, II 0.5

Radsport Zellner, Auenstr. 31, ✆ 61886 0

Nemo-Point, Anton-Winkler-Str. 18, ✆ 9514336 0

Bayerisch Gmain (D)

Vorwahl: 08651

i Tourist-Information, Großgmainer Str. 14, ✆ 7151150 1.5

Gh Fw Bauerngirgl, Lattenbergstr. 19, ✆ 2625, III-IV 1

Bh Pflegerhof, Reichenhaller Str. 2, ✆ 3744, I 1.5

Nonn (Bad Reichenhall) (D)

Vorwahl: 08651

Hg Gablerhof, Nonn 55, ✆ 98340, o.F., IV-V 0.5

Hg Sonnleiten, Nonn 27, ✆ 61000, III-IV 1

P Quellenhof Peter, Nonn 18, ✆ 3310, III-IV 0.5

P Schwarzenbach, Nonn 91, ✆ 4472, ✆ 0152/33924672, III 1.5

Piding (D)

Vorwahl: 08651

i Tourismusbüro, Peterspl. 2, ✆ 3860 1

Gh Berggasthof Johannishögl, Johannishögl 3, ✆ 397, III-IV 1.5

P Erberbauer, Gaisbergstr. 3, ✆ 1442, ✆ 0176/21605850, III 1

Pz Haus Graf, Berchtesgadener Str. 21, ✆ 65488, II 1

Pz Landhaus Graßmann, Salzstr. 20, ✆ 769888, III 1

Bh Mayerbauer, Höglerstr. 66, ✆ 9833918, o.F., I-III 3

Staufeneck, Strailachweg 1, ✆ 2134 0

Planthaler Zweirad, Salzstr. 12-14, ✆ 78182 1

Smatrics Schnellladestation, Lattenbergstr. 13 1.5

Hammerau (Ainring) (D)

Zweirad Stadler, Sägewerkstr.4, ✆ 08654/48800 0.5

Grünau (Wals-Siezenheim)

Vorwahl: 0662

H Gasthof Grünauerhof, Grünauerstr. 90, ✆ 850464, V 0

Walserberg

H Servus Europa Walserberg-Süd, Zollstr. 4, ✆ 0662/850044, V 0.5

Baumgarten (Schneizlreuth) (D)

P Posch, Baumgarten 1, ✆ 08651/2233, ✆ 01735757560, III 0

Unterjettenberg (Schneizlreuth) D

Vorwahl: 08651

P Mayer, Unterjettenberg 26, ✆ 63341, II 0

Schneizlreuth D

Vorwahl: 08651

i Tourist-Info, Berchtesgadener Str. 12, OT Weißbach a. d. Alpenstraße, ✆ 08665/5229710 4

H Alpenglück, Berchtesgadener Str. 17, ✆ 98860, IV 4

H Mauthäusl, Mauthäusl 1, Weißbach, ✆ 98600, IV-V 2.5

Bh Gruberhof, Gruberweg 9, ✆ 08665/7630, II 4

Unken

Vorwahl: 06589

i Gemeinde Unken, Niederland 147, ✆ 4202 0

H Kinderhotel Post, Niederland 28, ✆ 4226, AI, VI 0

H Kirchenwirt, Niederland 3, ✆ 42040, ✆ 0680/1261677, IV 0.5

H Landhotel Schütterbad, Niederland 35, ✆ 4296, HP, IV-VI 1

Gh Vitaloase Drei Brüder, Reith 11, ✆ 4522, HP, V-VI 3

P Dorfcafe, Niederland 255, ✆ 7156, III-IV 0.5

P Ensinger, Niederland 174, ✆ 4298, ✆ 06643926720, III 0

P Flatscher Aloisia, Niederland 186, ✆ 4507, II-III 0

Pz Fernsebner, Niederland 60, ✆ 4219, II 0

Bh Fw Ennsmannhof, Niederland 10, ✆ 4327, III-IV 0.5

Bh Neuhauserbauer, Niederland 34, ✆ 4603, II-III 0

Bh Pichlerhof, Niederland 13, ✆ 4221, ✆ 06766453675, o.F., I 0.5

Martins Bikeshop, Unkenberg 22, ✆ 7325 1.5

Tour 10 - Rupertiwinkel-Radweg

Piding D

siehe Tour 9

Aufham (Anger) D

Vorwahl: 08656

H Fw Landhotel Prinz, Dorfstr. 5, ✆ 1084, IV-V 0

Gh Sonnenhang, Fallgrabenstr. 28, ✆ 342, III 0.5

Pz Oslschmied, Hauptstr. 17a, ✆ 1472, o.F., I 0

Anger D

Vorwahl: 08656

i Tourist-Information, Dorfpl. 4, ✆ 988922 0

Fw Haus Mooslechner, Klosterweg 44, ✆ 1313, I-II 0
Fw Pachterhof, Holzhauserstr. 23, ✆ 358, I-II 0.5

Höglwörth (Anger) D

Vorwahl: 08656
P Haus am See, Mooshäuslweg 4/6, ✆ 433, III 0

Teisendorf D

Vorwahl: 08666
i Tourist-Information, Poststr. 14, ✆ 295 0
H Haus Chiemgau, Dechantshof 3, ✆ 98590, III-IV 1
Pz Schmölz Elisabeth, Mühlweg 8, ✆ 1317, II 2
Pz Wegscheider, Lohen 1, ✆ 6242, ✆ 0151/12805418, I 5
Pz Wimmer, Roßdorf 4, ✆ 7502, I 1.5
Bh Ederhof, Oed 1, ✆ 7141, III 0.5
Zweirad Berger, Poststr. 24, ✆ 6598 0

Abtsee (Laufen) D

Vorwahl: 08682
Campingplatz am Abtsee, Abtsee 15, ✆ 956878, ✆ 9951, I 1

Oberheining (Laufen) D

Vorwahl: 08682
P Schummer, Oberheining 31, ✆ 542, o.F., I 0
Fw Siglbauernhof, Heininger Str. 4, ✆ 1899, III-IV 0

Laufen D — siehe Tour 2

Saaldorf-Surheim D — siehe Tour 2

Freilassing D — siehe Tour 2

Ainring D

Vorwahl: 08654
H Fw Rupertihof, Rupertiweg 17, ✆ 48820, IV-V 1.5
H Schaider, Dorfstr. 35, ✆ 77170, III-IV 1.5

Feldkirchen (Ainring) D

Pz Gästehaus Lämmlein, Gumpingerstr. 10, ✆ 08654/57172 0

Hammerau (Ainring) D — siehe Tour 9

Grünau (Wals-Siezenheim) — siehe Tour 9

Tour 11 - Auf der Via Julia zum Chiemsee

Freilassing D — siehe Tour 2

Patting (Teisendorf) D

Vorwahl: 08666
Gh Tiefenthaler Hof, Tiefenthal 16, ✆ 331, II 0

Teisendorf D — siehe Tour 10

Oberteisendorf (Teisendorf) D

Vorwahl: 08666
P Mayer Elisabeth, Gartenweg 27, ✆ 1334,

II 0.5

Bh Bachtelhuber Hof, An der Ache 9, ✆ 1281, II 1

Bh Fw Neuhauserhof, Freilassinger Str. 5, ✆ 7558, I-II 1

Ettendorf (Surberg) D

Vorwahl: 0861

P Zimmer Traunstein, Am Römerweg 6, ✆ 13502, ✆ 0151/56362191, II 0

Traunstein D

Vorwahl: 0861

i Tourist-Information, Stadtpl. 39, ✆ 65500 0.5

H Parkhotel Traunstein, Bahnhofstr. 11, ✆ 988820, IV-V 0.5

H Rosenheimer Hof, Rosenheimer Str. 58, ✆ 986590, III 1

H Sailer Keller, Herzog-Wilhelm-Str. 1, ✆ 1666770, III 0.5

Gh Alpengasthof Hochberg, Hochberg 6, ✆ 4202, ✆ 0170/5554202, III 3.5

Rad + Sport Mayer, Haslacher Str. 4, ✆ 4541 1

Radsport Schneider, Wasserburger Str. 36, ✆ 4157 0.5

Chieming D

Vorwahl: 08664

i Tourist Info, Hauptstr. 20b, ✆ 988647 0.5

Gh Berghof, Berghofstr. 5, ✆ 258, I-III 0.5

Gh Zur Post „Oberwirt“, Laimgruber Str. 5, ✆ 1481, III-IV 0.5

P Fw Gästehaus Ellmaier, Max-Kurz-Str. 21, ✆ 8147, II-III 0.5

P Fw Wiesholler, Markstatt 12, ✆ 2393174, II-III 0.5

Pz Hanslbauer, Max-Kurz-Str. 10, ✆ 420, II-III 0

Chiemsee Strandcamping, Grabenstätterstr. 3, ehem. Möwenplatz + Sportecke, ✆ 500 1.5

Tour-Me, Markstatt 2a, ✆ 9280015 0.5

Chiemsee Kaufmann, Bei den Bädern 1, ✆ 08051/7777 0.5

Stöttham (Chieming) D

Vorwahl: 08664

Fw Eisenreichhof, Dorfstr. 10, ✆ 929668, I-II 0

Seehäusl, Beim Seehäusl 1, ✆ 303 0.5

Arlaching (Chieming) D

Vorwahl: 08667

Kupferschmiede, Trostberger Str. 4, ✆ 446 0

Ising (Chieming) D

Vorwahl: 08664

H Gut Ising, Kirchberg 3, ✆ 08667/790, V-VI 1

Seebruck (Seeon-Seebruck) D

Vorwahl: 08667

i Tourist-Information, Römerstr. 10, ✆ 08624/7139 0.5

H Lambach, Lambach 10, ✆ 87990, III-V 0

H Malerwinkel, Lambach 23, ✆ 88800, III-V 0

H SeeHotel Wassermann, Ludwig-Thoma-Str. 1, ✆ 8710, IV-V 0

P Daxenberger, Lärchenweg 3, ✆ 344, II-III 0

P Karlshof, Pullach 16, ✆ 406, III 2

P Seeblick, Traunsteiner Str. 55, ✆ 208, IV 0

Chiemsee Camping Lambach, Lambach 3, ✆ 7889 0

Bikes and More, Am Seefeld 4, ✆ 876855, ✆ 0177/6207283 0

Kaufmann, Haushofer Str. 1, ✆ 08051/7777 0

Eggstätt D

Vorwahl: 08056

i Tourist-Info, Obinger Str. 7, im Rathaus, ✆ 904619, ✆ 904629 1

H 17 Seen, Priener Str. 42, ✆ 9027878, III-IV 0.5

H Fw Gasthof Unterwirt, Kirchpl. 8, ✆ 337, III 1

Fw Elisabeth, Mühlenweg4, ✆ 1228, ✆ 01753481494, IV 1

Bad Endorf D

Vorwahl: 08053

i Tourist Info, Bahnhofspl. 2, ✆ 300850 0

Hg Endorfer Hof, Kirchpl. 5, ✆ 799480, IV-V 0.5

Camping Stein, See 10, ✆ 9349 3.5

Rund ums Rad, Traunsteiner Str. 2, ✆ 2801 0.5

Tour 12 - Bajuwaren Tour

Oberndorf bei Salzburg siehe Tour 2

Göming

Hellbauer Wirt, Grünbrücke 1, ✆ 06272/20697 0

Nußdorf am Haunsberg

Vorwahl: 06276

i Gemeindeamt, Hauptstr. 17, ✆ 8811 0

Pz Huber, Bühelweg 3, ✆ 370 0.5

Pz Reichl, Eisping 14, ✆ 282, ✆ 0664/1498580 0

Obertrum am See siehe Tour 3

Mitterhof (Mattsee) siehe Tour 4

Mattsee siehe Tour 3

Perwang am Grabensee

Vorwahl: 06217

i Gemeindeamt, Hauptstr. 16, ✆ 82470 0

Gh Schachner-Neuwirt, Hauptstr. 12, ✆ 82660, II 0

Moosdorf

Gh Zur Post, Hauptstr. 16, ✆ 07748/2319, II-III 0

Franking

Vorwahl: 06277

H Moorhof, Dorfibm 2, ✆ 8188, IV-V 0.5

Gh Kirchenwirt Mayr, Franking 4, ✆ 8108, III 0

P Schmidhammer, Franking 37, ✆ 8533, II 0

Holzöster (Franking)

Vorwahl: 06277

i Tourismusbüro, Holzöster 79, Strandbad Holzöster, ✆ 8119 0

H Seewirt, Holzöster 21, ✆ 8666, ✆ 0699/11528602, IV-V 0

P Burgstallhof, Holzöster 25, ✆ 8116, ✆ 0664/4202845, III 0

P Immerfroh, Holzöster 8, ✆ 8277, I 0.5

P Maria, Holzöster 50, ✆ 8157, ✆ 0664/4777866, III 0

P Rosengarten, Holzöster 46, ✆ 8145, ✆ 0664/5567877, III-IV 0

P Seehof, Holzöster 1, ✆ 8161, ✆ 06767949973, III 0

Ostermiething

i Marktgemeindeamt, Bergstr. 30, ✆ 06278/6255 0

Tittmoning (D)

Vorwahl: 08683

i Tourist-Info, Stadtpl. 1, ✆ 700710 0

Gh Florianistube, Stadtpl. 44, ✆ 1032, ✆ 01719916912, II 0.5

Kunst am Rad, Stadtpl. 19, ✆ 8908791 0

Tengling (Taching am See) (D)

P Fw Leitner, Steineck 1, ✆ 08687/985901, ✆ 08687/628, I-II 1

Taching am See (D)

Vorwahl: 08687

i Tourist-Info, Am Strandbad 1, ✆ 08681/1444 0.5

P Fw Haus Annemarie, Buchberg 1, ✆ 08681/9263, II 2

Fw Feichtlhof, Buchberg 3, ✆ 9640, II-IV 2

Fw Huber, Buchberg 8, ✆ 9690, I 2

Bh Fw Mojerhof, Haunerting 2, ✆ 08681/4679, o.F., I-II 2.5

Bh Sailerhof, Mauerham 3, ✆ 217, III-IV 0.5

Seecamping, Am Strandbad 1, ✆ 08681/9548, ✆ 01754364312 0.5

Waging am See (D)

Vorwahl: 08681

- i Tourist-Info, Salzburger Str. 32, ✆ 313 0
- H **Eichenhof, Angerpoint 1, ✆ 4030, IV-V** 0.5
- H Zum Unterwirt, Seestr. 23, ✆ 69330, IV 0
- P Haslberger, Am Anger 2, ✆ 1614, ✆ 01755970075, III 0
- P Fw Tannenheim, Zwieselstr. 21, ✆ 312, I-II 0.5
- P Tanner, Aglassing 1, ✆ 69750, V 0.5
- Bh Fw Hofbauer, Hirschhalm 5, ✆ 747, I 1
- Strandcamping, Am See 1, ✆ 552 0.5
- Bikesport Mayer, Bahnhofstr. 2, ✆ 871 0

- Josef Grabl, Traunsteiner Str. 2, ✆ 233 0
- Schmuck, Wilhelm-Scharnow-Str. 9, ✆ 222 0

Gaden (Waging am See) (D)

Vorwahl: 08681

- Fw Stachl Gäste- und Appartementhaus, Kirchberg 3 und 7, ✆ 69790, ✆ 697911, IV-V 0.5
- Camping Schwanenplatz, Am Schwanenpl. 1, ✆ 281 0.5

Petting (D)

Vorwahl: 08686

- i Touristinformation, Hauptstr. 34, ✆ 200 0
- Bh Mühlberger Hof, Mühlberg 2, ✆ 9849930, V 0
- Bh Peterkainhof, Seestr. 21, ✆ 8413, o.F., II-III 0
- Camping Stadler, Strandbadstr. 11, ✆ 8037, ✆ 01601504550 1.5
- Camping Wagner, Strandbadstr. 7, ✆ 984477 1.5
- Ferienpark Hainz am See, Hainz am See 2, ✆ 287, ✆ 016095891048 0.5

Abtsee (Laufen) (D) siehe Tour 10

Oberheining (Laufen) (D) siehe Tour 10

Laufen (D) siehe Tour 2

Tour 13 - Tauernradweg 1: Von Salzburg nach Zell am See

Salzburg siehe Tour 1

Viehhausen (Wals-Siezenheim)

Vorwahl: 0662

Fw Bonauerhof, Kapellenweg5, ✆ 853361, III 0.5

Fw Lacknerbauer, Kapellenweg 9a, ✆ 850486, ✆ 0664/3534173, I-III 0.5

Walserberg siehe Tour 9

Großgmain

Vorwahl: 06247

i Tourist-Information, Salzburgerstr. 250, ✆ 82780 0

H Gasthof Steinerwirt, Salzburger Str. 25, ✆ 7311, III-IV 0

H Vötterl, Salzburger Str. 54, ✆ 8203, III-IV 0

AH Kaiser Karl, Salzburgerstr. 55, ✆ 8204, ✆ 0650/2021500, o.F., III-IV 0

Bayerisch Gmain (D) siehe Tour 9

Bad Reichenhall (D) siehe Tour 9

Unterjettenberg (Schneizlreuth) (D) siehe Tour 9

Schneizlreuth (D) siehe Tour 9

Unken siehe Tour 9

Unkenberg (Unken)

Vorwahl: 06589

Gh Dietrichshorn, Unkenberg 13, ✆ 4348, III-IV 1.5

Bh Götzbauernhof, Unkenberg 8, ✆ 4337, ✆ 0664/88171004, o.F., III 1

Lofer

Vorwahl: 06588

P Patricia, Lofer 264, ✆ 0664/4983889, IV 0

H Lintner, Lofer 59, ✆ 82400, III 0

Gh Antonia, Au 26, ✆ 8604, II-III 0.5

Gh Forellenstube, Lofer 7, ✆ 8377, IV 0.5

Gh Neuwirt, Lofer 177, ✆ 8315, IV 0

Gh Sonnhof, Lofer 241, ✆ 8354, III 0

P Bräuschmied, Binderg. 147, ✆ 8647, III-IV 0

P Dankl, Lofer 207, ✆ 8625, IV 0

P Egger, Lofer 16, ✆ 8205, ✆ 06645034995, III 0

P Fw Haus Költringer, Lofer 252, ✆ 8429, III 0.5

P Fw Herta, Lofer 158, ✆ 7214 0

P Tannenhof Apartments, Lofer 213, ✆ 8332, IV-V 0

Pz Glatzlbauer, Scheffsnoth 3, ✆ 84010, II 1

Fw Posthof, Lofer 133, ✆ 76520, ✆ 06643266726, V 0

Grubhof, Hallenstein 25, ✆ 72353 0.5

Intersport Sturm, Lofer 15, ✆ 72911 0

St. Martin bei Lofer

Vorwahl: 06588

Gemeindeamt, Dorf Nr. 9, ✆ 8510 0

Mo Martinerhof, St. Martin 59, ✆ 8504, AI, IV-V 0

Gh Bad Hochmoos, Wildmoos Nr. 3, ✆ 82260, HP, IV-V 0

Gh Post, St. Martin 13, ✆ 85020, III 0

P Lippengut, St. Martin 44, ✆ 8531, III 0

P Millinger, St. Martin 8, ✆ 8505, III 0

P Fw Müllergut, St. Martin 11, ✆ 8622, III 0.5

Bike energy Gh Steinerwirt, St. Martin 12, ✆ 8546 0

Weißbach bei Lofer

Vorwahl: 06582

Gh Frohnwies, Frohnwies 3, ✆ 20013, ✆ 0664/2519914, IV 0

Gh Seisenbergklamm, Unterweißbach 4, ✆ 8348, III 0

P Fw Alpenblick, Unterweißbach 33, ✆ 8212, ✆ 0650/8707903, III 0

Pz Ebserbauer, Oberweißbach 8, ✆ 8398, II 0.5

Fw Lahngut, Oberweißbach 7, ✆ 8397, II 0.5

Hohlwegen (Saalfelden)

H Gut Brandlhof, Hohlwegen 4, ✆ 06582/78000, VI 0

Euring (Saalfelden)

Vorwahl: 06582

P Fw Doppler, Euring 14, ✆ 75054, o.F., II 1

Fw Apartment Franz, Euring 49, ✆ 06543/8508, ✆ 068120451957, II 1

Saalfelden

Vorwahl: 06582

Saalfelden Leogang Tourismus, Mitterg. 21a, ✆ 7066011, ✆ 7066012 0.5

H Hindenburg, Bahnhofstr. 6, ✆ 793, V-VI 0.5

H Ritzenhof, Ritzenseestr. 33, ✆ 73806, VI 1

H Schörhof, Marzon 10, ✆ 792, V-VI 0

P Elisabeth, Ramseider Str. 30, ✆ 72271, ✆ 06642510767, o.F., III 0.5

P Gerda, Berthold-Pürstinger-Str. 12, ✆ 72635, I 0.5

P Mußbachhof, Marzon 12, ✆ 73551, ✆ 06643813895, III 0.5

Fw Faustlinghof, Pabing 68, ✆ 72545, ✆ 0664/5433817, V 0.5

Thor (Saalfelden)

Vorwahl: 06582

P Kröll, Thor 11, ✆ 72454, III 1

P Schmiede, Thor 11 1

Pfaffing (Saalfelden)

Vorwahl: 06582

P Fw Kellerer, Pfaffing 25, ✆ 722610, ✆ 0676/5335925, III 1

Maria Alm a. Steinernen Meer

Vorwahl: 06584

i Tourismusverband, Am Gemeindepl. 7, ✆ 20388 0

H Niederreiter, Oberdorf 6, ✆ 7754, IV-VI 0.5

Gh Eder, Am Dorfpl. 5, ✆ 7738, V-VI 0

P Auhof, Almerau 26, ✆ 7800, II-III 0

P Fw Schusterkrämer, Am Dorfpl. 9, ✆ 7807, III-IV 0

P Urchenhof, Urchen 11, ✆ 7893, II-III 0.5

Pz Blaickner, Bachstr. 17, ✆ 7769 0

Pz Chesa Montana, Krallerwinkl 16, ✆ 2145, ✆ 06645364240, IV 1

Gerling (Saalfelden)

Gh Gerlingerwirt, Gerling 1, ✆ 06582/72542, III 0

Maishofen

Vorwahl: 06542

i Tourismusverband, Saalhofstr. 2, ✆ 683180 0.5

H Schloss Kammer, Kammererstr. 22, ✆ 682020, IV-V 0

P Forsthof, Glemmerstr. 60, ✆ 0664/5025207, III 2.5

P Landhaus Christa, Oberreit 18, ✆ 687550 0.5

Camping Neunbrunnen, Neunbrunnen 56, ✆ 68548, ✆ 0664/3512282 2

Prielau (Zell am See)

H Schloss Prielau, Hofmannsthalstr. 10, ✆ 06542/729110, o.F., V-VI 0

Zell am See

Vorwahl: 06542

i Information, Brucker Bundesstr. 1a, ✆ 770 0.5

H Badhaus, Loferer Bundesstr. 77, ✆ 728620, V-VI 0.5

H Grüner Baum, Seeg. 1, ✆ 771, IV-V 0

H Romantikhotel Metzgerwirt, Sebastian-Hörl-Str. 11, ✆ 72520, V-VI 0

H Seevilla Freiberg, Esplanade 22, VI 0

H Sporthotel Alpenblick, Alte Landesstr. 6, ✆ 5433, VI 1.5

H Zum Hirschen, Dreifaltigkeitsstr. 1, ✆ 774, V-VI 0.5

Gh Tauernstüberl, Salzachtal Bundesstr. 54, ✆ 57174, IV-V 3.5

P Müllauer, Fichtenweg 1, ✆ 57283, III-IV 1.5

Ho Junges Hotel, Schmittenstr. 27, ✆ 57185371, III 0.5

Junges Hotel, Seespitzstr. 13, ✆ 57185, III 1

Panorama Camp, Seeuferstr. 196, ✆ 56228 2.5

Seecamp, Thumersbacher Str. 34, ✆ 72115 0.5

Hutter Simon, Thumersbacherstr. 34, ✆ 0664/3453897, ✆ 0676/7802088. Boots-, SUP- & Fahradverleih. 0.5

Tour 14 - Glemmtal-Radweg

Zell am See siehe Tour 13

Prielau (Zell am See) siehe Tour 13

Maishofen siehe Tour 13

Kirchham (Maishofen)

P Kammerlander, Saalfeldnerstr. 20, ✆ 06542/682420, II-III 1

P Quehenberger, Kirchhamerstr. 68, ✆ 06542/68354, V 1

Glemmerhof (Viehhofen)

Gh Glemmerhof, Glemmerstr. 52, ✆ 06542/68576, II 0

Viehhofen

Vorwahl: 06542

i TVB Viehhofen, Dorfpl. 104, ✆ 68559 0

H Oberwirt, Kirchpl. 32, ✆ 68553, III-IV 0

P Affenpension, Rehrenbergstr. 138, ✆ 0650/4544746 0

P Embacher, Kirchpl. 59, ✆ 68595, III 0

P Gästehaus Elmador, Saalachweg 158, ✆ 68835, ✆ 0664/4505535, III 0

P Haus Sonja, Bachmühlstr. 215, ✆ 0664/2557303, III 0.5

P Landhaus Servus, Kirchpl. 266, ✆ 80499, III 0

Bh Remberghof, Rehrenbergstr. 28, ✆ 68742, II-III 0.5

Jugendgästehaus Bachmühle, Bachmühlstr. 171, ✆ 68556, HP, III 0.5

Vorderglemm (Saalbach-Hinterglemm)

Vorwahl: 06541

H Eder Michaela, Glemmtaler Landesstr. 463, ✆ 7308, IV 0

H Sonnegg, Iglsbergweg 552, ✆ 7142, HP, V-VI 0

P Niederegg, Iglsbergweg 313, ✆ 6490, o.F. 0

Bh Grubhof, Wölflweg 499, ✆ 6661, III-IV 0.5

Jugendgästehaus Zirmhof, Glemmtaler

Landstr. 299, ✆ 6486, II 0

Sonnegg, Iglsbergweg 82, ✆ 6489 0.5

Jausern (Saalbach-Hinterglemm)

Vorwahl: 06541

H Interstar, Löhnersbachweg 99, ✆ 7815, HP, V-VI 0

P Landhaus Jausern, Jausernweg 497, ✆ 7341, HP, IV-V 0

Saalbach-Hinterglemm

Vorwahl: 06541

Tourismus Service Center, Glemmtaler Landesstr. 550, ✆ 680068 0

H Altachhof, Altachweg 15, ✆ 0664/1619671, VP, IV-V 0.5

H Am Reiterkogel, Reiterkogelweg 210, ✆ 6347, V 0

H Edelweiss, Dorfstr. 192, ✆ 6355, VI 0

H Marten, Martenweg 9, ✆ 6493, V-VI 0.5

H Oberdanner, Mühlfeldweg 227, ✆ 6586, IV-V 0

H Thurnerhof, Bergerkreuzweg 56, ✆ 6639, HP, VI 0.5

H Wiesergut, Wiesern 48, ✆ 6308, VI 0

Hg Vier Jahreszeiten, Ronachweg 303, ✆ 6454, III 0.5

P Norika, Glemmtaler Landesstr. 262, ✆ 87152, III 0

P Penhab, Schwarzacherweg 145, ✆ 0660/5076065, III 0.5

P Silian, Buchenauweg 429, ✆ 6585, ✆ 0664/2214737, III 0

P Standardhaus, Hinterhagweg 200 1

P Zimpasser, Haidweg 133, ✆ 6281, III 0

Pz Haus Schober, Ronachweg 424, ✆ 0664/4020590, I 0.5

Ho Good Times, Wieslweg 5, ✆ 8777, o.F., II 0

Ho Hike & Bike Hostel, Wieshofweg 319, ✆ 0681/20919896, II 0

Jugendgästehaus, Walleggweg 5, ✆ 7542 0.5

Bikefürst, Unterdorf 810, ✆ 20555 0

Bike'n'Soul, Reiterkogelweg 400, ✆ 0676/843645304 0

Hervis, Schulstr. 449, ✆ 69124 0

Bründl Sports, Oberdorf 189, ✆ 20220 0.5

Lengau (Saalbach-Hinterglemm)

Vorwahl: 06541

H Jugendhotel Mitterlengau, Lengauerweg 2, ✆ 6312, ✆ 0676/9456477 0

H Lengauerhof, Lengau 1, ✆ 72550, V-VI 0

P Bio-Pension Vorderlengau, Vorderlengau 233, ✆ 6434, IV 0

P Landhaus St. Georg, Lengauerweg 318,

✆ 0676/6810014, IV 0

Tour 15 - Zeller See Umrundung

Zell am See
siehe Tour 13

Prielau (Zell am See)
siehe Tour 13

Thumersbach (Zell am See)

Vorwahl: 06542

H Seehotel Bellevue, Seeuferstr. 41, ✆ 21828, VI 0

Hg Seestrand, Seeuferstr. 60, ✆ 53569, II-III 0

P Claudia, Erlbergweg 11, ✆ 0664/5050089, IV 0

P Herzoggut, Talstr. 70, ✆ 72619, III 1.5

P Mühle, Talstr. 115, ✆ 0664/1430653, V 1.5

Erlberg (Zell am See)

H Landhotel Erlhof, Erlhofweg 11, ✆ 06542/56637, IV-V 0

Schüttdorf (Zell am See)

Vorwahl: 06542

H Kinderhotel Haidvogel, Karl-Flieher-Str. 1, ✆ 57187, AI, VI 0.5

Pz Steger, Porscheallee 49, ✆ 57443, I-II 0.5

Fahrrad-Center, Kitzsteinhornstr. 1, ✆ 53151, ✆ 0664/73639936 0.5

Tour 16 - Tauernradweg 2: Von Zell am See nach Salzburg

Zell am See
siehe Tour 13

Schüttdorf (Zell am See)
siehe Tour 15

Bruck a. d. Großglocknerstraße

Vorwahl: 06545

i Tourist Info Bruck, Raiffeisenstr. 2, ✆ 7295 0

H Hotel Kitz-Aktiv, Raiffeisenstr. 8, ✆ 60444, IV-V 0

H Lukashansl, Salzburgerstr. 1, ✆ 7458, III 0

Gh Post, Raiffeisenstr. 27, ✆ 47334, IV 0

Gh Taxhof, Hundsdorf 15, ✆ 6261, V 1

Gh Zacherlbräu, Glocknerstr. 14, ✆ 7242, III-IV 0

P Bellevue, Pichldorfstr. 18, ✆ 0664/1477656, o.F., III 1

Pz Landhaus Machreich, Franz-Lederer-Str. 1, ✆ 7328, ✆ 0676/9107753, II 0.5

Pz Süß, Pichldorfstr. 8, ✆ 7587, I 1

Bh Ginzhof, Pichldorfstr. 5, ✆ 7327, ✆ 0664/3938226, o.F., III-IV 1

Bh Weberbauer, Oberhofstr. 36, ✆ 7373, I 0

Woferlgut, Krössenbach 40, ✆ 73030 0

Kaprun

Vorwahl: 06547

- Tourismus Information, Salzburger Pl. 6, ✆ 8080 0.5
- H Gasthof Zur Mühle, N.-Gassner-Str. 66, ✆ 8254, V-VI 1.5
- H Kaprunerhof, Schulstr. 21, ✆ 7234, VI 1
- H Lederer's Living, Salzburger Pl. 4a, ✆ 20050, VI 0.5
- H Mitteregger, Schlossstr. 9, ✆ 8207, HP, IV-VI 0.5
- H St. Florian, Feldstr. 4, ✆ 8871, ✆ 0676/5613872, HP, IV 0
- H Tauern Spa Kaprun, Tauern Spa Pl. 1, ✆ 20400, VI 1
- H Tauernhof, Nikolaus-Gassner-Str. 9, ✆ 82350, V 0.5
- H Zur Burg, Schlossstr. 45, ✆ 8306, o.F., V-VI 0.5
- Hg Martini, Kellnerfeldstr. 25, ✆ 7221, IV 1
- P Alpenrose, Sigmund-Thun Str. 18, ✆ 7240, IV-V 0
- P Eschenhof, Sportplatzstr. 10, ✆ 8674, IV 1.5
- P Gästehaus Steger, Schlossstr. 34, ✆ 7147, III-IV 0.5
- P Hofer, Hauserdorfstr. 11, ✆ 0654/0664/3933931, ✆ 0676/840390200, III-IV 0.5
- P Jaga-Hias, Nikolaus-Gassner-Str. 44, ✆ 8345, V 1
- P Monika, Winklhofstr. 3, ✆ 83050, III 1.5
- P Rieder, Häuslhofstr. 26, ✆ 8688, II-III 0.5
- P Salzburgerhof, N.-Gassner-Str. 5, ✆ 8601, ✆ 0650/7135525, III-IV 0.5
- Pz Fam. Rainer, Feldstr. 8, ✆ 0650/3001603, II-III 0
- Pz Fischer, Vorderleitenweg 5, ✆ 7538, III 1
- Pz Häuslhof, Schloßstr. 29, ✆ 8294, III-IV 0.5
- Pz Schützinger, Hinterleitenweg 25, ✆ 8452, III 1.5
- Fw Eichkatzerl, Dorfstr. 10, ✆ 82490, ✆ 0664/5200459, III-IV 0.5
- Jugendgästehaus, Moosstr. 13, ✆ 7613 0.5
- Jugendgästehaus, N.-Gassner-Str. 51, ✆ 05/7083640, III 1
- Camping zur Mühle, Umfahrungsstr. 5, ✆ 8254 1.5
- Intersport Bründl, Nikolaus-Gassner-Str. 1, ✆ 838831 0.5
- Adventure Center, Aug. 5, ✆ 7562, ✆ 0650/3160223 0
- Hervis, Sigmund-Thun-Str. 22, ✆ 20184 0.5

St. Georgen (Bruck a. d. Großglocknerstraße)

- Fw Stadlmühle, Steinbachstr. 10, ✆ 06543/20059, ✆ 0650/6843833, III-V 0.5

Gries (Bruck a. d. Großglocknerstraße)

Vorwahl: 06543

Gh Kirchenwirt, Kirchg. 5, ✆ 8109, II 0.5

P Berghof Wiesfleck, Thannberg 2, ✆ 8294, III 0.5

Taxenbach

Vorwahl: 06543

i Tourismusverband, Marktstr. 33, ✆ 5252 0

H Taxenbacher Hof, Raiffeisenstr. 6, ✆ 5215, III ☺ 0

P Forsthof, Forsthofsiedlung 5, ✆ 5302, II 0

P Sonnhof, Marktstr. 1, ✆ 5352, ✆ 0664/4025149, III 0

Pz Fritzenwallner, Högmoos 34, ✆ 0664/1747854, II 0

Pz Hofer, Elisabeth-Lackner-G. 1, ✆ 55704, ✆ 0664/4613947, II-III 0

Pz Müller, Höf 64, ✆ 6175, II 0.5

Lend

Vorwahl: 06416

i Tourismusverband Lend – Embach, Dorf 12, ✆ 06543/7215 1.5

Bh Teufenbachgut, Teufenbach 1, ✆ 0664/2144719, o.F., IV 0.5

Klammstein (Dorfgastein)

Vorwahl: 06433

Gh Klammstein, Klammstein 15, ✆ 7606, IV 0.5

Gh Burgblick, Klammstein 36, ✆ 7611, III-IV 0.5

Schwarzach im Pongau

Vorwahl: 06415

i Tourismusverband Salzburger Sonnenterrasse, Salzleckerstr. 8, ✆ 7520 0

H Schönberg, Goldeggerstr. 6, ✆ 20623, III 1

Gh Silberner Hirsch, Abtsdorf 15, ✆ 7591, ✆ +396648943493, II-III 0

Pz Cafe Schwarzach, Salzleckerstr. 24, ✆ 0676/4847759, III 0

Lehengut, Oberuntersberg 28, ✆ 6234, o.F., II 0

Pointner Bike, Brucknerstr. 1, ✆ 2001013 0

St. Johann im Pongau

Vorwahl: 06412

i Tourismusinfo, Ing. Ludwig-Pech-Str. 1, ✆ 6036 0.5

H Alpenland, Hans Kappacherstr. 7, ✆ 70210, IV 0.5

Gh Bacher, Bundesstr. 11, ✆ 4391, III-IV 0.5

Gh Das Martell, Kasernenstr. 26, ✆ 4262, III-IV 0

Gh Hubertusstube, Wieshofg. 2, ✆ 20562, IV-V 0

Gh Reinbachstube, Bundesstr. 9, ✆ 6023, IV 0.5

P Der Jagdhof, Liechtensteinklammstr. 51, ✆ 6093, ✆ 0664/1446266, III 0.5

P Sonne, Hubangerl 9, ✆ 8443, II-III 1

P Wielandner, Hauptstr. 74, ✆ 8895, II-III 0

Pz Frey, Liechtensteinklammstr. 4, ✆ 8445, IV-V 0.5

Bh Höringhof, Urreiting 40, ✆ 6439, ✆ 0664/4545562, I-II 0.5

Bh Lehenhof, Talblickstr. 12, ✆ 0664/1438623, ✆ 0676/6810048, o.F., IV 1

Bh Penkhof, Liechtensteinklammstr. 120, ✆ 20117, II 0.5

Bh Tannhof, Liechtensteinklammstr. 73, ✆ 6397, ✆ 0664/6397007, II 0.5

Kastenhof, Kastenhofweg 6, ✆ 5490 0.5

Fw Wieshof, Wieshofg. 8, ✆ 8519 0.5

Intersport Kerschbaumer, Leo-Neumayer Str. 2, ✆ 4369 0.5

Pfeifhofer Radsport, Färberg. 19, ✆ 0660/1424746 1

Bischofshofen

Vorwahl: 06462

i Tourismusverband, Salzburger Str. 1, ✆ 2471 0

H Schützenhof & Alte Post, Oberer Stadtpl. 1 & 2, ✆ 22530, ✆ 0664/5309111, III-IV 0

Gh Tirolerwirt, Gasteiner Str. 3, ✆ 2776, IV 0

Pz Lindinger, Waldg. 10, ✆ 3197, ✆ 0664/493013, I 0.5

Pz Villa Inge, Bodenlehenstr. 8, ✆ 0664/4138340, o.F., III 0

Hervis, Salzburgerstr. 3, ✆ 8760 0

Radsport Lacher, Alte Bundesstr. 6, ✆ 2386 0

Sport 2000 Juss, Bahnhofstr. 4, ✆ 4196 0

Pfarrwerfen

Vorwahl: 06468

i Tourismusverband, Dorfwerfen 4, ✆ 5390 0.5

P Hochkönigblick, Maier 36, ✆ 5688, I 0.5

P Sonneck, Laubichl 14, ✆ 0660/5161086, III 1

P Vocario, Dorfwerfen 39, ✆ 5380, III 0.5

Pz Haus Gschwendtner, Lehen 20, ✆ 5474, II 2

Werfen

Vorwahl: 06468

i **Tourismusverband Werfen, Markt 24, ✆ 5388** 0

H Obauer, Markt 46, ✆ 5212-0, VI 0

Gh Reitsamerhof, Reitsam 22, ✆ 5379, ✆ 0664/2828229, IV 0

Gh Werfenerhof, Markt 2, ✆ 5202, III 0

P Weißes Lamm, Markt 36, ✆ 52240, II 0

P Weißes Rössl, Markt 39, ✆ 5268, III 0

Pz Haus Kathi, Himmlische Wohnung 11, ✆ 8161, II 0

Pz Mariannenschlössl, Poststr. 10, ✆ 0664/4209380, II 0

Bh Rettenbachgut, Imlau 13, ✆ 7170, III 0.5

Tenneck (Werfen)

Vorwahl: 06468

Gh Stegenwald, Pass Lueg-Str. 7, ✆ 20173, ✆ 0664/5963198 0

Pz Haus Steinberg, Wimmstr. 20, ✆ 0699/10307710, ✆ 0699/12008081, II 0.5

Pass Lueg (Golling a. d. Salzach)

Vorwahl: 06244

H Pass Lueg Höhe, Obergäu 82, ✆ 4280, III-V 0

Golling a. d. Salzach

Vorwahl: 06244

i Tourismusverband, Markt 85, ✆ 4356 0.5

H Döllerers Geniesserhotel, Markt 56, ✆ 42200, V-VI 0.5

H Golingen, Markt 53, ✆ 43810, ✆ 0664/3165145, IV 0.5

H Hauslwirt, Markt 13, ✆ 4229, III 0.5
H Stallerhof, Voregg 5, ✆ 6414,
✆ 0664/1246228, IV 2.5
Hg Haus Ramsl, Moartalstr. 281, ✆ 6045,
✆ 0664/3267795, II-III 0.5
Gh Goldener Ochs, Markt 48, ✆ 4372, III 0.5
P Wieser, Markt 116, ✆ 4438, II 0
Pz Rettenbacher, Möslstr. 198, ✆ 4964, II 1
Camping, Wasserfallstr. 235, ✆ 4137 0

Torren (Golling a. d. Salzach)

Vorwahl: 06244
H Torrener Hof, Wasserfallstr. 24,
✆ 55220 0
Gh Abfalter, Wasserfallstr. 57, ✆ 4498, III-IV 0
Gh Göllhof, Bluntaustr. 56, ✆ 4492, III 1
P St. Nikolaus, Wasserfallstr. 185, ✆ 4493,
✆ 4312, II-III 0
Bh Staller, Wasserfallstr. 25, ✆ 4984, I 0
Torrener Hof, Wasserfallstr. 24, ✆ 5522 0

Kuchl

Vorwahl: 06244
i Tourismusverband, Markt 25, ✆ 6227 0.5
Gh Jadorfer Wirt, Jadorf 9, ✆ 5244, IV 1.5
Gh Römischer Keller, Markt 2, ✆ 6212, III 0.5
Gh Täublwirt, Markt 58, ✆ 6236, II 0.5
P Landhaus Rettenbacher, Georgenberg 191, ✆ 4693 1
P Wagnermigl, Marktstr. 61, ✆ 5139, IV 0.5
Pz Haus Ulrich, Georgenberg 430,
✆ 0680/4422567, II 1.5
Michi's Radladen, Moos 82, ✆ 20304 0.5

Hallein siehe Tour 1

Taxach (Hallein)

Gh Brückenwirt, Brückenwirtweg 3,
✆ 06245/76194, III 1.5
Gh Hohlwegwirt, Salzburger Str. 84,
✆ 06245/824150, IV-V 1.5

Niederalm (Anif) siehe Tour 1

Anif siehe Tour 1

Salzburg siehe Tour 1

Ortsindex

Die Seitenzahlen ab s. S. 264 beziehen sich auf das Übernachtungsverzeichnis.